アプローチ商法

根田正樹

弘文堂

はしがき

　本書はこの1冊で商法全体を概観できるようにすることを狙いとしたもので，第1編 商法総論・総則，第2編 企業取引法・決済法，第3編 会社法で構成されています。
　ひるがえって企業法としての商法の内容は多岐にわたり，このため法学部では，伝統的に「商法総則・商行為法」，「会社法」，「手形法・小切手法」，「保険法・海商法」などに分けて講述されるのが一般的です。最近では「金融商品取引法」など新しい科目を設置する例もみられます。これに伴い授業で使用される教科書も細分化され，内容もより専門化しています。他方，法学部以外の学部では，法学科目の位置付けの関係から，商法の科目を1つ，あるいは2つ（たとえば企業取引法と企業組織法）にまとめて開講するのが通例であり，これに合わせて1冊で商法全体を網羅する教科書がなかなか見当たらないのが実情です。こうしたことから，筆者は以前，通信教育部用教材として1冊で商法全体を概観した教科書を執筆しており，これを法学部以外の通学部用教材としても使用することができないかと考えていたところ，弘文堂編集部からの勧めもあり，また，日本大学通信教育部からの理解も得られたことから，それに加筆修正した「アプローチ商法」を発行することに至りました。多少なりとも商法の学習に役にたてれば幸いに思います。

　2014年1月

　　　　　　　　　　　　　　　　　　　　　　　根　田　正　樹

目　　次

第1編　商法総論・総則 ……………………………………… 2

第1章　商法の意義 ……………………………………… 2
第1節　形式的意義の商法と実質的意義の商法 ……………… 2
1　形式的意義の商法とはなにか（2）
2　実質的意義の商法とはなにか（2）
第2節　商法の規制領域 ……………………………………… 3
第3節　商法の特質 …………………………………………… 3
1　企業組織に関する規制にはどのような特色があるのか（3）
2　企業取引に関する規制の特色（5）
第4節　企業の社会的責任 …………………………………… 6
1　企業と社会（6）
2　企業倫理と社会的責任（7）
3　企業の社会的責任と対応（8）

第2章　商法の法源と適用 ……………………………… 9
第1節　商法の法源とその種類 ……………………………… 9
第2節　法の適用順序 ………………………………………… 9
第3節　法の適用範囲 ………………………………………… 10

第3章　商法総則 ………………………………………… 11
第1節　商人・商行為概念 …………………………………… 11
1　商人概念の意義（11）
2　固有の商人の基礎となる商行為（11）
3　擬制商人（15）
4　会　社（15）
5　小商人（16）
6　商人資格の始期（16）
7　商人資格の終期（17）
8　個人企業の営業能力（17）
9　制限行為能力者に関する特別規定（17）
第2節　商　号 ………………………………………………… 19

1　商号の意義（19）
　　2　商号の選定（19）
　　3　商号規制の必要性（19）
　　4　商号の登記（20）
　　5　商号権の保護（20）
　　6　名板貸責任（商号貸与者の責任）（21）
　第3節　商業登記……………………………………………………… 22
　　1　商業登記の意義（22）
　　2　商業登記事項（22）
　　3　商業登記手続（24）
　　4　商業登記の公示（24）
　　5　商業登記の一般的効力（24）
　　6　商業登記の特殊な効力（24）
　　7　不実登記（26）
　第4節　商業帳簿……………………………………………………… 27
　　1　商業帳簿作成の意義（27）
　　2　商業帳簿の意義（27）
　　3　商業帳簿に関する通則（27）
　　4　商業帳簿の作成・保存・提出義務（29）
　第5節　商業使用人…………………………………………………… 31
　　1　商人と営業補助者（31）
　　2　商業使用人（32）
　　3　支配人（32）
　　4　その他の商業使用人（34）
　第6節　営　業………………………………………………………… 35
　　1　営業の意義（35）
　　2　営業組織の実体（35）
　　3　営業の譲渡（35）
　　4　営業譲渡の効果（36）
　　5　営業譲渡と第三者との関係（37）

第2編　企業取引法・決済法………………………………… 42

第1章　企業取引法総論……………………………………………… 42
　第1節　企業取引とは………………………………………………… 42

1　企業取引と商行為 (42)
　　2　企業取引と契約自由の原則 (42)
　　3　企業取引と普通取引約款 (43)
　第2節　商法における企業取引規制の特徴 ……………………………… 43
　　1　迅速な取引の結了 (44)
　　2　取引の安全の保護 (44)
　　3　責任の加重 (45)
　第3節　契約の成立過程 …………………………………………………… 45
　　1　申込みの誘引 (45)
　　2　予　約 (45)
　　3　申込み (46)
　　4　承　諾 (47)
　第4節　企業取引と代理 …………………………………………………… 49
　　1　代理と方式 (49)
　　2　商事代理の相手方の保護 (49)
　　3　本人の死亡と代理権の存続 (50)
　　4　受任者の権限 (51)
　第5節　企業取引の営利性 ………………………………………………… 52
　　1　報酬請求権 (52)
　　2　利息請求権 (52)
　第6節　契約の履行 ………………………………………………………… 54
　　1　債務の履行場所 (54)
　　2　債務の履行および履行の請求時間 (55)
　第7節　商事債権の確保（担保）………………………………………… 56
　　1　多数債務者の連帯 (56)
　　2　保証人の連帯 (57)
　　3　商事質権 (59)
　　4　商事留置権 (59)
　第8節　商事債権の消滅 …………………………………………………… 60
　　1　商事消滅時効の適用範囲 (60)
　　2　商事消滅時効の起算点 (61)

第2章　企業取引法各論 ……………………………………………………… 62
　第1節　商事売買取引 ……………………………………………………… 62
　　1　商事売買の意義と法規制 (62)

2　商事売買の成立（62）
　　3　売主の義務―商品の受渡し（63）
　　4　買主の義務―商品の受領（66）
　第2節　代理商 ………………………………………………………… 70
　　1　代理商の意義と機能（70）
　　2　代理商の義務（70）
　　3　代理商の権利・権限（71）
　第3節　仲立人 ………………………………………………………… 72
　　1　仲立人の意義（72）
　　2　仲立人の義務（73）
　　3　仲立人の権利・権限（77）
　第4節　問　屋 ………………………………………………………… 78
　　1　問屋の意義・機能（78）
　　2　問屋と仲立人・代理商との相違（79）
　　3　問屋をめぐる法律関係（79）
　　4　問屋の義務（82）
　　5　問屋の権利（85）
　　6　準問屋（88）
　第5節　運送取扱人 …………………………………………………… 88
　　1　運送取扱人の意義・機能（88）
　　2　運送取扱人の業務（89）
　　3　運送取扱人の義務と責任（90）
　　4　運送取扱人の権利（92）
　　5　相次運送取扱の意義と種類（93）
　第6節　運送取引 ……………………………………………………… 93
　　1　物品運送取引の意義（93）
　　2　物品運送人の意義（94）
　　3　物品運送人の義務（95）
　　4　物品運送人の責任（96）
　　5　運送人の権利（100）
　　6　相次運送（101）
　第7節　倉庫取引 ……………………………………………………… 110
　　1　倉庫取引の意義（110）
　　2　倉庫取引の形態と法規制（111）
　　3　倉庫業者の意義（111）

4　倉庫業者の義務（112）
　　5　損害賠償責任（114）
　　6　倉庫業者の責任の消滅原因（115）
　　7　倉庫業者の権利（115）
　第8節　倉庫証券……………………………………………………117
　　1　倉庫証券の意義および種類（117）
　　2　倉庫証券の性質（117）
　　3　倉庫証券の発行（118）
　　4　倉庫証券の方式（118）
　　5　倉庫証券の効力（118）
　　6　複券発行の効果1―預証券と質入証券の一体性（119）
　　7　複券発行の効果2―質入証券の質入れ（119）
　第9節　場屋取引……………………………………………………123
　　1　場屋取引の意義（123）
　　2　場屋営業者の責任（124）
　　3　高価品に関する責任（125）
　　4　責任の消滅事項（126）
　　5　安全配慮義務（126）

第3章　支払決済法……………………………………………127
　第1節　総　説………………………………………………………127
　　1　企業取引と支払決済方法の多様化（127）
　　2　金融機関などによる決済システム（131）
　　3　金融機関以外の決済システム（132）
　第2節　約束手形……………………………………………………133
　　1　約束手形とはなにか（133）
　　2　手形行為（135）
　　3　手形の授受と既存債権（原因関係）（138）
　　4　振　出（139）
　　5　白地手形（141）
　　6　代理人による手形行為（143）
　　7　裏　書（145）
　　8　手形所持人の保護（152）
　　9　支　払（155）
　　10　遡　求（157）

11　手形保証（157）
　第3節　為替手形・小切手……………………………………… 158
　　1　為替手形（158）
　　2　小切手（159）
　第4節　交互計算……………………………………………… 160
　　1　交互計算の意義と機能（160）
　　2　交互計算の要件（161）
　　3　交互計算の効力（162）

第3編　会社法 ……………………………………………… 168

第1章　株式会社 …………………………………………… 168
　第1節　はじめに ……………………………………………… 168
　　1　会社とはなにか（168）
　　2　会社の法人性（168）
　　3　会社の営利性（169）
　　4　会社の社団性（169）
　　5　会社の権利能力（170）
　第2節　株式会社はどのような特色を有する会社か ………… 170
　　1　株式会社とは（170）
　　2　株　式（171）
　　3　株主有限責任の原則（171）
　　4　資本制度（171）
　　5　会社組織と管理・運営体制　所有と経営の分離（172）
　第3節　会社の設立に対する法の規制 ………………………… 173
　　1　会社設立に対する法規制の必要性について（173）
　　2　株式会社の設立手続はどのように規制されているか（174）
　　3　会社設立はどのような場合に無効とされるか（183）
　　4　設立に関する責任（184）
　第4節　株　式 ………………………………………………… 186
　　1　株式制度について（186）
　　2　株　主（187）
　　3　株式の種類（190）
　　4　種類株式（193）
　　5　株式の単位（195）

6　株式の譲渡（196）
　　　7　株式の担保（200）
　　　8　自己株式の取得とはなにか（202）
　　　9　株主名簿と名義書換（204）
　　10　株　　券（205）
　　11　株式の消却・株式の併合・株式の分割（206）
　第5節　株式会社の機関 …………………………………………… 207
　　　1　会社運営のための機関にはどのようなものがあるか（207）
　第6節　株主総会 …………………………………………………… 212
　　　1　株主総会とはなにか（212）
　　　2　株主総会はどのような権限を有するか（212）
　　　3　株主総会はどのような手続きで開催されるか（212）
　　　4　種類株主総会（217）
　　　5　決議の瑕疵（219）
　　　6　利益供与禁止規制（220）
　第7節　取締役 ……………………………………………………… 221
　　　1　取締役の役割（221）
　　　2　取締役はどのような注意義務を負うか（225）
　　　3　取締役の報酬等（227）
　第8節　取締役会 …………………………………………………… 228
　　　1　取締役会設置会社における取締役会（228）
　　　2　取締役会非設置会社の業務執行の意思決定（230）
　第9節　代表取締役 ………………………………………………… 231
　　　1　会社の代表と代表取締役（231）
　　　2　代表取締役の選任，終任，辞任（231）
　　　3　代表取締役の権限（233）
　　　4　必要な決議を欠く業務執行行為の効力（234）
　　　5　代表者の行為についての損害賠償責任（234）
　　　6　表見代表取締役（234）
　第10節　会計参与 …………………………………………………… 235
　　　1　会計参与とはなにか（235）
　　　2　会計参与の資格（235）
　　　3　会計参与の選任と終任（235）
　　　4　会計参与はどのような権限を有するか（236）
　　　5　会計参与の義務と責任（236）

6　会計参与の報酬等（237）
第11節　監査役・監査役会・会計監査人・検査役……………………238
　　1　監査役（238）
　　2　監査役会（241）
　　3　会計監査人（243）
　　4　検査役（245）
第12節　委員会設置会社………………………………………………246
　　1　委員会設置会社とはなにか（246）
　　2　委員会（246）
　　3　執行役（247）
第13節　会社役員等の責任……………………………………………248
　　1　会社役員等の会社に対する責任（248）
　　2　株主代表訴訟（252）
　　3　会社役員等の責任の減免（253）
　　4　会社役員等の第三者に対する責任（254）
第14節　募集株式の発行等……………………………………………256
　　1　募集株式の発行と法規制（256）
　　2　募集株式の発行にはどのような方法があるか（257）
　　3　募集株式の決定等（258）
　　4　募集株式の割当て（261）
　　5　金銭以外の財産の出費（262）
　　6　出資の履行等（263）
　　7　募集株式の発行等をやめることの請求（263）
　　8　募集に係る責任等（263）
第15節　新株予約権……………………………………………………265
　　1　総　説（265）
　　2　新株予約権の発行（266）
　　3　新株予約権の譲渡等（269）
　　4　会社による自己の新株予約権の取得（271）
　　5　新株予約権無償割当て（272）
　　6　新株予約権の行使（273）
　　7　新株予約権に係る証券（276）
第16節　社　債…………………………………………………………277
　　1　社債とはなにか（277）
　　2　募集社債の発行（277）

3　社債権者の権利—社債の償還・利息（279）
　　4　社債原簿（280）
　　5　社債の譲渡・担保（281）
　　6　社債管理者（282）
　　7　社債権者集会（284）
　　8　新株予約権付社債（287）
　　9　担保付社債（289）
　第17節　会社の計算 …………………………………………………… 290
　　1　計算規定の目的と原則（290）
　　2　計算書類等の作成と承認（291）
　　3　計算書類等の作成（292）
　　4　計算書類等の監査・取締役会での承認（293）
　　5　計算書類等の開示・株主総会への提出・承認（294）
　　6　資本金・準備金の額の変動（296）
　第18節　株主への剰余金の分配 ………………………………………… 300
　　1　剰余金の分配規制（300）
　　2　剰余金配当の手続き（300）
　　3　剰余金配当の要件（301）
　　4　違法配当の効力（303）
　　5　欠損が生じた場合の責任（305）
　第19節　定款変更・解散・清算 ………………………………………… 305
　　1　定款変更（305）
　　2　会社の解散（307）
　　3　会社の清算（308）

第2章　企業の組織再編
　―事業譲渡，組織変更，合併，会社分割，株式交換および株式移転…… 311
　総　説 …………………………………………………………………… 311
　第1節　事業譲渡等 ……………………………………………………… 311
　　1　事業譲渡等の意義（311）
　　2　株主総会の承認（312）
　　3　株主総会の承認を要しない場合（312）
　　4　反対株主の株式買取請求権（312）
　　5　株式の価格の決定（313）
　第2節　組織変更 ………………………………………………………… 313

    1 組織変更とはなにか (313)
    2 株式会社の他の会社への組織変更の手続き (313)
    3 持分会社の株式会社への組織変更の手続き (315)
    4 持分会社間の組織変更 (317)
  第3節 合　併 ……………………………………………………… 317
    1 合併とは (317)
    2 吸収合併 (318)
    3 新設合併 (319)
  第4節 会社分割 …………………………………………………… 321
    1 会社分割 (321)
    2 吸収分割 (321)
    3 新設分割 (323)

第3章 完全親会社の創設─株式交換および株式移転 ………… 327
  第1節 株式交換 …………………………………………………… 327
    1 株式交換 (327)
    2 株式会社に発行済株式を取得させる株式交換 (327)
    3 株式会社に発行済株式を取得させる株式交換の効力の発生等 (328)
  第2節 株式移転 …………………………………………………… 329
    1 株式移転 (329)
    2 株式移転計画 (329)
    3 株式移転の効力の発生等 (330)

第4章 持分会社 …………………………………………………………… 332
    1 合名会社 (332)
    2 合資会社 (333)
    3 合同会社 (335)

事項索引

凡　例

〈法令略語〉
商…………商法
商施………商法施行法
会…………会社法
会社則……会社法施行規則
会社計算…会社計算規則
金商………金融商品取引法
商登………商業登記法
担信………担保付社債信託法
民…………民法
一般法人……一般社団法人及び一般財団法人に関する法律
銀行………銀行法
消費契……消費者契約法
保険業……保険業法
海運………海上運送法
国際海運……国際海上物品運送法
道運………道路運送法
航空………航空法
倉庫………倉庫業法
手…………手形法
小…………小切手法
破…………破産法
会更………会社更生
刑…………刑法

〈判例略語〉
最判………最高裁判所判決
最大判……最高裁判所大法廷判決
高判………高等裁判所判決
地判………地方裁判所判決
大判………大審院判決
控判………控訴院判決

〈判例集略語〉
民録………大審院民事判決録
民集………最高裁判所民事判例集
裁判集民事…最高裁判所裁判集民事
下民集……下級裁判所民事判例集
判時………判例時報
判タ………判例タイムズ
金商………金融商事判例
新聞………法律新聞
新報………法学新報

第1編　商法総論・総則

第1編　商法総論・総則

第1章　商法の意義

第1節　形式的意義の商法と実質的意義の商法

1　形式的意義の商法とはなにか

　商法は形式的にみるか，実質的にみるかによって，その対象となる法令やその範囲が異なる。形式的意義の商法とは，「商法」という名称を付けて制定された商法典をいう。わが国の現行商法典は，明治32年3月9日法律第48号をもって公布され，同年6月16日から施行され，その後，多くの改正を経て今日に至っている。

2　実質的意義の商法とはなにか

　（1）実質的意義の商法　　形式的意義の商法は明治32年に施行されたものであり，時代の変化とともに，その規律する事項も変化する。このため，商法典による規制を修正したり，補充する法律の制定が必要とされることがある。たとえば会社については，当初商法旧第2編「会社」によって規律されたが，その後，これに加えて旧有限会社法（昭和13年法第74号），旧商法特例法（昭和49年法22号）などが制定され，やがて会社法制の合理化という視点から，関係法を統合する形で会社法という独立の法律が制定された（平成17年法86号）。このように商法典を具体化したり，施行のための手続を定めた多くの法律がある。これらは形式的には商法典とは別個の法律であるが，実質的には同じ性質，同じ規制対象のものである。これらの法の一群を実質的意義の商法という（以下，本章では単に商法という）。

　（2）実質的意義の商法を統一する理念　　実質的意義の商法と呼ばれる法の一群を統一する理念は何か。これについてはいろいろな学説が主張されたが，最近は，「企業」という概念をもって統一的にとらえるのが一般的である。ここにいう企業とは，資本的計算方法に基づき継続的反復的に営利

行為を行う独立の経済単位である。したがって，実質的意義の商法は，私的生活関係のうち企業の生活関係を規律する法の総体であり，広く実体法としての商法だけではなく，企業と関わりがある限度で，その権利や義務を実現する手続法や行政法，さらには刑事法も含まれるといえる。

第2節　商法の規制領域

　商法は，企業組織に関する法と企業取引に関する法とに大別できる。企業組織に関する法には，個人企業の組織について規制する商法総則上の諸規定（商4条～31条），会社（株式会社，合名会社，合資会社，合同会社）の組織を規制する会社法がある。また商法第3編「海商」は，海上運送企業の組織について規定する（商684条～721条）。このほか，商業登記法（昭和38年法125号），社債，株式等の振替に関する法律（平成13年法75号）など多数の法令がある。

　企業取引に関する法には，商法第2編「商行為」や海上運送に関する商法第3編3章以下の規定がある。このほか，金融商品取引法（昭和23年法25号），国際海上物品運送法（昭和32年法172号），保険法（平成20年法56号）など多数の法令があり，また取引の決済については，その代表的な方法としての手形を規制する手形法（昭和7年法20号）や小切手を規制する小切手法（昭和8年法57号）などがある。加えて特定商取引法（昭和51年法57号）などの企業と消費者との取引関係を規制する多数の法令も制定されている。

第3節　商法の特質

1　企業組織に関する規制にはどのような特色があるのか

　企業組織に関する規制の特色は，種々の面より挙げられるが，それを集約する理念として，「企業維持の原則」を挙げることができる。企業維持の原則とは，一旦成立した企業はできる限り維持，発展させることを目的とする原則をいう。商法は，この企業維持の原則から，企業基盤の確立と維持，労力の補充と資金調達，危険負担の緩和，企業消滅の回避のための諸制度を設けている。

（1）企業基盤の確立と維持をはかる制度　商法の採る共同企業制度（会社，匿名組合）は，資本ないしは労力の集中を図り企業基盤を確立させることを目的とした制度である。とりわけ株式会社制度は，株主の有限責任制を前提として，資本制度を導入し，かつ，設立時における資本の充実を図るよう多方面から配慮している。また，商法は，会社に独立の法人格を与え，それを経営する人と区別し，企業の継続性を図ることにしている。また個人企業に対しても，その個人の生活関係と区別し，その企業活動に独立性を与え（商号，商業帳簿），企業の継続を図っている。

（2）労力の補充と資金調達のための制度　企業の維持・発展にとって労力の補充と資金調達は不可欠である。会社はこの目的達成に適した企業形態である。株式会社の取締役制度は，経営の専門家をもってその経営に当たるものとし，その企業の発展をはかることを目的としたものであり，会社法は，公開株式会社の取締役を株主に限るような定款の規定を無効としている（会331条2項本文）。また会社制度以外にも，労力補充のための制度として商業使用人（商20条），代理商（商27条），仲立人（商543条）などの各種企業活動の補助者制度を認めている。

　次に資金調達のための制度としては会社制度があるが，特に株式会社については大規模な資本集中が可能なように各種の株式や社債の制度が設けられている。

（3）企業の危険負担を緩和する制度　企業は営利を目的として活動するが，同時に損失の危険にもさらされている。そこで商法は，企業の負うところの危険を分散ないしは緩和する制度を設けている。まず会社制度である。出資者の数が増大すれば，出資者1人当たりの危険は緩和されることになる。このほか保険制度（商815条，保険法），共同海損（商788条）などの制度がある。

　また商法上の責任を緩和する制度として物的有限責任制度と人的有限責任制度がある。前者は，責任の範囲を特定の財産に限定するもので，たとえば預証券の所持人の責任（商607条），利害関係人の積荷の委付制度（商712条2項），海難救助料に関する積荷所有者の責任（商812条）などがある。後者の制度としては，株主の責任（会104条），合資会社の有限責任社員や合同会社の社員の責任（会580条2項），共同海損分担義務者の責任（商791条）

などがある。
　(4) **企業の消滅を回避する制度**　　民事再生法（平成11年法225号）による民事再生，会社更生法（平成14年法154号）による会社更生などは，商法の企業維持の理念に基づく企業の消滅を回避する制度である。事業譲渡，合併，組織変更などもそのような性質を有する制度といえる。

2　企業取引に関する規制の特色

　企業の目的である営利の追求は他の企業や消費者に商品やサービスを提供することによって図られる。必然的にそこで行われる取引は大量的，集団的，継続的にならざるをえず，そのためには取引が円滑かつ迅速に，しかも確実になされうることを必要とする。そこで商法は，このような企業取引の要請に対応して民法の一般原則を修正したり新たな規制を設けたりしている。この商法の規制には次の特色が見られる。
　(1) **取引の営利性についての制度**　　企業活動は一般に有償であり，商法は，高い報酬を認めている。たとえば，商人の報酬請求権（商512条），法定利息請求権（商513条），商事法定利率（商514条）などである。
　(2) **取引の継続性，集団性についての制度**　　企業は，継続的に大量の取引を反復してなすものである。そこで商法は，たとえば代理の非顕名主義（商504条），契約申込の効力（商507条，508条），契約の諾否の通知義務（商509条），商事売買の効力の確定（商524条，526条），確定期売買の解除（商525条），などの規定を設ける。
　(3) **取引の個性喪失と定型化についての制度**　　企業取引の継続性，集団性は，取引の個性を喪失させ，定型化を生じさせる。商法は，取引の個性の喪失を前提として，代理人に対する履行請求を認める（商504条但書）。また，取引を定型化し，画一化するものとして，株式・社債の申込み（会203条，677条）などがあり，運送，保険，銀行取引などの多くの取引行為は普通取引約款をもって取引がなされている。
　(4) **取引の安全の確保についての制度**　　企業取引は，迅速にかつ安全になされなければ，その発展を望むことはできない。そこで商法は，次のような諸制度をもって取引の安全をはかっている。
　第1は，公示主義である。公示主義とは，取引上重要と認められる事項

の存在，ないしは不存在を公に示すことによって，取引の円滑・安全をはかろうとする考え方をいう。商法は，この考え方を採用し，商業登記制度（商8条以下，会907条以下）などの種々の制度を設けている。

第2は，外観主義である。外観主義とは，真実に反する行為の外観を信頼して取引し損害を被った者に対して，外観作出者は責任を負わなければならないとする考え方をいい，企業取引の安全性の要求から導かれるものである。この考え方に基づいて規定された商法の規定には次のようなものがある。名板貸（商14条），匿名組合員の氏名使用（商537条），登記の不実記載（商9条2項，会908条2項），表見支配人（商24条，会13条），表見代表取締役（会354条）などの規定である。

第3は，厳格責任主義である。企業は，民法上の取引と比較して，それ以上に厳格な義務ないしは責任を負うべきであるとする考え方をいう。この考え方に基づいて規定されたものとして，買主の検査および瑕疵の通知義務（商526条），買主の目的物保管義務（商510条，527条，528条），多数当事者の連帯債務（商511条），相次運送人の連帯責任（商594条），履行の担保責任（商549条，553条）などがある。

第4節　企業の社会的責任

1　企業と社会

現在，わが国には約250万の会社があり，約390万の個人企業がある（平成23年時）。就業者数の8割に当たる約5000万人の人が企業に職を得（平成21年総務省経済センサス），企業の納める法人税は国税収入の約5分の1に上る（財務省統計）。その意味では，企業は紛れもなく現代社会の主役の1人であり，日本の社会は企業社会あるいはビジネス社会ともいえる。

企業は様々な形態で存在する。この企業を分類すると，**図1**のようになる。まず公企業と私企業であるが，これは企業活動に必要な資金の拠出主体の性質による分類である。すなわち，国などの公共団体が出資者であるものを公企業といい，それ以外の者が出資者であるものを私企業という。商法では，もっぱら私企業を対象とする。次に個人企業と共同企業であるが，出資者が個人1人であるものを個人企業，2人以上の出資者がいるも

図1　企業の諸形態

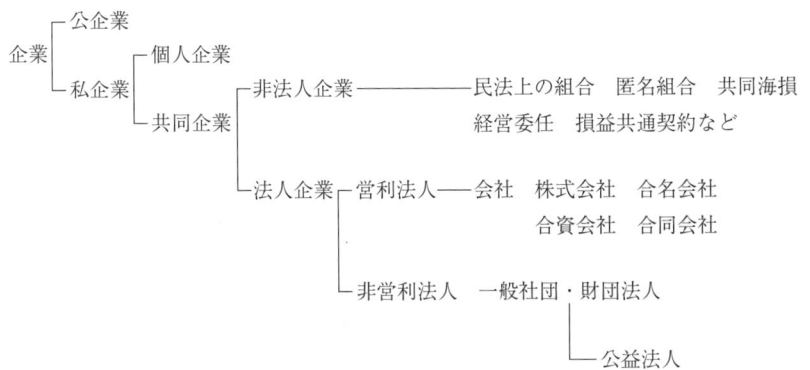

のを共同企業という。共同企業には，法人化された法人企業と法人化されていない企業がある（詳しくは後述168頁以下参照）。また法人化された企業には営利法人と非営利法人とがある。これは，企業活動から生じた利益の分配が出資者に対して金銭の方法によりなされるかどうかによる分類であり，会社は営利法人である。

2　企業倫理と社会的責任

　一般に企業は，営利を目的とし資本的計算方法に基づき継続反復的に営業を行う経済主体であると定義づけられる。この定義の根底には，個人企業は企業主の営利追求の手段であるし，会社は出資者の営利追求の手段であるという，いわば利潤第一主義の思想を見ることができる。その考えは，ときに企業をして社会的に許容されない行動に走らせる場合がないわけではない。また，企業の利害関係者に大きな損害を与える場合も少なくない。

　近年では，雪印食品事件がその最も極端なケースといえよう。すなわち平成14年4月26日，雪印食品株式会社の臨時株主総会が開催され，解散決議がなされた。同社は，昭和25年に設立された資本金21億円，年間売り上げ約920億円，従業員数930名（パートタイマーを含めると2000名）の会社であった。ことの発端は，いわゆる狂牛病対策補助金に対する詐欺（約2億円），原産地の虚偽表示など不祥事が次々と発覚したことによるもので，

事件発覚から3か月余りで創業から52年の企業は市場から撤退を余儀なくされ，従業員も職を失うことになってしまった。こうした事件は氷山の一角にすぎず，これまでも数多くの不祥事が続いている。

　企業不祥事は，企業経営のあり方に多くの問題を提起することとなり，経団連は1991年に次の内容の企業行動憲章を発表した。ここでは，「社会の信頼と共感を得るために」というサブタイトルが付されている。

　この憲章は，企業はそれ自体としてその構成員から独立した存在と重要な社会的価値をもつに至っているという認識を前提として，企業は法令を遵守することはもとより当然であるが，加えて市民社会の一員として行動し，社会に貢献すべきものであるという考え方を示している。ここに示された企業の行動すべき事柄は，規範という視点から見た場合には「企業倫理」であり，それを含めた企業と社会との関わりという視点から見た場合には「企業の社会的責任」といえる。

3　企業の社会的責任と対応

　企業の行動規範に反する行為がなされた場合，社会的批判を浴びるだけではなく，行政処分や民事責任，ときには刑事責任などの法的責任も追及されることが少なくない。冒頭にあげた事件のように，企業自体が消滅するような事態もありうる。また，社会的責任を果たしているかどうかを，その企業への投資の判断基準とする投資家も出現している。さらに，社会的責任を果たすことを有力なマーケティング戦略とする企業も出現している。

　こうした状況にあって企業は，倫理を確立し，それを遵守することが大切になる。また，経営者だけではなく，従業員や取引先などの関係者への周知徹底を図るとともに企業をあげて法令や倫理を遵守することが必要とされるといえよう。

第2章 商法の法源と適用

第1節 商法の法源とその種類

　商法の法源とは商法が実際社会において存在する形式をいい，これには商事制定法，商事条約，商事自治法，商事判例法，商慣習法がある。
　（1）**商事制定法**　　商事制定法とは，国家が一定の手続と形式に従って制定したものである。これには，国会の制定した商法や会社法，その他の法律，内閣の制定した命令などがある。
　（2）**商事条約**　　国家間，あるいは国際連合などの国際機関で結ばれる成文法のことである。たとえば船舶の衝突についての規定の統一に関する条約（大正3年条約1号），海上における救援救助についての規定の統一に関する条約（大正3年条約2号）などがある。
　（3）**商事自治法**　　商事自治法とは，会社その他の団体が，その組織および団体に関し自主的に定めた規則をいう。たとえば，会社の定款，証券取引所や商品取引所の業務規程，手形交換所規則などがある。
　（4）**商慣習法**　　商慣習法とは，企業生活関係に関する慣習法をいう。判例により慣習法として確認された例には，白地手形振出の有効性に関する商慣習法（大判大15・10・18評論16巻商159頁）などがある。
　なお，慣習法に関し，法の適用に関する通則法3条は，成文法の補充的地位を規定し，また，商法第1条は，商法に次ぐ地位を与えている。
　（5）**商事判例法**　　裁判所の示す判決は，本来個々の事件の解決を目的とするものである。しかし，同様な事実関係につき，同じような判断が積み重ねて示されると，そこに示された判断はそのような事実関係に関する解決基準となり，行為規範性を有するようになる。このようにして成立した行為規範を判例法という。

第2節　法の適用順序

　企業生活関係に関する法は，商法第1条および法の一般的原則からおよ

そ次のような順序で適用される。すなわち，①商事自治法，②商事特別法または商事条約，③商法典，④商慣習法，⑤民事特別法または民事条約，⑥民法典，⑦民事慣習法の順である。

第3節　法の適用範囲

　商法は企業に関する法とされているが，具体的にはどのような生活関係に適用されるか問題となる。商法は，商人の営業，商行為，その他商事については，他の法律に特別の定めがあるものを除くほか，この法律の定めるところによるとしている(商1条1項)。つまり，商法は「商人」および「商行為」を適用範囲の画定基準としている。ここでいう商行為は商法第501条および502条に列挙した各種の行為であり，この商行為を営業とする者を「商人」であると規定している(商4条1項)。また，店舗を設けて物品の販売をなす者，鉱業を営む者も商人とみなすと規定した(商4条2項)。

第3章 商法総則

第1節 商人・商行為概念

1 商人概念の意義

　商法は,「商人」を固有の商人と擬制商人に分けている (商4条1項・2項)。固有の商人とは,自己の名をもって501条および502条に列挙されている商行為 (基本的商行為) を営業とする者である (商4条1項)。擬制商人とは,基本的商行為 (商501条,502条) 以外の行為 (店舗を設けて物品の販売と鉱業) を営業とする者である (商4条2項)。

2 固有の商人の基礎となる商行為

　商法は,固有の商人概念の基礎となる商行為として501条に絶対的商行為,502条に営業的商行為を規定している。これらの商行為を基本的商行為という。

　(1) 絶対的商行為 (商501条)　絶対的商行為とは,その行為の性質上商行為とされるものであって,一回しか行わなくとも商行為とされるものである。
① 投機購買・その実行行為 (商501条1号)
　利益を得て譲渡する意思をもってする動産,不動産もしくは有価証券の有償取得 (投機購買),およびその取得したものを譲渡する行為 (実行売却) で,両者ともに商行為とされる。いわば「安く買って高く売る行為」である。
　なお,投機購買によって取得した物に加工を加えて,その製品を売った場合でも,本号に該当する。
② 投機売却およびその実行行為 (商501条2号)
　投機売却およびその実行行為とは,投機購買およびその実行行為の逆であって,先に動産,有価証券を売却 (投機売却) しておいて,その履行をなすために動産,有価証券を購入する行為 (実行購入) をいう。なお,不動産は投機売却行為の対象外である。不動産は,個別性が強く,先に売却しておいて,それに見合う不動産を購入することが困難だからである。

③ 取引所においてなす取引（商501条3号）

　取引所においてなす取引とは，証券取引所，商品取引所，および金融先物取引所においてなす有価証券ないしは商品の売買取引あるいは金融先物取引をいう。取引所は，多数の商人が一定の時期に一定の場所に集合して，有価証券ないしは商品の売買などをなすために設けられた施設である。

④ 手形その他の商業証券に関する行為（商501条4号）

　ここにいう商業証券とは，広く有価証券一般をいう。したがって，手形，小切手，株券，社債券，公債券，貨物引換証，倉庫証券，船荷証券などがこれにあたる。そして，商業証券に関する行為とは，これらの証券の振出，裏書，引受，保証などの行為をいう。

（2）営業的商行為（商502条）　営業的商行為とは，その行為自体だけでは商行為とはいえないが，それが営業としてなされたとき，商行為となるものをいう。「営業」とは，営利の目的で同種の行為を反復することをいう。しかし，専ら賃金を得ることを目的として物を製造し，または，労務に服する者の行為は商行為とはいえない（商502条本文但書）。

① 投機貸借およびその実行行為（商502条1号）

　投機貸借とは，賃貸する意思をもってする動産もしくは不動産の有償取得もしくは賃借する行為（投機貸借），およびその取得ないしは賃借した物を賃貸する行為（実行賃貸）をいう。どちらの行為も商行為となる。たとえば，レンタルビデオ営業，レンタカー営業，不動産賃貸業，貸衣裳業等がこれに属する。

② 他人のためにする製造，加工に関する行為（商502条2号）

　これらの行為は，他人のために製造または加工を引き受ける契約をいう。他人のためとは，他人から材料の交付を受ける場合や他人の計算において材料を買入れる場合がある。また，製造とは，材料に労力を加えて全く異なった物を造り出すことをいい，加工とは，物の種類に変更を生じない程度に労力を加えることをいう。たとえば，醸造業，クリーニング業，染物業，各種の機械の製作業等がこれに属する。

③ 電気またはガスの供給に関する行為（商502条3号）

　これらの行為は，電気またはガスを継続して供給する契約をいう。これにあたる行為は，水力発電や太陽光発電による電気供給，および採掘した

天然ガスの供給行為である。石油ないしは石炭を購入し発電をなし電力を供給する場合，および，石炭を購入しガスを製造して供給する場合の電力会社ないしはガス会社の行為は投機購買にあたり本号には含まれない。

④ 運送に関する行為（商502条4号）

この行為は，運送を引き受ける契約，すなわち運送契約をいう。運送とは，物ないしは人を場所的に移動させることをいう。なお，商法は運送営業に関し，特別の規定を設けている（商569条以下）。

⑤ 作業または労務の請負（商502条5号）

作業の請負とは，不動産ないしは船舶に関する工事の請負契約をいう。また，労務の請負とは，労働者の供給を請負う契約をいう。前者は，各種の建設業者がこれにあたり，後者は，労働者派遣事業である。現行法上，労働者供給事業は，労働組合等か厚生労働大臣の許可を受けて行う無料労働者供給事業以外は禁止されている（職業安定法44条）。なお，いわゆる人材派遣業は，「労働者派遣事業の適正な運営の確保及び派遣労働者の保護等に関する法律」に基づいて，厚生労働大臣の許可の下で認められている（同法5条，16条）。

⑥ 出版・印刷・撮影に関する行為（商502条6号）

出版に関する行為とは，文書または図画を印刷して頒布する行為をいう。出版業および新聞業がこれにあたる。印刷に関する行為とは，印刷複製を引き受ける行為をいう。印刷業がこれにあたる。撮影に関する行為とは，撮影を引き受ける行為をいう。写真屋の行為がこれにあたる。

⑦ 客の来集を目的とする場屋の取引（商502条7号）

客の来集を目的とする場屋の取引とは，多数の客の来集を目的として，これに適する物的，人的設備を設けて，それを利用させる行為をいう。ホテル，旅館，飲食店，遊園地，ゲームセンター，劇場などの営業がこれに属する。

⑧ 両替その他の銀行取引（商502条8号）

銀行取引とは，金銭または有価証券の転換を媒介する行為をいい，受信行為と与信行為の両行為を含む。したがって，自己資金あるいは借入資金をもって，与信行為のみをする個人企業（質屋営業，貸金業）は商行為をなすものとはいえない（最判昭30・9・27民集9巻10号1444頁，最判昭50・6・27判時

785号100頁)。

⑨　保険（商502条9号）

　ここに保険とは，営利保険を引き受ける行為をいう。営利保険とは，保険の引受けを業とする企業が保険者となり，自己の計算と責任において保険する者を募集し，その間に保険契約を締結することをいう。この保険契約については，商法から分離した保険法（平成20年法56号）が規律する。また保険営業については保険業法（平成7年法105号）が規律する。なお，営利を目的としない相互保険はここにいう保険には含まれない。

⑩　寄託の引受（商502条10号）

　寄託の引受とは，他人のために物を保管することを引き受けること，すなわち寄託契約をいう。倉庫営業者がこれにあたる。

⑪　仲立または取次に関する行為（商502条11号）

　まず仲立とは，他人間の法律行為（契約）の成立に尽力すること（媒介，斡旋，周旋，仲介）をいい，他人間の法律行為（契約）の成立に尽力することを引き受ける契約を仲立契約という。その引き受ける他人間の法律行為が，商行為（基本的商行為であって，附属的商行為を含まない）である場合を商事仲立といい，商行為以外の法律行為である場合を民事仲立という。商法は，商事仲立を営業としてなす者を仲立人といい（商543条），その営業に関し，特別な規定を設けている（商543条以下）。民事仲立の典型は，不動産業であって，土地・家屋の賃貸あるいは売買の斡旋を営業としている。なお，特定の商人の平常の営業の部類に属する取引の媒介を引き受ける，いわゆる媒介代理商はここにいう仲立にあたる。商法は，この媒介代理商に関し，商人一般の補助商として規定し，特別な規定を設けている（商27条，会16条以下）。

　次に取次とは，自己の名をもって，他人の計算において，法律行為（契約）を行うことをいい，それを引き受ける契約を取次契約という。商法は，この取次営業に関し，その取次内容に応じて次の3種の特別な規定を設けている。すなわち，物品の販売または購入を引き受けることを営業とする問屋（商551条以下），物品の運送を引き受けることを営業とする運送取扱（商559条以下），それ以外の契約を取り次ぐことを引き受けることを営業とする準問屋（商558条）である。

⑫ 商行為の代理の引受（商502条12号）

商行為の代理の引受とは，他人の委託により，その者の商行為の代理を引き受ける契約をいう。すなわち，代理の目的である行為が本人にとって商行為であるものを引き受ける契約である。この営業に関し，商法は，補助商として，締約代理商として特別の規定を設けている（商27条，会16条以下）。

⑬ 信託の引受け（商502条13号）

信託とは，特定の者が一定の目的に従い財産の管理又は処分及びその他の当該目的の達成のために必要な行為をすべきものとすることをいい（信託1条），その信託を引き受けることを信託の引き受けという。営業として信託の引き受けを行うことができるのは，信託業として免許を受けた者に限られる（信託業3条）。

3　擬制商人

擬制商人とは，固有の商人以外の者であって，店舗その他これに類似する設備によって物品の販売を業とする者，および鉱業を営む者をいう（商4条2項）。これは，営業形態ないしは営業設備に着目して，商人としたものである。

商法が認める擬制商人には，次の2種類のものがある。一つは店舗その他これに類似する設備をもって物品の販売をなす者である。これに当たる者は，原始産業によって生産した物を販売する者に限られ，農業経営者，養鶏業者，漁業経営者，林業経営者などが，店舗を設けて自己の生産した物を販売する場合である。

他の一つは鉱業を営む者である。鉱業を営む者とは，鉱物の試掘・採掘，これに付属する選鉱・精錬その他の事業を行うものをいう（鉱業法4条）。これらの者は，通常，大規模な企業設備をもって経営されるところより商人性を認めたものである。

4　会　社

会社が事業としてする行為およびその事業のためにする行為は商行為とされる（会5条）ことから，明文規定は無いが会社は商人となる。しかし，

会社の商号，使用人等，事業譲渡については，会社法総則に規定があり，商法総則の適用はない。

5　小商人

　小商人とは，資本金50万円に満たない商人であって，会社でないものをいう（商7条，商施規3条2項）。このような小規模な商人に対して，商法は，商業登記，商号および商業帳簿等の規定を適用しない（商7条）。これらの事項まで商法が適用されるとすると，零細な商人に対して様々な負担を強いることになり，またそうしても他の商人に影響を及ぼすことはないという判断からである。

6　商人資格の始期

　商人資格の始期・終期が問題とされるのは，商法の適用の有無が取引の当事者に重大な利害を及ぼすからである。つまり商人資格の取得が認められると，商法が適用され，たとえば商人から金銭の借入をした場合には，特約がないかぎり当然に利息が発生し，法定利率も年6分となる（商法が適用されない場合には，特約がないかぎり無利息とされ，利率に関する特約がないかぎり，法定利率は年5分となる）。

① まず営利法人として設立された会社は，生まれながらの商人であり，したがって会社設立の登記によって商人資格を取得する（会49条）。

② 次に自然人は，営業を開始したときに商人資格を取得する。しかし，何時の時点で営業を開始したとみるかは困難な問題である。つまり個人が営業をしようとする場合，営業開始前に，たとえば店舗の借入れ，事務設備のリース，使用人の雇入れなどの開業の準備行為を行うのが通例であるが，商人資格取得前だからという理由でこれらの準備行為を非商人の行為とするのは適当ではない。そこでいつの時点から商人資格を取得するのかをめぐって多くの主張がなされた（たとえば，営業意思表白説，営業意思主観的実現説）。近時の判例は，その営業行為それ自体が行われなくとも，開業の準備のために店舗を借りたり，あるいは，資金を借り入れる行為（開業準備行為—この行為は附属的商行為に当たる）をなし，その行為を通して営業意思が第三者からも認識されるときより商人資格を取得し，

商法の適用を受けるとする営業意思客観的認識可能説をとる（最判昭47・2・24民集26巻1号174頁）。

7　商人資格の終期

商人が自然人である場合には，営業の廃止（商4条1項），ないしは営業設備の廃止（商4条2項）のときに商人資格を喪失する。営業の廃止とは，営業を停止することではなく，営業の停止に伴う事後処理の終了したときをいう。これに対し，会社の場合には，清算結了の登記がなされたときに，商人資格を喪失する。

8　個人企業の営業能力

営業能力とは，自ら営業活動をなすことのできる能力，すなわち営業上の行為能力をいう。法人の場合にあっては，代表者を通じて，営業活動行為がなされるので，ことさらに営業能力については問題にならない。これに対し，自然人の場合にあっては，商人資格のほかに，単独で営業活動をなすことができる能力が必要とされる。商法は，この営業能力に関し若干の規定を設けている。

9　制限行為能力者に関する特別規定

自然人の場合には，例外なく商人資格を有するが，未成年者や成年被後見人等は民法上，法律行為能力を有せず，したがって商法上も，単独で営業活動を行う能力は認められない。しかし，これらの者が商人として営業を行う場合にどのようにすればよいかが問題となる。そこで商法は未成年者の営業について，いくつかの制度を設けている。

　（1）未成年者の営業登記　　未成年者が，単独で営業をなすには，法定代理人の同意（許可）を要する（民6条1項）。この許可は，営業を特定してなされなければならない。このように営業を許された未成年者は，成年者と同一の行為能力を有し，単独でその営業をなすことができる（民6条1項）。この場合，商法は，その営業を許された未成年者の氏名，営業の種類等を登記することを要求する（商5条，商登35条以下）。また，許可を得た未成年者がその営業に堪えないときは，法定代理人はその営業の許可を取り消し，

または，その種類を制限することができる（民6条2項）。この場合にも登記をなすことを要する（商登35条1項2号）。

（2）未成年後見人による営業の登記　未成年後見人は，未成年者に代わって営業をなすことができる（民857条）。未成年後見監督人がいるときは，その者の同意を得なければならない（民864条）。未成年後見人が，未成年者に代わって営業をなす場合には登記することが要求される（商6条1項，商登40条）。なお，このように後見人が被後見人に代わって営業をなす場合，後見監督人等が，後見人の代理権に制限を加えたとしても，善意の第三者に主張することはできない（商6条2項）。

（3）未成年者以外の制限行為能力者と営業能力（民7条）

① 被補助人

　被補助人とは精神上の障害により判断能力（事理の弁識能力）が不十分な者のうち，被保佐人や成年被後見人の程度に至らない軽度の状態にある者をいう（民15条1項）。家庭裁判所の補助開始の審判とともに，補助人が選任され（民16条），当事者が申立てにより選択した特定の法律行為について，審判により補助人に代理権又は同意権・取消権の一方又は双方が付与される（民17条）。つまり，補助人による補助は当事者の申立てにより選択した特定の法律行為についてのみ付与された権限行使を通じてなされることになる。しかし，被補助人の営業能力について商法および商業登記法は規定を設けていないし，実質的に見ても，営業上の行為は，通常の法律行為と比べると，複雑多岐であるのが一般的である。したがって，補助人の同意を得て支配人を選任し，その者によって営業を行うとするほかないといえよう。

② 被保佐人

　被保佐人とは，精神上の障害により判断能力が著しく不十分な者をいい（民11条），家庭裁判所より選任された保佐人の同意権と取消権の行使を通じて保佐される（民13条1項各号）。被保佐人の営業については，被補助人の場合と同様の理由により，保佐人の同意を得て支配人を選任し，その者によって行うとするほかない。

③ 成年被後見人

　成年被後見人とは，精神上の障害により判断能力を欠く常況にある者を

いい（民7条），家庭裁判所の後見開始の審判とともに成年被後見人のために成年後見人が選任され（民8条），代理権が付与される（民859条）。成年被後見人の営業については成年後見人の代理権を通じて，もしくは選任した支配人を通じて行われる。

第2節　商　号

1　商号の意義

　企業は自己の同一性を取引先や公衆に示す機能を持つ数種類の標識を用いるのが通例である。たとえば，企業が営業上自己を表す商号，企業の営業それ自体を表す営業標識，企業の生産提供する商品を表す商標，商品の品質を表す品質標識などである。これらの各種標識のうち，氏名と同様の機能を果たし，他の企業と区別し，自己の同一性を取引先や公衆に認知させる企業の名称が商号である。ここに商号とは商人が営業上自己を表示するために用いる名称をいう。

2　商号の選定

　わが国の商法は，商人がいかなる名称を商号とするかは，一定の例外を除いて，その商人の自由な判断に委ねている（商11条1項，会6条1項）。これを商号選定自由の原則という。

3　商号規制の必要性

　わが国は，商号選定自由の原則を採用しているが，取引相手に誤解を与えたり，損害を及ぼすなど取引の安全を害する商号の使用を禁止している。すなわち，個人企業(非会社)が商号中に会社という文字を使用すること（会7条），異なった会社の種類を使用すること（合名会社が株式会社を名乗ったり，株式会社が合資会社を名乗ったりすること，会6条3項），銀行でない企業が，銀行などの特殊な業種を名乗ること等（銀行6条2項），また取引主体を誤認させるような誤認商号を使用することを禁止する（商12条1項，会8条）。

4　商号の登記

　他の企業との識別を行い，信用判断の手がかりとする商号の役割は，商号を公示させることによって初めて実効性を有しうるものであり，そこで会社に対して商号の登記義務を課している（会911条，912条，913条）。ただし，影響力が小さいことから個人企業の商号登記は，任意としている（商11条2項）。なお，既登記商号と同一商号，同一住所（営業所又は本店の所在地）では登記することはできない（商登27条）。

5　商号権の保護

　（1）商号権の内容　企業は商号によってその独立性を示すとともに，権利義務の帰属主体であることの明確化をはかるものである。同時に商号は営業の時間的蓄積と資本投下の成果としての信用が化体するものである。したがって，企業が一定の商号を選定・使用しているときは，他人に妨害されることなくその商号を使用し，他人が不正の目的をもって他の商人であると誤認されるおそれのある商号を使用している場合には，その状態は是正される必要がある。このように法的に保護されるべき商号に関する利益を商号権という。この商号権は，他人に妨害されることなくその商号を使用できる商号使用権と，他人の不正目的による商号使用を排斥できる商号専用権に大別される。

　商号権は，一般に身分的な性質（氏名，信用）と財産的な性質（譲渡性）を有するものということができる。しかし，この後者の財産的性質を有するか否かは時間の長短と投下資本の多寡によって決まるものであって，必ずしもその使用によって当然に生ずるものではない。商号の使用が時間的に継続し，投下資本がある程度累積された状態になると，その商号を他人が不正に使用し粗悪品を販売するなどして，使用権者の販売または信用を侵害する場合がある。この場合，使用権者は，自己の販売の侵害としての損害，および，信用毀損に対する慰謝料，信用失墜の回復として謝罪広告を請求することができる。

　（2）商号権の保護　何人も不正の目的をもって他の商人であると誤認されるおそれのある名称又は商号を使用してはならず（商12条1項，会8条1項），これに違反して商号を使用する者がある場合，商号使用により利益

を害せられるおそれがある者は，その侵害の停止や予防を請求することができる。また，損害を被っている場合には，その賠償を求めることができる（商12条2項，会8条2項）。

「不正の目的」とは，一般に，公衆をして自己の営業と他の商人の営業とを混同誤認させ，有利に営業をはかる目的をいうとされている。いわば信用や集客力の只乗りの目的といってよい。

次に「誤認されるおそれのある」商号であるかは，取引社会において通常使用する注意力を用いて，一般取引上商号全体の印象からみて誤認混同のおそれがあるか否かによって判断すべきであるとするのが判例・通説である（大判大7・1・26民録24輯161頁，最判昭40・3・18判タ175号115頁ほか）。

6 名板貸責任（商号貸与者の責任）

（1）名板貸の意義　　商号は，営業の時間的蓄積や資本の投下により形成された企業やその商品に対する信用が化体され，集客力を有するようになる。これから営業を始めようとする企業にとって，このような商号を利用できるならば，既に確立された信用を利用できることから極めて有利となる。このようなことから，信用貸与の方法として名板貸（商号貸与）が行われることがある。ここに名板貸とは，自己の商号を使用して営業をなすことを他人に許諾することをいい，この許諾契約を名板貸契約という。また名義を貸す者を名板貸人，名義を借りる者を名板借人という。

（2）名板貸責任の意義　　名板貸人が自らの商号を他人に貸与した場合，営業上の主体はあくまでも名板借人であり，その取引によって生じた一切の債務について名板借人が責任を負うのはもとより当然のことである。しかし，名板貸による営業にあっては，取引の相手方は，その名板貸人を営業主であると誤認して取引することがあり，その誤認から不測の損害を与える可能性がある。そこで，商法14条（会9条）は，名板貸人にも名板借人と連帯して取引上の債務についての弁済責任を負わせることによって，取引の安全をはかろうとしている。つまり商法は，外観主義あるいは禁反言の法理を基礎として，外観信頼者を保護しようとする。

（3）名板貸人の責任の成立要件　　名板貸人が責任を負うのは次の要件を満す必要がある。すなわち，①外観の存在（商号の使用により名義人が名板

借人の営業の主体であると認められる外観の存在)，②営業上の商号使用の許諾(名板貸人が「自己の商号」を使用して営業することの許諾)，③相手方の誤認(取引の相手方が，外観から名板貸人を営業主と誤認して取引をなしたこと)，そして④取引上の債務の存在が必要とある。

(4) 名板貸人の責任　　以上の要件を具備した場合，名板貸人は，その取引より生じた債務について，名板借人と連帯して弁済の責任を負う(商14条，会9条)。

第3節　商業登記

1　商業登記の意義

　企業取引においては，取引相手に関する事前の信用調査を欠かすことはできない。企業の組織や営業の内容に関する一定の事項が開示され，他方の当事者や利害関係人などが自由にその情報に接しうる制度があるならば，その内容を知らなかったことから生じる不測の損害を回避することができる。一方，開示する企業にとっても，一定の事項を開示することによって，信用を保持することが可能となるし，また取引のつど個別的に説明する必要もなくなる。このように企業取引の安全性と迅速性に貢献するために相互に企業の一定情報について開示しあう制度が商業登記制度である(図2参照)。商業登記簿には，商号，未成年者，後見人，支配人，株式会社，合名会社，合資会社，合同会社，外国会社がある(商登6条)。

2　商業登記事項

　いかなる事項が登記すべき事項であるかは，商法及び会社法に規定されているが，そのほか補充的に手続法である商業登記法にも規定されている。これらの登記事項は，一般公衆の登記に対する利益と企業の機密保持との利益の調和の上から認められたものといえる。登記事項は，次のように分類することができる。
　第1は，絶対的登記事項と任意的登記事項である。ここに絶対的登記事項とは，登記が強制されている事項であり，任意的登記事項とは，登記するか否かが企業の自由に委ねられている事項である。

図2 登記事項証明書

登記事項証明書

商　　号	大和商事株式会社	
本　　店	東京都千代田区○○町×丁目×番×号	
公告をする方法	官報に掲載してする	
会社成立の年月日	平成25年4月1日	
目　　的	居酒屋の経営	
発行可能株式数	4000株	
発行済株式の総数並びに種類及び数	発行済株式の総数 1000株	
株券を発行する旨の定め	当会社の株式については，株券を発行する	
資本金の額	金1000万円	
株式の譲渡制限に関する規定	当会社の株式は，取締役会の承認がなければ譲渡することができない	
役員に関する事項	取締役　　　本田太郎	
	取締役　　　本田次郎	
	取締役　　　本田三郎	
	東京都千代田区○○町×丁目×番×号 代表取締役　本田太郎	
	監査役　　　本田四郎	
取締役会設置会社に関する事項	取締役会設置会社	
監査役設置会社に関する事項	監査役設置会社	
登記記録に関する事項	設立	平成25年4月1日登記

　第2は，設定的登記事項と免責的登記事項である。設定的登記事項とは，登記により一定の法律関係が創設される事項であり（支配人の選任，会社の設立・合併，社員の入社），免責的登記事項とは，当事者の一定の責任を免れさせる事項である（支配人の解任，社員の退社）。

3　商業登記手続

　商業登記は，原則として当事者の申請によってなされる（商8条，商登14条）。これを当事者申請主義という。例外として，官庁による嘱託登記と登記官による職権登記がある。

　商業登記の申請は，登記申請者の営業所の所在地の法務局もしくは地方法務局またはその支局もしくは出張所においてなされる（商登1条の3）。

4　商業登記の公示

　商業登記法は，誰でも手数料を納付して，登記簿に記録されている事項又はその概要を証明した書面の交付を請求することができるとする（商登10条1項，11条）。また利害関係人は，登記簿の附属書類についても利害関係がある部分に限り閲覧を請求することができるとしている（商登11条の2）。

5　商業登記の一般的効力

　商法9条1項（会908条1項）は，商業登記の一般的効力に関し，「登記すべき事項は，登記の後でなければ，これをもって善意の第三者に対抗することができない。登記の後であっても，第三者が正当な事由によってその登記があることを知らなかったときは，同様とする」とし，商業登記の一般的効力を規定する。すなわち，商業登記の消極的公示力（登記前の効力）および積極的公示力（登記後の効力）を認める。

　（1）商業登記の消極的公示力（登記前の効力）　登記すべき事項は，登記前にあっては善意の第三者に主張することはできない。これを「登記の消極的効力」という。登記すべき事項とは，登記事項の発生，変更，消滅をいう。また第三者とは，登記の当事者またはその代理人でない者をいう。善意とは，登記事項の発生，変更または消滅の事実を知らないことをいい，善意についての過失の有無は問わない。

　これに対し，商人は，悪意の第三者に対しては，登記前であっても，その事実を主張することができる。登記前は，第三者の善意が推定されるので，悪意はそれを否定する者に立証責任がある。

　（2）積極的公示力（登記後の効力）　登記すべき事項は，登記の後におい

ては，第三者に対してその善意・悪意を問わず，事実の存在・不存在を主張することができる。これを「登記の積極的効力」という。すなわち，登記された後は，第三者は悪意が擬制される。ただし，例外として登記があっても第三者が正当な事由により，その事実の存在・不存在を知らなかったときは，悪意を擬制するのは適当ではないところから，その登記事項を主張することはできない（商9条1項後段，会908条1項後段）。つまり登記の積極的公示力は生じない。正当な事由の立証責任は，それを主張する第三者が負う。

ここにいう第三者の知りえなかった「正当な事由」とは，天変地異により交通や通信の途絶したような客観的事情による場合をいい，主観的な病気や海外出張によって知らなかった場合は含まれない。

6　商業登記の特殊な効力

（1）創設的効力　商法は，一定の登記事項については特殊な効力を付与している。まず創設的効力である。これは，登記することによって新しい法律関係が形成される効力をいう。たとえば，会社法は，会社は本店の所在地の登記所に登記することによって成立すると規定し，登記に創設的効力を与えている（会49条，579条）。

（2）強化的効力　登記がなされることによって本来の効力がより強化される場合がある。この登記の効力を強化的効力という。たとえば，商号の譲渡は，登記をしなければ第三者にその譲渡を主張することができないが（商15条2項），登記をすることで，商法9条1項の規定にもかかわらず第三者の善意・悪意，また正当な事由の有無にかかわりなく，その譲渡を主張することができる。つまり登記をすることにより商号権の保護がより一層強化されるのである。

（3）補完的効力　登記によって法律関係の瑕疵が補完されるのと同様の結果が生じる場合がある。この効力を登記の補完的効力という。たとえば，株式引受人は会社の成立後は，たとえ株式の引受に錯誤などの無効原因や詐欺などの取消原因があったとしても，無効や取消を主張することはできないとしている（会51条，211条）。つまり法律行為に瑕疵があったとしても，登記後はその主張を許さず，瑕疵が修補されたのと同様の結果が生

じるという意味で補完的効力があるとされている。

7 不実登記

(1) **不実登記の意義**　実体的真実が登記簿の記載に常に反映されているならば問題はない。しかし，登記官は形式的審査権しか有しないし，登記申請者も常に実体的真実を登記しているとは限らない。商業登記法自体もそれを予定して更正登記や抹消登記などの制度を設け，登記簿上の事実と実体的真実ができるだけ一致するように努めている。他方，事実を伴わない登記がなされ，それを信頼しても何ら法的に保護されないとしたならば，登記に対する信頼はなくなり，広く一般公衆に企業内容が開示され取引の安全性をはかるという商業登記制度の本来の機能は果たしえなくなる。そこで商法は，故意または過失により不実の事項を登記した者は，その事実が不実であることをもって，善意の第三者に対抗することはできないと規定し，登記した事実を信頼した者の保護をはかろうとする（商9条2項，会908条2項）。

(2) **不実登記者の責任の要件**　不実登記者が責任を負うのは次の場合である。

第1に，登記申請者による申請であることが必要である。登記申請者の申請に基づかない場合であっても，登記申請者が不実の登記の実現に加功したり，不実の登記の存在が判明しているのにその是正措置をとることなく放置しているようなときは，登記申請者の登記申請と同視される。

第2に，登記申請者に故意・過失のあることが必要である。この場合の故意・過失とは，不実を知りながら，あるいは知り得たにもかかわらず登記をすることである。

第3に，「不実の事項を登記」したことを要する。不実とは，事実と合致しないことをいう。積極的であるか，消極的であるかを問わない。

(3) **不実登記の効果**　上の要件を具備したとき，不実登記をした者は，その事実が不実であることを主張することはできない。

第4節　商業帳簿

1　商業帳簿作成の意義

商人は、利潤獲得の目的をもって、継続的・計画的に営業活動を行う経済主体である。したがって、商人にとって、その営業活動によって利潤を得ているか否かを把握することは常に必要なことであり、またそれは会社債権者、投資家にとっても必要であり、さらに労働者、消費者、および、国にとっても重要な意義を有する。そこで、商法は、商人に対して営業上の財産および損益の状況を明らかにするために、商業帳簿を作成する義務を課している（商19条2項）。

2　商業帳簿の意義

商業帳簿は、「商人」が作成する帳簿であり、商人の営業のために使用する財産について法務省令に従って作成される帳簿である（商19条2項）。したがって、このことを直接の目的としない帳簿は商業帳簿ではない。具体的には、会計帳簿と貸借対照表がこれにあたる。

会計帳簿とは、商人がその営業のために使用する財産について貨幣単位をもって記録計算された帳簿をいい、これには仕訳帳、総勘定元帳、売上帳や仕入帳などがある。貸借対照表とは、資産の部（借方）と負債の部・純資産の部（貸方）に分け、資産と負債および純資産とを対照し、企業の財産状況を示す商業帳簿である（**図3，4**参照）。

3　商業帳簿に関する通則

（1）損益計算書中心主義　商業帳簿は、その財産および損益の状況を明らかにすることを目的としている（損益計算書中心主義）。商業帳簿は、何よりも企業にとって必要なものであり、企業がどれだけの利益をどのような要因に基づいて得たかを把握するために作成されるべきであるとの考え方に立っている。

（2）解釈基準としての公正なる会計慣行　商業帳簿に関する用語の解釈および規定の適用については、公正なる会計慣行を勘酌しなければならない（商則4条2項）。ここにいう「公正なる会計慣行」とは、商業帳簿の作成

図3　貸借対照表

[記載例]

貸借対照表
（平成〇年〇月〇日現在）

（単位：百万円）

科　　目	金　額	科　　目	金　額
（資産の部）		（負債の部）	
流動資産	×××	流動負債	×××
現金及び預金	×××	支払手形	×××
受取手形	×××	買掛金	×××
売掛金	×××	短期借入金	×××
有価証券	×××	リース債務	×××
商品及び製品	×××	未払金	×××
仕掛品	×××	未払費用	×××
原材料及び貯蔵品	×××	未払法人税等	×××
前払費用	×××	前受金	×××
繰延税金資産	×××	預り金	×××
その他	×××	前受収益	×××
貸倒引当金	△ ×××	〇〇引当金	×××
固定資産	×××	その他	×××
有形固定資産	×××	固定負債	×××
建物	×××	社債	×××
構築物	×××	長期借入金	×××
機械装置	×××	リース債務	×××
車両運搬具	×××	〇〇引当金	×××
工具器具備品	×××	その他	×××
土地	×××	負債合計	×××
リース資産	×××	（純資産の部）	×××
建設仮勘定	×××	株主資本	×××
その他	×××	資本金	×××
無形固定資産	×××	資本剰余金	×××
ソフトウェア	×××	資本準備金	×××
リース資産	×××	その他資本剰余金	×××
のれん	×××	利益剰余金	×××
その他	×××	利益準備金	×××
投資その他の資産	×××	その他利益剰余金	×××
投資有価証券	×××	〇〇積立金	×××
関係会社株式	×××	繰越利益剰余金	×××
長期貸付金	×××	自己株式	△ ×××
繰延税金資産	×××	評価・換算差額等	×××
その他	×××	その他有価証券評価差額金	×××
貸倒引当金	△ ×××	繰越ヘッジ損益	×××
繰延資産	×××	土地再評価差額金	×××
社債発行費	×××	新株予約権	×××
		純資産合計	×××
資産合計	×××	負債・純資産合計	×××

図4 損益計算書

[記載例] 損益計算書 (自平成○年○月○日　至平成○年○月○日)		(単位：百万円)
科　　目	金	額
売上高		×××
売上原価		×××
売上総利益		×××
販売費及び一般管理費		×××
営業利益		×××
営業外収益		
受取利息及び配当金	×××	
その他	×××	×××
営業外費用		
支払利息	×××	
その他	×××	×××
経常利益		×××
特別利益		
前期損益修正益	×××	
固定資産売却益	×××	
その他	×××	×××
特別損失		
前期損益修正損	×××	
固定資産売却損	×××	
減損損失	×××	
その他	×××	×××
税引前当期純利益		×××
法人税，住民税及び事業税	×××	
法人税等調整額	×××	×××
当期純利益		×××

目的である営業上の財産および損益の状況を明らかにするために一般に従うべきであるとされている会計上の慣行をいう。一般的にこの「公正なる会計慣行」を示したものとして，いわゆる「企業会計原則」がある。商人がこの企業会計原則に従い，商業帳簿に関する各規定を解釈して商業帳簿を作成したかぎり，公正な会計慣行に従って作成したものということができる。

4　商業帳簿の作成・保存・提出義務

　（1）作成義務　　小商人を除いたすべての商人は，営業のために使用す

る財産について適時に正確な商業帳簿を作成しなければならない。作成すべき商業帳簿の種類は、会計帳簿と貸借対照表である（商19条2項）。

　商業帳簿の作成にあたっては次の資産評価の基準に従わなければならない。

① 資産評価の原則

　商人の会計帳簿に計上すべき資産については、その取得価額を付さなければならない（商則5条1項本文）。ただし、取得価額を付すことが適切でない資産については、営業年度の末日（営業年度の末日以外の日において評価すべき場合にあっては、その日）における時価または適正な価格を付すことができる（商則5条1項但書）。

② 減価償却

　償却すべき資産については、営業年度の末日において、相当の償却をしなければならない（商則5条2項）。

③ 資産評価の例外

　次の資産については、例外が規定されている。

　　a　営業年度の末日における時価がその時の取得原価より著しく低い資産については、営業年度の末日における時価（商則5条3項1号）

　　b　営業年度の末日において予測することができない減損が生じた資産又は減損損失を認識すべき資産については、その時の取得原価から相当の減額をした額（商則5条3項2号）

④ 取立不能のおそれのある債権

　取立不能のおそれのある債権については、営業年度の末日においてその時に取り立てることができないと見込まれる額を控除しなければならない（商則5条4項）。

⑤ 負債の帳簿価額

　商人の会計帳簿に計上すべき負債については、債務額を付さなければならない。ただし、債務額を付すことが適切でない負債については、時価又は適正な価格を付すことができる（商則5条5項）。

⑥ のれん

　のれんは、有償で譲り受けた場合に限り、資産又は負債として計上することができる（商則5条6項）。

なお会計帳簿や貸借対照表をFDやCDなどの電磁的記録によることが認められる（商則4条3項）。ここにいう電磁的記録とは，電子的方式，磁気的方式など人の知覚をもって認識できない方式により作成された記録で，電子計算機による情報処理の用に供せられるものとして法務省令に定めたものをいう（商則2条4号）。

（2）保存義務　商人は，10年間，商業帳簿および営業に関する重要資料を保存しなければならず，この期間は，帳簿の閉鎖（書き終る）のときより起算する（商19条3項，会43条4項，61条4項）。これは証拠の保全のために要求されるものである。

（3）提出義務　裁判所は，申立てないしは職権をもって訴訟の当事者に商業帳簿の提出を命ずることかできる（商19条4項，会434条，616条）。本条は，民事訴訟法220条の特別規定であって，商業帳簿の一般的信頼性から認められたものである。

第5節　商業使用人

1　商人と営業補助者

個人企業であれ会社企業であれ，その規模が拡大し，活動が多様化すると，企業活動を補助する者が必要となる。企業活動補助者には，特定の企業の営業活動を補助する者と，不特定企業の営業活動を補助する者がある。企業は，取引の目的や必要性に合わせてこれらの補助者を使い分けていくことになる。

まず，特定の企業の営業活動を補助する者には商業使用人や代理商などがある。商業使用人は企業の使用人という身分でその営業を補助する者であるが，代理商は，それ自体独立の企業でありながら，他の特定企業の代理または媒介としてその営業活動を継続的に補助する者である。これに類似するものに特約店がある。これも代理店とも呼ばれることがあるが，代理商と異なり代理権を有せず，特定の商品供給者から商品を購入しそれを消費者などに転売することを営業とする。

これに対し，不特定企業の取引活動を補助する者には仲立業や取次業がある。仲立業は，他人間の取引の成立に尽力することを営業の内容として

いる企業である。取次業は、自己の名をもって他人の計算で取引を行うことを営業の内容としている企業で、問屋や準問屋、運送取扱人がこれに入る。問屋は、他人のために自己の名をもって物品の販売または買入を行うことを営業とする企業である。

2　商業使用人

　商法総則の規定する商業使用人とは、特定の商人に従属し営業上の労務に服し、商人に代わってその営業上の代理を行う者をいう。

(1)　商業使用人は、特定の商人に従属し営業上の労務に服する者をいう。この特定の商人を営業主といい、営業主は、個人であると会社であるとを問わない。

　　商業使用人は、営業主に従属し、その指揮命令に従う者である。したがって、代理商、仲立人、問屋、運送取扱人らは、独立の商人であって商業使用人ではない。

　　商業使用人は、商人の営業上の労務に服する者であり、営業主との間に雇用関係が存在する。したがって、個人企業おいて、家族が営業を手伝っていたとしても、その者は商業使用人とはならない。

(2)　商業使用人は、商人に代わってその営業上の代理をなす者をいう。商業使用人は、営業上の代理権を有する者である。この代理権は、通常その企業内における一定の地位に就くことによって、当然にその地位に伴った代理権を与えられる。商法（会社法）は、この商業使用人の種類として、支配人、ある種類または特定の事項の委任を受けた使用人、および物品の販売をなす使用人について規定を設けている。

3　支配人

　支配人とは、営業主に代って、その営業に関する一切の裁判上、裁判外の行為をなす商業使用人をいう（商21条1項、会11条1項）。支配人は、営業主によって配属された営業所（本店または支店）の営業に関する一切の責任者としての地位を有する。すなわち、支配人は、その営業所の営業に関する対内的・対外的代理権を有する。この代理権を「支配権」という。実務においては、支配人は支社長、支店長などという名称をもって呼ばれるこ

とが多い。
　(1) 支配人の選任および終任
① 支配人は，営業主が選任するが，たとえば，取締役会非設置の株式会社で，2人以上の取締役を選任している会社では，定款に特別な定めがなければ，取締役の過半数で支配人の選任・解任を決定し（会348条1項，2項），取締役会設置会社では当該決議で決定する（会362条4項3号）。
② 支配人の終任は，通常，営業主による解任または支配人の辞任，および，雇用契約の終了によって生じる。これ以外に，支配人の死亡・禁治産・破産（民111条1項2号），営業主の破産（民111条2項，653条2号）の場合に生じる。ただし，営業主の死亡は，支配人の終了原因とはならない（商506条）。
③ 支配人の選任および終任は，その置いた営業所，本店または支店の所在地の登記所に登記しなければならない（商22条，会44条）。
　(2) **支配人の代理権（支配権）**　　支配人の代理権，すなわち支配権の範囲は，商号（個人企業に限る）および営業所により個別化され，その特定された営業に関する裁判上，裁判外の行為に及び，その他の使用人を選任または解任する権限を含む（商21条2項，会11条2項）。

　ここに営業に関する行為とは，営業の目的行為は無論のこと，営業のためにする行為も含む。営業に関する行為であるか否かは客観的に決定される。

　次に，裁判上の行為とは，訴えの提起，その遂行，和解，仮処分等の行為をいい，その代理人（弁護士）の選任，解任行為をも含む。また，裁判外の行為とは私法上の適法行為をいう。

　企業が支配人の支配権に制限を加えた場合，その制限を善意の第三者に主張することはできない（商21条3項，会11条3項）。最近の企業は，一般的に巨額の取引については，支配人の権限を制限し，企業主の承諾を得なければならないものとして一定の制限を設けているのが通例である。したがって，その支配人の営業所の取引を前提として巨額の取引と思えるような取引をなした場合には，相手方の悪意が推定されるべきである。

　(3) **支配人の義務**
① 支配人と営業主との間は，雇用契約によって規律されるが，商法は，

これ以外に特殊な義務として，支配人の営業避止義務と競業避止義務を規定している（商23条1項1号，会12条1項1号）。支配人は，営業主の許諾がなければ営業をなすことができないし，会社の取締役，執行役，業務執行社員，もしくは他の企業の使用人となることもできない（商23条1項3号・4号，会12条1項3号・4号）。この義務は，競業関係にあるか否かにかかわらず負うものであり，営業避止義務とか専心義務とも呼ばれている。また，支配人は，営業主の許諾がなければ，自己もしくは第三者のために営業の部類に属する取引をすることは許されない。この義務を競業避止義務という。この競業避止義務は，支配人は企業主から営業の一切を任されているものであり，その企業の機密を知っているので，競業関係にある営業をなすことは営業主に損害を与える危険があるために認められた義務である。

② 支配人が競業義務に違反して，「自己又は第三者のために取引をした」場合には，営業主は，支配人に対して損害賠償を請求できる。また，この場合損害額を立証するのは困難なので，当該取引によって支配人又は第三者が得た利益の額を損害額と推定することとした（商23条2項，会12条2項）。

（4）表見支配人 表見支配人とは，営業主が，支配人ではない使用人に対し，営業所，本店または支店の営業の主任者である名称を付した者をいう。このような者が対外的に営業行為をなした場合，相手方は，通常，支配人であると信じて取引をするので，その信頼を保護するために商法は，その者はその本店または支店の支配人と同一の権限を有するものみなされると規定している（商24条，会13条）。ただし，表見支配人のなした行為は，裁判外の行為に限られる。

4 その他の商業使用人

ある種類または特定の事項の委任を受けた商業使用人は，その委任を受けたある種類または特定の事項について，裁判外の行為をする権限を有する（商25条1項，会14条1項）。これらの使用人は，営業に関するある種類または特定の事項についての包括的代理権を有する。したがって，これに営業主が制限を加えたとしても，善意の第三者に対抗することはできない（商

25条2項，会14条2項）。

　物品の販売店の店員は，その店舗にある品物の販売に関する代理権を有する。たとえば，店員は商品を売る権限を有することは無論のこと，値引きをすること，あるいは品物を交換する権限などを有する。これらの権限に店主が制限を加えても善意の第三者に対抗することはできない（商26条，会15条）。

第6節　営　業

1　営業の意義

　商法は，「営業」という言葉を多義的に用いている。つまり商法は，営業に関する活動または組織の一面をとらえてその規制の対象としている。たとえば，商法5条，6条，14条，20条等は，営業活動について「営業を行うと」の文言を用いている。また，商法15条1項，16条1項，17条2項等は，営業の独立の組織について，「営業を譲渡した」という文言を用いている。前者を「主観的営業」といい，後者を「客観的営業」という。この両者は，相互に関連性を有し，営業活動は，その組織を基礎になされるものであり，また営業組織は，営業活動行為のために存在するものである。

2　営業組織の実体

　客観的営業の実体とは何か，ということに関し，従前より争いがあったが，近時は，実定商法が規律の対象としている営業の概念を前提として，おおむね営業財産を中心にその本質をとらえようとする考えが有力である。すなわち，商法が規定する営業の譲渡，営業の出資，営業の賃貸等という場合の対象は，営業用財産だけではなく，その営業財産を基礎として営業活動によって生じた事実関係（のれん）をも含む組織的一体としての財産をその対象としているものと解している。

3　営業の譲渡

　（1）営業譲渡の意義　　営業の譲渡とは，客観的営業，すなわち営業の用に供された各種の財産および営業活動によって生じた事実関係によって

形成された組織的財産の譲渡を目的とする契約をいう。

営業譲渡の対象は，譲渡人の有する営業に関する組織的財産である。それは，営業の目的に供せられた各種の財産だけではなく，得意先や営業上の秘訣あるいは場所的利益等の事実関係をも含むものであり，譲渡人が譲渡時までに形成した営業に関する組織的財産である。

譲渡人が営業に関する組織的財産を移転するかぎり，それまで有していたすべての財産を移転する必要はない。たとえば，特定の財産あるいは得意先の一部を残して譲渡することも可能である。なお，営業譲渡という場合，譲渡人の負担した債務（消極的財産）は，当然にその譲渡の対象になっているものと解される。ただ，商法は，債権者の保護の必要性から，譲受人が特に債務の引受をしないかぎり，当然にはその債務は移転しないものとしている（商18条1項，会23条1項）。

（2）営業譲渡の手続　このように，営業譲渡は，当事者間の契約によってなされる。ただし，会社にあっては，その譲渡または譲受に関し，一定の手続が要求されている。しかし，この手続は，営業譲渡ないしは譲受の有効要件であるが，営業譲渡契約自体の要件ではない。したがって，この手続は，営業譲渡契約の後であっても差し支えない。

4　営業譲渡の効果

（1）営業の移転　営業譲渡の本来的効果は，その契約の履行をなすことであり，譲渡人がその契約の目的とした営業に関する組織的財産を譲受人に移転することである。したがって，営業に関する組織財産中の各種権利については，各権利ごとに給付行為をなし，かつ，それに関する対抗要件の取得に協力しなければならない。また，営業に関する組織的財産中の事実関係については，譲渡人は，譲受人にその事実関係を実質的に入手させ，それを利用することができるようにしなければならない。また，譲渡人の負担していた債務は，特に留保条項がないかぎり，譲受人に移転するので，当事者はそれに必要な処置（特に対抗要件）をとらなければならない。このような効果以外に，商法は以下に述べるような付随的効果を認めている。

（2）競業避止義務　譲渡人は，譲受人に譲渡した営業につき，妨害を

してはならない義務を負う。通常，このような妨害排除に関し，営業譲渡契約に具体的な内容が定められる。

しかし，契約をもってしても，30年を超えて，または同府県および隣接府県を超えて，同一営業をしないことを定めることはできない（商16条2項，会21条2項）。

商法は，このような特約がない場合，譲渡人は，20年間同一市町村内および隣接市町村内において，同一の営業をなすことができないと規定している（商16条1項，会21条1項）。この義務を一般に「競業避止義務」と呼んでいる。この限りにおいて，譲渡人は営業の自由を制限される。

なお，譲渡人は，特約の有無にかかわらず，不正の競争の目的をもって同一の営業を行うこと」はできない（商16条3項）。この限りにおいて，この制限は，地域的な制限を超えたものである。この場合においては，譲受人は譲渡人に対し，その営業の差止を請求することができる。

5　営業譲渡と第三者との関係

（1）財産の移転に伴う対抗要件　営業譲渡の結果，その営業組織を形成する各種財産は当然に譲受人に移転するか，この移転をもって第三者に対抗するためには，その各種財産について対抗要件を具備しなければならない。

（2）譲渡人の既存債務に対する債権者との関係　営業譲渡契約は，譲渡人の組織的財産全体の移転を目的とするものであるから，その移転する財産の中には，原則として譲渡人が負担していた債務も当然に含まれる（例外として，特約をもって排除することができる）。

しかし，譲受人と債権者との間に法律関係を生じさせるためには，譲受人が「債務の引受」あるいは譲渡人のためにする「履行の引受」など，その債務を負担することとする行為がなければならない。このような行為をしないかぎり，依然として譲渡人が債務を負担していることになる。商法は，債権者を保護するために，次のような規定を設けている。

① 譲受人が商号を続用する場合

譲受人が譲渡人の商号を引き続いて続用する場合には，譲渡人の従前の営業によって生じた債務については，譲受人もその債務の弁済の義務を負

わなければならない（商17条1項，会22条1項）。

　この規定は，債務者と並んで譲受人も弁済をなすべき義務を負うものであるから，法の認めた「履行の引受」ないしは「重畳的債務引受」であるということができる。したがって，この規定の適用にあっては，債権者の善意・悪意を問うものではない。

　なお，譲受人が債権者との間に「債務引受」契約をなした場合には，譲渡人は債務を免れる（譲渡人はすでに債務を譲受人に譲渡しているので，この引受契約によって，譲渡人はその債務を免責される）。譲受人が負担する債務は，「譲渡人の営業によって生じた債務」であって，適法行為によって生じた債務だけではなく，不法行為，不当利得によって生じた債務も含まれる（最判昭47・3・2民集26巻2号183頁）。

　ただし，営業譲渡契約の当事者間で譲渡人の従前の債務を排除する契約を締結し，直ちに譲受人が譲渡人の債務を負担しない旨を登記したとき，ないしは，遅滞なく譲渡人および譲受人より債権者に対し，譲受人は譲渡人の債務を負担しない旨を通知したときは，譲受人は譲渡人の債務の弁済の義務を負わなくともよい（商17条2項，会22条2項）。

② 譲受人が商号を続用しない場合

　譲受人が，譲渡人の商号を続用しない場合は，先のように一般的に譲渡人の債務について譲受人はその弁済義務を負わない。しかし，営業譲渡契約において譲受人が譲渡人の債務を引き受けることとした場合に（既に述べたように，これが原則である），譲受人が譲渡人の営業によって生じた債務を引き受けることを公告したときは，債権者はその譲受人に対して弁済の請求をすることができる（商18条1項，会23条1項条）。この場合の法律関係は第一の場合と同様である。

③ 譲受人が（先の2つの場合に）債権者に対し譲渡人の債務の弁済の責任を負う期間

　この場合，譲渡人（債務者）の責任は，営業の譲渡後，ないしは債務を負担する旨の広告後，2年内に請求または請求の予告をなさない債権者に対する責任はその期間が経過した時に消滅する（商18条2項，会23条2項）。この期間は，除斥期間であって，時効の中断ではない。

（3）既存債権の債務者との関係　　営業譲渡があった場合，譲渡人の債権

は，原則として譲受人に移転する。しかし，当事者間において一部の債権を譲渡人に残す場合がある。この場合，譲受人が商号を続用している場合に，債務者が営業の譲渡があったことを知らずに譲受人に支払をなしてしまう場合がある。商法はこのような債務者を保護するために，債務者が善意で，かつ，重大な過失なくして支払をなした場合は，弁済としての効力が生ずると規定している（商17条4項，会22条4項）。

第2編　企業取引法・決済法

第2編　企業取引法・決済法

第1章　企業取引法総論

第1節　企業取引とは

1　企業取引と商行為

　現代の企業は，その形態が個人企業であれ会社であれ，あるいは零細企業であれ大企業であれ，いずれも商品やサービスを他の企業や消費者に提供することによりはじめて維持・発展が可能となる。このように企業が営利を目的として他の企業や消費者に商品やサービスを提供したり提供を受ける経済行為を一般に企業取引という。

　ところで商法典は，企業取引という言葉を一切用いず，商行為という言葉を用いている（商501条〜503条）。この商行為という概念と企業取引という概念は類似するものであるが，同義とはいえない。商行為は法律概念であるのに対して，企業取引は経済上の概念といってよい。

2　企業取引と契約自由の原則

　企業取引の中心概念は契約である。契約を規制する法は民法や商法が中心であるが，これらの規定の多くは任意法規であり，契約を締結するかどうかを含めて，その判断は当事者に委ねられている。これを契約自由の原則という。しかし，絶対的な自由が保障されているわけではない。契約自由の原則は，契約当事者が対等で自由な意思によってのみ経済関係・社会関係が形成されている社会においては妥当する。しかし資本主義が高度に発展し経済的自由競争の結果，強い者と弱い者とに分化する社会にあっては，契約自由の原則は強者の論理であっても，弱者にとっては従属を合理化する法理として機能する場合が少なくない。そこで，各種業法・消費者保護法・独占禁止法など一連の経済社会立法がなされ，社会経済秩序の合理化をはかる役割を担うことになる。

3 企業取引と普通取引約款

　大量になされる企業取引は，迅速かつ簡便に，しかも確実になされる必要がある。そこで，取引を行う企業はあらかじめ契約の内容を標準化・画一化し，不動文字で書面化しておくのが通例である。これを普通取引約款という。たとえば保険約款，運送約款，旅行業約款などである。これは専ら企業取引の便宜に供せられるものであり，企業の作成にかかるものである。必然的にその内容は作成者に有利であり，しかもその企業が独占的地位を有する場合には，消費者などはそれに従属するかどうかの自由を有するにすぎない（附合契約性）。こうした約款にそのまま拘束力を持たせたときには，消費者などに実質的に公平でない結果をもたらすおそれがある。そこで，約款の内容に干渉し不公平な約款からもたらされる弊害を防止する要請が生じる。

　約款に対する規制には3つの態様がみられる。第1は，立法による規制である。これには，法が直接約款に盛り込むべき内容を示すもの（金商133条2項）や約款の中にある免責条項の制限（消費契約8条）などがある。

　第2は，行政による規制である。これは，監督官庁が約款を事前に審査し，許認可を与えるとするものである。典型的なものとして，普通保険約款（保険業5条，124条），海上運送約款（海運9条），自動車運送約款（道運11条）などがある。

　第3は，司法による規制である。これは，裁判所が約款の内容の適否に関して訴訟が提起された場合に，判決という形で判断されるものである。約款のある条項が無効にされた場合に，判決という形で判断されるものである。約款のある条項が無効にされた場合には，当該事案については，その条項は否定されることになり，約款作成者はその条項の内容を改定せざるをえなくなる。その意味で，消極的ながら司法による規制が機能することになる。

第2節　商法における企業取引規制の特徴

　企業は，営利を追求することを目的とする経済主体であり，その営利追求は企業取引を通じて実現される。この企業取引には，主体が企業という

性格から，次の特徴がみられる。すなわち，企業取引の集団性・反復性，取引の個性喪失，定型化などである。こうした企業取引はその安全性が保護されることにより，はじめてそれが円滑に行われ，活発になされる。そこで商法は，制度的な面から，企業取引の迅速な結了と取引の安全をはかろうとする。

1　迅速な取引の結了

　企業取引は大量的であるのが通例であり，取引の性格も，集団的反復的にならざるをえない。そのためには，取引が簡易迅速に行われ結了される必要がある。この要請に基づき，商法は，契約の申込の効力（商507条, 508条），申込みに対する諾否通知義務（商509条），商事売買の効力の確定（商524条, 526条）などの規定を設け，契約の成否につき，民法に比べて早期の確定をはかっている。非顕名代理（商504条），確定期売買の解除（商525条），各種商事債権の短期消滅時効（商522条, 566条）なども同様の趣旨に基づくものである。

2　取引の安全の保護

　企業のなす取引は大量にしかも迅速になされるところから，その安全性が保護されなければ円滑には行われえない。そこで商法は，民法と比べてよりその徹底をはかっている。
　第1は，公示制度の強化である。これは取引上重要な事項について広く社会一般に周知させるために，その公示を当事者に要求し，もってその取引の安全をはかろうとする制度である。商業登記制度（商8条, 会907条, 商業登記法）や各種公告制度（たとえば会939条）がそのためのものである。
　第2は，外観主義である。これは，表示された事実と真実とが一致しない場合に，その表示事実の作出に関与した者は，その表示を正当なものと信じて取引した者に対して責任を負わなければならないとするものである。不実登記の責任（商9条2項, 会908条2項条），名板貸人の責任（商14条, 会9条），表見支配人（商24条, 会13条），表見代表取締役の責任（会354条）などが外観主義の具体化されたものである。

3　責任の加重

これは，企業取引の安全を期するために，企業取引の当事者に厳格な義務ないしは責任を負担させようとするものである。商事売買における買主の検査義務および瑕疵の通知義務（商526条），買主の目的物保管義務（商510条，527条，528条），多数債務者の連帯性（商511条），相次運送人の連帯責任（商579条），場屋営業者の責任（商594条），船主の堪航能力担保義務（商738条）などがその例といえよう。

第3節　契約の成立過程

企業取引（契約）は，一般の契約と同様に，申込と承諾とが合致することによって成立する。しかし実際の取引をみると，契約が成立するまでに様々の過程を経る。そこで売買契約を例にすると，成立過程は次のプロセスをたどるのが一般的である。すなわち，①売主の広告・宣伝あるいは買主からの商品の引き合い→②引き合いがあった場合の売主による商品の見本や見積書の提出（複数の企業から見積書をとることを実務では合い見積をとるという）→③当事者間の交渉→④売買の申込みと承諾→⑤契約書の取り交し→⑥商品の引渡と代金の支払という順である。以上のような過程を経て契約は成立することになる。

1　申込みの誘引

新たに取引をしようとする場合，売主は商品の展示会を開催するなど商品の広告や宣伝をしたり，カタログや見本を交付するなどの働きかけをしたり，逆に当事者の一方（誘引者）が他方に対して，商品の引合いをしたりすることが少なくない。これらの行為は相手に申込みをさせることを目的とするものであって申込みそれ自体ではない。これらの行為を申込みの誘引という。申込みの誘引に対して承諾の意思表示をしても直ちに契約は成立しない。

2　予　約

実務では，当事者間で見積書が交付され契約の締結交渉が進んでほぼ大

筋が確定した時点で，仮契約書や確認書と呼ばれる書面が取り交される場合がある。これは，将来一定の契約を締結することをあらかじめ約する内容の契約であり，予約権者が予約完結の意思表示をした場合には，相手方の承諾の有無にかかわらず本契約は成立する（民556条1項，559条）。予約は，その時点では契約締結には至らない事情があるが，しかし，将来の契約締結を確実にしておく必要がある場合には大変便利なものといえる。

3　申込み

　申込みとは，承諾と合致することによって直ちに契約を成立させることを内容とする意思表示をいう。申込みについては，基本的には民法の規定に従うが，申込みの拘束力について商法は特則を設けている。

（1）対話者間の申込みの効力　　商法は，対話者間の申込みの効力に関し，申込みを受けた者が直ちに承諾をしないときは申込みの効力を失うとする（商507条）。民法ではこれに対応する規定を設けていない。しかし民法は，承諾期間の定めのある申込みの場合には，対話者間であると隔地者間であるとを問わず，その期間内は申込みを取り消すことができないとし（民521条1項），また承諾期間内に承諾の通知を受けないときは，申込みはその効力を失うとする（同条2項）。

　これらの規定の趣旨からすると，民法では契約の申込みはその取消があるまでは，申込みとしての効力は存続することとなる。しかし，これを迅速な取引の結了を旨とし即答能力のある企業間取引にまで及ぼし，一方企業を保護する必要性はない。そこで商法は，対話者間の申込みにつき，申込みを受けた者が直ちに承諾をしないときは，申込みの効力を失うとした（商507条）。

（2）隔地者間の申込みの効力　　隔地者間において，承諾期間を定めないで契約の申込みを受けた者が，相当の期間内に承諾の通知を発しなかったときは，申込みはその効力を失うとされる（商508条1項）。すなわち，民法では，申込者が承諾の通知を受けるのに相当の期間内に承諾を受けない場合には，申込みを取り消すこと（撤回の意）ができる（民524条）のに対し，商法では相当の期間の経過により申込みは失効するとしている。ここでいう「相当の期間」が具体的にどのくらいを指すかは明らかではないが，取

引の性質，目的物の性質，業界における取引慣行などを基準にして判断せざるをえない。

　この相当の期間内に承諾がなされないときは，申込みは失効してしまうことになるので，期間経過後になされた承諾は，申込者に対する新たな申込みとみなし，これに対して承諾を与えたときでなければ契約は成立しない（商508条2項）。もっとも承諾が相当期間の経過後に到達した場合であっても，承諾の発信が相当期間内になされていれば，その発信した時点で契約は成立したこととなる（民526条1項）。

4　承　諾

　承諾は，申込みと合致して契約を成立させることを内容とする意思表示である。この承諾に関して次の特則を商法は設けている。

　（1）諾否通知義務　商法は，商人が平常の取引をなす者より，その営業の部類に属する契約の申込みを受けたときは，遅滞なく諾否の通知を発することを要するとし，もし，その通知を怠ったときは，申込みを承諾したものとみなすとしている（商509条）。これは継続的取引関係にある企業間取引の特性に着眼した規定である。つまり，継続的取引関係にある企業間においては，契約の締結が当然に予想される場合があり，しかも諾否の返事をすることが容易な能力を有する商人が，申込を受けたにもかかわらずそれを放置しておくことは，迅速な企業取引の結了を期待する申込者の利益を害することとなり，妥当でない結果をもたらすからである。

　ところで諾否通知義務違反は，通知義務者が承諾したものとみなされ，契約の成立という重大な影響を及ぼす。したがって，商法は承諾をしたとみなされるためには次の要件を要するとしている。

　第1に，申込みを受けた者が商人であることを要する。申込者が商人であるか否かは問わない。

　第2に，申込みが「平常取引をする者」からのものであることを要する。ここでいう平常取引は，今後も取引の反復継続が予想される程度に何らかの継続的取引関係がなければならない。

　第3に，申込が「営業の部類に属する契約」のものであることを要する。ここにいう「営業の部類に属する契約の申込み」商人が営業上集団的に継

続的反復的になす行為と解される。

第4に，諾否の通知が遅滞したことである。遅滞したかどうかは，申込の内容によって個別的に判断されることになろう。

（2）送付物品保管義務　商人は，その営業の部類に属する契約の申込みを受けた場合において，申込みとともに受け取った物品があるときは，その申込を拒絶した場合であっても，申込者の費用をもってその物品を保管しなければならない義務を負う（商510条）。この義務を送付物品保管義務という。

この規定により，商人はなんら取引関係のない申込者に対して高い注意義務を負うことになる。そこで商法は，次の要件を設けて責任原因を限定する。

第1に，申込みが商人のその「営業の部類に属する契約の申込み」に限られる。ここでいう申込みが商法509条のそれと同一かが問題とされうるが，異なると解すべきであろう。

なお，商法510条は509条と異なり，申込者の範囲を限定していない。しかし，契約の申込みと同時に見本などを送る商取引での実務慣行は相手方の承諾を予想してなされるものであり，それまで取引のない者からの送付物品にまで法律上の義務として保管義務を課すのは酷と思われる。したがって，これまでも取引のあった者からの申込を前提に解すべきであろう。また，ここでいう申込は隔地者からのものに限定されるべきであろう。同地取引においては，申込者が物品を適切に処理できる立場にあり，この場合にまで，保管義務を課す必要性が乏しいからである。

第2に，送付物品の価額が保管費用を償うに足りる場合である。これは，申込みを受けた者が保管義務を負う反面，その費用は申込者が負担することを前提として，保管費用の支払請求権を担保するものだからである。したがって，物品の保管に多額の費用を要する場合にはこの保管義務は発生しない（商510条但書前段）。

第3に，商人が保管によって損害を受けることがない場合である。もし商人が保管によって損害を被るような場合には，保管義務を負うことはない（商510条但書後段）。これによって商人に課された善管注意義務を軽減しようとするものといえよう。

以上の要件を満たした場合には，商人は申込みとともに受け取った物品の保管義務を負う。この義務の内容は善管注意義務である。保管は商人自らが行う必要はなく，ほかの者に寄託してもよい。

第 4 節　企業取引と代理

1　代理と方式

　企業取引の範囲が拡大し，また取引が複雑化すると，商人自身がすべての取引をすることは困難となり，そこで商業使用人や代理商を使って取引をせざるをえなくなる。また必要に応じ個別的に弁護士などの専門家を代理人として選任し依頼をする場合もある。このように代理は企業の活動領域を拡張するうえで欠かせない制度といえるが，しかし，その方式などを民法の定める一般的原則に限定した場合には企業取引には不都合なことも生じる。そこで商法は企業取引の特質に適合させる形で民法の代理規定を修正する。まず民法の定める顕名主義の修正である。民法では，代理人が本人のためにすることを示して行った意思表示のみが本人にその効果が帰属し（民 99 条 1 項），代理人が本人のためにすることを示さないで代理行為をした場合には，それは代理行為とは認められず，代理人自身の行為とみなされる（民 100 条）。ただ例外的に，代理人が顕名しない場合であっても，相手方が本人のためにすることを知り，または知りうべかりしときは，代理の成立を認める（民 100 条但書）。この代理の方式に関する原則を顕名主義と呼ばれている。これに対して商法は，商行為の代理人が本人のためにすることを示さないときであっても，代理は成立し，その行為から生じる法律効果は本人に帰属するとしている（商 504 条本文）。この代理の方式は，民法の顕名主義に対比する意味から，非顕名主義と呼んでいる。

2　商事代理の相手方の保護

　非顕名主義を貫こうとすると，相手方は，代理人が本人のためになしたことを知らず，代理人個人の行為と誤信し，そのために不測の損害を被るおそれがある。たとえば，相手方が代理人に対して反対債権を有しているような場合，相手方が本人のためにすることを示さずして代理行為をした

ため、代理人個人との取引であると誤信してなしたとしても、本人との間に代理の効果が生じるために、相手方は反対債権をもって相殺することができなくなってしまう。そこで、このような相手方の被る不測の損害を回避するために、商法504条但書をもって相手方を保護しようとした。すなわち、「相手が本人の為にすることを知らなかったときは代理人に対して履行の請求をすることを妨げない」としたのである。ところで、この但書の解釈についてはいくつかの問題がある。

　第1は、取引の相手方が、過失により代理行為としてなされたことを知らなかった場合、但書が適用されるかどうかである。商法504条但書の文理解釈からすると、過失の有無は問われないことになる（多数説の立場）。しかし、これでは民法以上に相手方の保護がはかられ、均衡を失してしまうことになる。つまり民法では、相手方に悪意および過失がある場合に代理の効果は本人に帰属し、無過失の場合には、代理人のみに帰属することになるが（民100条）、商法では、より高い注意が要求されるはずの企業取引において、相手方企業は過失の有無にかかわらず常に保護されてしまい、民法以上の相手方保護がはかられることになる。したがって、但書は相手方有過失の場合は適用されないとするのが妥当と思われる。

　第2は、商法504条但書にいう「履行の請求をすることを妨げない」の意味である。これには、不真正連帯債務説と法律関係選択説とがある。まず但書の文理からすると、請求は本人に対してはもちろんのこと、代理人に対してもできることについては問題がない。しかし、この場合の本人および代理人と相手方との法律関係の説明方法については争いがある。1つは、相手方が債権者的地位にある場合には本人および代理人は相手方に対して不真正連帯債務を負うとする考えである。他の1つは、相手方と本人との法律関係と同一の関係が相手方と代理人との間にも生じ、相手方の選択によって、他方の法律関係が排除されるとする考えである（最大判昭43・4・24）。後説が妥当である。前説は相手方の保護にすぎるきらいがあり、また相手方が債務者的地位にある場合の説明が煩雑すぎるからである。

3　本人の死亡と代理権の存続

　商法は、商行為の委任による代理権は本人が死亡しても消滅しないとし

ている（商506条）。これは，本人の死亡を代理権の消滅原因としている民法の一般原則（民111条）を，企業取引の継続性の維持と安全性の確保という要請に対応するために修正したものである。すなわち，第1に商事代理の場合には，企業の継続的な取引活動の一環として代理権が授与されており，取引が継続しているにもかかわらず，民法の原則に従って本人の死亡により代理権を消滅させてしまうと，企業取引の継続性を中断させてしまうことになるからである。第2に企業取引においては，継続的取引をしていた相手方にとり，取引上の主たる関心は本人の営業であり，したがって本人の死亡という事情だけで取引が中断されると，相手方に不測の損害を生じさせるおそれがあるからである。

4 受任者の権限

　商法505条は，商行為の受任者の事務処理の範囲につき，「委任の本旨に反しない範囲内において委任を受けていない行為をすることができる」とする。商法のこの規定に対し，民法では受任者は委任の本旨に従い善良なる管理者の注意をもって委任事務を処理する義務を負うとしている（民644条）。これらの規定を比較すると，民法の定める事務処理の範囲を拡張しているようにみえる。このようなところから，商行為の委任につき，取引の便宜・敏速さを考慮して，特に受任者の事務処理の権限を拡張して事情変更に応じて受任者が臨機に委任を受けていない行為もなしうるようにしたとみることも可能である。しかし民法644条の解釈では，委任の本旨に反しない限度で事情の変更に伴う適宜な処理が認められているところから，ことさら本条をして民法の規定を修正・拡張したとみなければならない積極的理由は存しない。したがって，本条は受任者の善管注意義務に基づく事務処理の範囲の明確化をはかった注意規定と解するのが妥当であろう。なお，受任者のなした行為が委任の本旨に反するかどうかの画一的な判断基準は明確にはされていないが，実務上は客観的にみて，その行為が委任者の利益になるかどうかで判断している。

　また本条に関して，委任者と受任者との内部関係を規定したにとどまらず，さらに代理権の範囲を拡張した規定であるとの見解も有力に主張されている。しかし，委任には必ず代理権が伴うものとはいえないし，仮に代

理権を踰越した場合には，民法110条の規定をもって処理すれば足りるところから，本条をもって商行為の委任に関する代理権を拡張した規定と解さなければならない積極的理由はない。

本条にいう「商行為の受任者」とは，委任者にとって委任の目的たる行為が商行為である場合をいい，商法506条での，委任そのものが本人にとって商行為である場合の意味とは異なる。そして既述のように受任者は委任された範囲内で事務処理権限を有し，したがってその範囲内での行為の効果は委任者に帰属する。

第5節　企業取引の営利性

企業は資本的計算方法（資本に対する利回り計算）に基づき営利，つまり利潤獲得を目的として営業活動を集団的反復的に行う経済主体である。したがって，企業の行為は原則として有償性を有することになる。そこで商法は，企業の行為に有償性を認め，無償性を原則とする民法の規定を次のように修正する。

1　報酬請求権

民法では，他人のためにする行為（委任・準委任・寄託・使用貸借・事務管理など）をしても，当事者間に特約がないかぎり報酬の請求はできないとされている（民648条，656条，665条，593条，702条）。これを営利を目的として活動する商人に適用するのは適当ではない。そこで商法は，商人がその営業の範囲内において，他人のために，ある行為をしたときは，相当の報酬を請求できるとした（商512条）。相当の報酬であるかどうかは，当事者間の約定によって定められる。約定がない場合には，一般取引慣行を基準にして決定されることになる。慣行がない場合には，結局のところ，行為の性質・内容・その他の事情を勘酌して総合的に判断せざるをえない。

2　利息請求権

（1）金銭消費貸借の利息　利息とは，種類債権たる元本債権の収益として，元本の額と存続期間とに比例して支払われる金銭その他の代替物を

いうが，商人間において金銭の消費貸借契約を結んだときには，当事者間に付利息の約定がない場合であっても，貸主は法律上当然に利息を請求することができる（商513条）。これは，商人の営利性の観点から，当事者間で付利息の約定がないかぎり，利息請求権は発生しないという民法の原則（民587条）を修正したものである。しかし，商法は当事者間の利息に関する約定を排除するものではない。すなわち，商事債権の利息については，当事者間の約定によって利息の発生・割合が定められ，それがないときには，商法の規制を受けることになる。

（2）立替金の利息　商人がその営業の範囲内において他人のために金銭の立替をしたときは，その立替日以降の法定利息を請求することができる（商513条2項）。ここでいう金銭の立替とは，委任・請負・雇傭などの関係に基づく他人のために事務を処理する場合に限らず，広く他人のために金銭の出捐をした場合をいう。この点につき，民法では委任による場合（民650条）を除き，当事者間に約定がないかぎり，立替金の利息請求ができない。これでは営利を目的とする商人には適当ではないので，商法は，広範に認めたのである。

なお注意を要するのは，立替金の利息請求権が，消費貸借における利息請求権と異なり，相手方が必ずしも商人であることを問わないことであり，立替が商人の営業の範囲内のものとされている点である。

（3）商事法定利率　法定利率は約定利率に対する用語で，法律によって定められる利率を意味する。利率をいくらにするかは原則的に当事者の約定に委ねられる。しかし，無限定ではなく，利息制限法や出資法の規制に服する。当事者間で利率に関する約定がないときは，法的利率による。法定利率は，民法では年5分とされているが（民404条），商行為によって生じた債務については年6分とされている（商514条）。商法が民法と比べて利率を1分高くしたのは，企業取引の営利性からの要請によるものである。

商事法定利率が適用されるのは，「商行為」によって生じた債務である。判例は，その商行為は当事者一方にとってそれであれば足りるとする（最判昭30・9・8民集9巻10号1222頁）。

次に，ここでいう「債務」は，直接的に商行為によって生じた債務だけではなく，これと同一性を有する債務を含む（通説）。たとえば，商行為た

る契約の解除による原状回復義務（前掲最判昭30・9・8）や商行為によって生じた債務の不履行による損害賠償債務（最判昭47・5・25判タ278号146頁）などである。

第6節　契約の履行

1　債務の履行場所

（1）**原則**　商行為によって生じた債務の履行：場所については，1次的には当事者の意思によって決定される（商516条1項）。この点は，民法の規定（民483条）と同様である。しかし，履行場所についての当事者の意思が不明のときは，「其行為の性質」によって決定されることになる。これは，たとえば木材を立木のまま安価で売買する場合の履行場所は山林であるとか，銀行より金員を借用した場合の返済場所はその銀行であるというような場合である。

（2）**特定物の引渡場所**　以上の基準で債務の履行場所が決定されない場合には，商法は，特定物につき商行為の当時その物が存在した場所においてなされなければならないとする（516条1項前段）。ところで民法によれば，履行の場所につき特約がないときは，特定物の引渡は，「債権発生当時」その物の存在した場所においてこれをなすとしている（民488条）。これに対し，商法は「行為の時に」その物が存在した場所において履行するとしている。このように民法・商法には法文の相違がみられるが，「行為」によって「債権発生」があるのだから，通常のときは，両者に相違がないといえる。ただ法律行為が始期付であったり，停止条件付であった場合には，民法と商法とでは相違が生じる。当事者の意思からすれば，その行為の当時，物が存在した場所をもって履行の場所と考えるのが通常であろうから，商法の規定の仕方の方が妥当であろう。

（3）**その他の履行**　その他の債務の履行場所については，当事者の意思によって決定され，それがないときは債権者の営業所，営業所のないときは債権者の住所において履行すべきものとしている（商516条1項）。これは，民法と同様に持参債務の原則を採用したものといえる。ただ商法では，債権者の住所に優先して，債権者の営業所をあげているが，これは企

業活動の本拠地が営業所であり，また商事債務が営業所を中心に発生すること等に基づくものである。なお，債権者が数個の営業所を有し，本店の他に支店がある場合に，支店において取引をなし，債務を負担したときは，その支店が債務の履行場所となる。したがって，債務の履行と同一の効力を生じさせる相殺の意思表示についても，支店における取引の場合には，その支店になせばよいということになる。

（4）指図債権および無記名債権の履行場所　　指図債権および無記名債権は，通常は証券に表わされ，かつ転転流通するものである。したがって，その債務を持参債務として債権者の住所あるいは営業所において履行すべきであるとするのは実際上不可能である。そこで，商法は，これを取立債務とし，債務者の現時の営業所，営業所がないときは，その住所において履行しなければならないとしたのである（商516条2項）。もっとも，これは本条が設けられたから，このようになるのではなく，証券上の債権の特質を商法が注意的に規定したものである。なお，記名債権の場合も議論はあるが，同様の趣旨から，本条の類推適用を認めても差し支えないであろう。

2　債務の履行および履行の請求時間

（1）取引時間内の履行　　債務の履行期における履行時間については民法は規定していないが，商法では，前述の「場所」に関する規定と同様に，「時」についても「法令又は慣習により取引時間の定めがあるときは，その取引時間内に限り，債務の履行をし，又はその履行の請求をすることができる」とする規定を設けている（商520条）。民法では，信義則によって処理されているが，企業取引においてはそれが常に予見しうるところから，特に商法が注意的に規定を設けたものといえる。ここにいう「取引時間」とは，取引がなされる1日の一定時間を意味し，企業の営業時間を指すが，一定の取引においては法令によって制限される場合がある（たとえば銀行法施行規則16条）。それ以外については商人の営業時間は普通午前9時に始まって午後4時に終るとする判決もあるが，実際上の慣行によって決せられることになろう。もっとも，本条は任意規定であるから，当事者の意思により決めても差し支えない。

（2）取引時間外の履行　　債務者が商法520条に反し，取引時間外に債

務の履行をなした場合，あるいは債権者が履行の請求をなした場合には，その受領を拒絶したり履行したときは，それが弁済期日内であれば債務者は遅滞の責任を負わなくともよい。また弁済期日外であっても，その履行の遅滞が信義則に反しないという評価が下されうる場合には，遅滞の責任は生じないと解すべきであろう。

第 7 節　商事債権の確保（担保）

　民法の一般原則によると，人的担保としての多数当事者の債務，すなわち債務者が数人ある場合には，特約がないかぎり，各債務者は平等の割合をもって債務を負担し（民 427 条），また保証人に対しては，その従たる債務者としての性格から，催告・検索の抗弁権（民 452 条，453 条），あるいは分別の利益が認められているが（民 456 条），これを企業取引から生じた商事債権にも適用すると，商事債権の安全性と取引の迅速性が害されるおそれが生じる。また，物的担保に関する民法の一般原則についても同様のことが指摘される。そこで商法は，債権の担保をより確実化し，もって企業取引の安全と迅速を促すために，民法の人的・物的担保の規定を修正・強化しようと次の諸規定を設けている。

1　多数債務者の連帯

　民法では，債務者が数人いるときは，分割債務を負うのが原則とされる（民 427 条），商法では，数人が 1 人または全員のために商行為によって債務を負担したときは，各自連帯して債務を負担しなければならないとする（商 511 条 1 項）。これは商事債務の履行を確実にし，企業取引の安全を確保するためである。本条項が適用されるためには次の要件が満たされなければならない。

　まず債務が，債務者の 1 人または全員のために商行為によって生じたものでなければならない。したがって，債権者にとってのみ商行為であるような場合には，本条の適用はなく，民法の一般原則に従って処理されることになる。このような場合には，商事債務の履行確保という要請が働かなくなり，むしろ債務者を保護すべきとする要請が強くなるからである。な

お，本条の文理から，債務者にとって商行為であれば足り，債務者はもとより債権者も商人であることを要しないとされる（通説）。また，本条が適用されるための債務は商行為によって生じたものでなければならないが，これと同一性を有する債務についても適用されるとするのが通説である。たとえば商行為によって生じた債務の不履行から生じた損害賠償義務や契約解除に伴う現状回復義務などである。

次に数人の債務者の債務は1個の行為，すなわち数人の共同の行為によって発生したものでなければならない。ここに共同の行為とは，数人が直接共同して行為をなし，あるいは数人の1人が自己の行為とともに他方を代理する行為をなすことをいう。たとえば共同で運送営業を営む数人が傭船料の立替払いを委任することによって負う立替金償還義務や同時に1個の契約をもって2個の会社と雇傭契約を結んだ場合における両会社の給与支払債務などが共同の行為によって生じた債務といえる。

なお判例は，約束手形の共同振出行為についても，「振出人総員ノ為メ商行為ニシテ」という理由で本条1項の適用を認めているが（大判大5・12・6民録22輯2374頁），通説は共同振出行為であっても，各自独立した行為によって負担する債務である（手形行為の独立性）から，本条1項の適用はないとし，これに従う下級審判決も少なくない。

なお，先に述べたように，本条が適用されると数人の債務者の債務は連帯とされることになるが，時効や法定利率等については本条はなんら触れていないので，民法の一般原則によって処理されることになる。しかし，昭和13年の改正により商法3条2項が設けられ，数人のうちの1人にとって商行為であれば全員に商法が適用されるとした結果，法定利率（商514条）や時効（商522条）などにおいて他方の債務も商行為によって生じた債務と同様の扱いを受けることになる。

2　保証人の連帯

（1）**意義**　民法では，債権者と保証人との間に特約が存しないかぎり連帯保証とはならず，保証人は従たる債務者として，催告の抗弁権や検索の抗弁権，さらには分別の利益を有する。これに対して，商法は，保証人がある場合において，債務が，主たる債務者の商行為によって生じたとき，

また保証が商行為であるときは，主たる債務者および保証人が格別の行為をもって債務を負担したときであっても，その債務は，各自連帯してこれを負担しなければならないとする（商511条2項）。保証が連帯保証とされるのは次の場合である。

（2）要件　第1に，債務が主たる債務者の商行為によって生じた場合である。ここにいう債務は，たとえば非商人が投機を目的として不動産を購入することによって生じた債務等のように絶対的商行為によるものであってもかまわない。したがって，主たる債務者は商人たることを要しないことになる（通説）。また，その債務は，商行為によって生じたことが必要とされるが，その債務と同一性を有する債務であるかぎり本条項の適用がある。たとえば，債務不履行によって生じた損害賠償債務や解除によって生じた原状回復義務等である。ただし，その債務が債権者にとってのみ商行為によって生じたときは，本条項の適用はない。商事債務の履行を確実にするためという立法理由がここでは妥当せず，むしろ債務者を保護すべきだからである。

第2に，保証が商行為である場合である。保証が商行為である場合とは，たとえば銀行が顧客のために支払保証をなすとか，親会社が子会社の取引のために保証をなす場合のように，保証行為をなす主体からみて，それが商行為と認められる場合を指す。つまり商人がその営業のために保証をなす場合をいう。ところで本条2項後段に「主たる債務者及び保証人が各別の行為によって債務を負担したとき」とある。これは，主たる債務と保証債務とが別個の行為をもって，したがって時を異にして生じたときという意味で，このような場合にも連帯保証となることを指したものである。主たる債務と保証債務の発生とは，別個の行為によるものであるのが通常であるから，これは注意的に規定したものといえよう。なお，保証人が数人ある場合，保証人相互間ではいかなる関係になるかが問題とされるが，法文上は明らかではない。しかし，商法511条1項，2項はともに商事債権の人的担保の強化を狙いとしているところから，保証に相互間の連帯関係を否定する積極的理由は見当たらない。また，本条項は，これと全部または一部につき反対の特約をなすことを禁止するものではない。たとえば催告の抗弁権だけを除外するようにである。債権者が担保の強化を望まない

場合に，あえて法が保護すべき理由はないからである。

3 商事質権

（1）意義　質権は，債権者が債務の弁済があるまで，その債権の担保として債務者または第三者より受け取った物を留置し，それによって債務の弁済を促すとともに，弁済がなされない場合には，その質物より優先的に弁済を受けようとする担保制度である（民342条）。

（2）流質契約の許容　流質契約とは，質権者と質権設定者との間において，質権者が債務の弁済期に弁済を受けない場合に，その質物の所有権を取得し，あるいは法律の規定によらないで質物を処分することができるとする契約である。これを民法が禁止するのは（民349条），経済的強者が弱者の窮迫した状態に乗じて少額の債権で暴利をむさぼるおそれがあるからである。しかし，商行為の当事者はその経済的地位にそれ程の相違はないところから，また企業取引の迅速性・簡易性が強く要請されることから，商法は流質契約の禁止を解除している（商514条）。もっとも注意を要するのは，商法が当然に流質権を認めたのではなく，当事者間に流質の特約があった場合に，民法349条の特約があるとしても，それを有効と認めようとするものである。

4 商事留置権

商法の規定する留置権を商事留置権という。これには，商人間の取引において広く認められるものと（商521条），代理商（商31条），問屋（商557条），運送取扱人（商562条），陸上運送人（商589条）および海上運送人（商753条）など業種に応じて商法が認めたものがある。両者を合わせて広義の商事留置権というが，前者を後者と区別するために，特に狭義の商事留置権という（ここでは，専ら狭義の商事留置権を扱い，業種ごとの留置権はそれぞれの章を参照されたい）。ところで，商法は，商人間において，その双方のために商行為たる行為によって生じた債権が弁済期にあるときは，債権者は弁済を受けるまで，その債務者との間における商行為によって自己の占有に帰した債務者所有の物または有価証券を留置することができるとする（商521条）。これは被担保債権と物との牽連関係を要求する民法の規定（民295条）を緩

和し，もって商人間の継続的信用取引の枠の拡大とその安全性を確保し，さらに担保権設定にともなう煩雑さ・不便さを除去しようとしたものである。

商事留置権が発生するのは次の場合である。まず被担保債権に関してであるが，当事者は商人であること，被担保債権が商行為によって発生したものであること，被担保債権の履行期が到来している場合である。次に目的物については，それが債務者の所有する物または有価証券であること，目的物が債務者との商行為を原因として債権者の占有に属した物である場合である。

以上の要件が備わったときは，債権者はその目的物の上に留置権を行使し，その物から弁済を受けることができることになる。

第8節　商事債権の消滅

民法では，債権の消滅時効の期間を原則として 10 年とする（民 167 条）が，商法 522 条は，商行為によって生じた債権の消滅時効の期間を 5 年とする。これは，企業取引の迅速な結了という要請から，時効期間を短縮し，商法の原則としたものである。もっとも民法でも，商法の原則よりも短い短期消滅時効が定められており（民 170 条～174 条），また商法でも，一層短い短期消滅時効が定められているところから（たとえば，商 566 条，手 70 条，手 77 条，小 51 条など），商法の一般原則の適用範囲は比較的狭く，したがって，商法 522 条は民法の一般原則を短縮し，それを商法の原則とした点に意義が見出されるにすぎない。

1　商事消滅時効の適用範囲

商事消滅時効が適用されるのは「商行為によって生じた債権」である。商行為が一方的であると，双方的であるとを問わない。また，商行為によって直接生じた債権だけでなく，それが変形したものや，実質的にこれと同一性を有すると認められる債権も含まれる。判例も，商行為の解除権，商事売買の解除から発生する原状回復請求権や損害賠償請求権，手形法上の利得償還請求権などについても，その適用を積極的に解している（たとえば，

最判昭 42・3・31 民集 21 巻 2 号 483 頁)。

2　商事消滅時効の起算点

　消滅時効の起算点は，民法の一般原則に従い，権利を行使することができるときより進行する（民 166 条 1 項）。たとえば，弁済期の定めのある借入金債務の場合には，履行期日の翌日から起算される。

第2章　企業取引法各論

第1節　商事売買取引

1　商事売買の意義と法規制

　商法501条1号は「利益を得て譲渡する意思をもってする動産，不動産若しくは有価証券の有償取得又はその取得したものの譲渡を目的とする行為」は商行為であるとし，第2号は「他人から取得する動産又は有価証券の供給契約及びその履行のためにする有償取得を目的とする行為」は商行為であるとしている。第1号は投機購買およびその実行売却と呼ばれるもので，要するに安く仕入れて高く売り付け，その売却差額の利得を目的とする行為である。第2号は投機売却およびその実行購買と呼ばれるもので，要するにある価格で物を売却する契約を結びその物を安く仕入れ，仕入価額と販売価額との差額の利得を目的とする行為である。いずれも企業取引の最も原初的形態であり，最も一般的に見られる企業取引である。

　売買は，資本制社会における財貨の分配システムとして最も重要な役割を営んでいる。しかし，それ程重要なところに売買が位置づけられながら，企業間の売買（以下，商事売買とする）を規整する商法の規定は僅か5か条にすぎず，その一般的なものはすべて民法の規定に委ねられている。その要因として，1つは，民法が比較的詳細な規定を設けており，商法は特別に必要とされる民法の修正あるいは例外規定を設ければ足りることであり，他の1つは，元来，売買法は，契約自由の原則が最も大幅に取り入れられる任意法的な色彩の濃い法領域であることである。すなわち，現実社会の企業取引は，その実際的・合理的性格から，時として法の規定から離れてその様式を変える（新しい取引の形成）とともに，取引の大量性・継続性，国際取引の合理性から，定型化する傾向（標準契約書や約款の形成）を示すのである。

2　商事売買の成立

　売買契約は諾成契約であり，したがって当事者の一方が相手方に対して

財産権を移転させることを約し，相手方がこれにその代金を支払うことを約することによって成立する契約である（民555条）。これは商事売買の場合も変わらない。しかし，同じ売買でも，商人間のそれと一般市民間のそれとでは，その営利性の有無や専門性の有無などで違いがあり，商法もそれに対応して民法とは異なる規制をすることがある。契約の成立については次の点を修正している。

まず商法は，対話者間の申込については申込を受けた者が直ちに承諾をしないときは申込の効力を失うとする（商507条）。また隔地者間の申込については，承諾期間を定めないで契約の申込を受けた者が，相当の期間内に承諾の通知を発しなかったときは，申込みはその効力を失うとされる（商508条1項）。

他方，承諾については，商人が平常の取引をなす者より，その営業の部類に属する契約の申込みを受けたときは，遅滞なく諾否の通知を発することを要するとし，その通知を怠ったときは，申込みを承諾したものとみなされる（商509条）。これを諾否通知義務という。

なお，商人が，自己の営業の部類に属する契約の申込を受けた際に，それとともに物品を受領した場合は，申込みを拒絶したときであっても，その物品を保管すべき義務を負っている（商510条）。

3　売主の義務——商品の受渡し

売買契約が成立した場合に，売主が負う基本的義務は売買の目的物である商品の買主に対する受渡しである。受渡しは，商品の発送，受取，検収を経て完了する。

商品の引渡しの時期，方法，場所については，当事者間の約定によって定められる。約定がないときは，商慣習，それがないときには商法や民法の定めによることになる。

（1）引渡しの時期　商品の引渡時期には，特定の期日による場合，期限による場合，期間による場合の3種類があるが，そのいずれにするかは，当事者の意思によって定められる。当事者に約定がなかったときは，商品によって，あるいは商慣習によって定められ，それらもなかったときには，買主の請求のあったときが引渡しをすべき時期となる（民412条3項参照）。

次に，その引渡しの時間についても，当事者の意思によって決定されるが，それがない場合には，法令または慣習によって定まっている取引時間に引渡しをしなければならない（商520条）。

（2）引渡しの方法　引渡しの方法には，買主に対して現実に引き渡す方法や倉荷証券や荷渡指図書などの書類の引渡しによってなす方法があるが，そのいずれによるかは当事者の意思によって決定される。たとえば工場用機械の場合には，買手工場への「据付け渡し」のように契約書に入れるのが通例である。当事者間に約定がなかったときは商慣習によって決定されることになる。

（3）引渡しの場所　引渡しの場所も，当事者間の約定によって決定され，それがないときには「その行為の性質」により決定される（商516条1項）。それもないときは，特定物のときは，商行為の当時その物が存在した場所において，また不特定物のときは，買主の営業所または住所において引渡しがなされることになる（商516条）。

（4）買主の受領拒絶と売主の供託権および自助売却権

① 供託権・自助売却権の意義

商人間の売買において，買主がその目的物の受領を拒絶し，またはこれを受け取ることができないときは，売主はその物を供託し，または相当の期間を定めて催告をなした後に競売することができる（商524条）。これは，民法の一般原則によると企業取引の結了に迅速性を欠くことになるので（民494条～497条），商法は，売主をして可及的速やかに目的物引渡義務を免れせしめようとする趣旨から設けたものである。同時に売主の利益をできるだけ保護しようとする趣旨も含まれている（商524条3項）。

② 供託権・自助売却権発生の共通要件

売主が供託権および自助売却権を有するためには，まず買主がその目的物の受領を拒み，またはこれを受け取ることのできない事情が存在していなければならない（商524条1項）。これらの他に受領遅滞も要件の中に含まれるか，明文からは明らかではない。この点につき，判例は民法493条によって弁済を提供して相手方に受領を催告し，相手方を遅滞に付した場合であれば本条は適用されるとし（大判明41・10・12民録14輯994頁），ただ債務者が提供しても受領しないであろうということが明らかな場合には，例

外的に口頭の提供をも必要としないとする（大判明45・7・3民録18輯684頁）。これに対し学説は、明文にないこと、企業取引の迅速な結了という観点から、受領遅滞を要件とせず遅滞に付すための提供も不要だとする（通説）。
③　供託権

以上の要件を備えた場合には、売主は目的物を供託してその引渡義務を免れることとなる（債務の消滅）。供託の方法は、民法・供託法・供託規則に従ってなされる。

④　自助売却権

目的物の競売権の要件を充たしたときには、売主は、供託に代えて自己の判断で目的物を競売に付することもできる（商524条1項）。この競売権を自助売却権という。売主が競売権を行使できるのは、買主に対し相当の期間を定めて目的物受領の催告をした後でなければならない。これは、受領するかどうかの判断の期間を与えて買主を保護するためである。したがって、ここでいう相当の期間も、買主をして受領するかどうかを判断せしめるに相当とみられる期間であれば足りる。

目的物の競売は、民事執行法の定める手続に従ってなされることになるが、商法はさらに、売主が競売した後は、買主に対して遅滞なくその旨の通知をなすことを要求する（商524条1項後段）。売主が目的物を競売に付したときは、その代価を供託しなければならないが（同条3項本文）、しかし、売買代金の弁済期が到来しているときには、競売代金の全部または一部を売買代金に充当することができる。（同条3項但書）。これにより、売主は代金債権につき簡易・迅速に満足することが可能になるわけである。なお、売主が売買代金債権を他人に譲渡した場合であっても、売主は本条により目的物を競売に付すことができるが、ただ代金充当権は譲受人が有することになる。また、供託・自助売却権の行使は契約解除権・損害賠償請求権の行使を妨げない。

（5）確定期売買の当然解除
① 　意　義

売買の性質または当事者の意思表示により、一定の日時または一定の期間内に履行をしなければ、売買の目的を達成することができない売買を確定期売買という。たとえば御中元用として買入れた大量のうちわの売買や、

クリスマス用品の売買などが確定期売買といえる。この確定期売買において，履行期徒過のために売買の目的が達成できない場合，民法の定期行為（確定期売買と同様の確定期契約の一種）に関する規定は，債権者は催告を要せず，いつでも契約を解除することができるとする（民542条）。ただ民法は，契約解除の意思表示を要するとしており，したがって意思表示をしない間は依然として契約の効力は存続する。そこで商法は，企業取引の迅速な結了という視点から，当事者の一方が履行をせずにその時期を経過し，相手方が直ちにその履行を請求しなければ，その契約を解除したものとみなすという確定期売買の当然解除規定（商525条）を設けたのである。

② 要 件

第1に，売買は確定期売買でなければならない。第2に，確定期売買が商人間のものでなければならない。第3に，当事者の一方が履行をなさずに時期を経過していなければならない。民法では解除の効果発生が，解除の意思表示という主観的事情に依拠しているのに対し，商法では時期の経過という客観的事実に依拠しているのである。履行遅滞の要件が備わっているかどうかは問われない（最判昭44・8・29判タ239号155頁）。第4に，相手方がその時期の経過後直ちに履行の請求をなさなかったことが必要である。ここでいう「直ちに」とは，履行期と同時に，またはその直後という意味である。隔地者間の場合には，請求が履行期後相当期間内に相手方に到達したかどうかで判定される。

4 買主の義務―商品の受領

（1）**商品の受領**　売買契約における買主の最も基本的な義務は代金の支払いであるが，これと並んで重要な義務は，商品の受領に関するものである。つまり，売買契約において，売主が債務の本旨に従った履行の提供を行っても，買主が必要な協力をしなかった場合には，その契約の履行はいつまでも完成しないことになるからである。そこで商法は，商品の受領に関する義務を買主に課している。それが，目的物の検査および通知義務であり，保管・供託義務である。

（2）**買主の目的物検査および通知の義務**

① 意 義

商人間の売買において買主はその目的物を受け取ったときは，遅滞なく

これを検査すべき義務を負う。もし目的物に瑕疵あること，または数量不足があることを発見したときは，直ちに売主に対してその通知を発すべき義務を負い，もしこの通知を発しないときには，その瑕疵または数量不足によって契約の解除または代金の減額もしくは損害賠償の請求をなすことができない（商526条2項前段）。また，売買の目的物に直ちに発見することのできない瑕疵があった場合に，買主が6か月以内にこれを発見したときも，買主はその通知を発しなければならず，通知を発しないときは，その瑕疵によって，契約解除・代金減額あるいは損害賠償の請求をなすことができない（同条1項後段）。商法がこのような規定を設けたのは，商事売買に民法の一般原則を適用すると，除斥期間や時効期間の関係で不安定な状態に置かれたり（民570条，565条，563条，564条，167条），瑕疵などの調査の機会を失ったりするなどの不利益が売主にもたらされるからである。また公平の観点から，買主にこの義務を課しても酷ではないからである。

② 要 件

目的物検査・瑕疵通知義務が発生するためには，次の要件が満たされなければならない。第1に，商人間の売買でなければならない。この場合，当事者双方にとって商行為であることを要する。この義務は，当事者双方の商事売買に関する専門性という事情が考慮されたものだからである。第2に，買主が目的物を受け取っていなければならない。目的物が特定物に限られるかについては，判例・学説とも制限的に解してはいない。制限的に解した場合には，不特定物売買がほとんどである商事売買に本条が適用されないという結果になってしまうからである。第3に，目的物に瑕疵または数量の不足がなければならない。目的物に瑕疵があるとは，物の通常有する性質，形状，効用を有していないことをいう（民570条参照）。第4に，売主が瑕疵や数量不足につき善意でなければならない。売主が悪意のときは保護する必要はなく，民法の瑕疵担保責任を追及させても不都合が生じないからである。

③ 効 果

以上の要件が備わったときには，買主は次の義務を負担する。第1に，買主は，目的物受領後，遅滞なく検査をしなければならない。目的物の検査は，それに瑕疵や数量不足の有無を確認するものであるから，普通，取

引に必要な方法・程度で足りる。買主は目的物の取引上要求される商人としての注意で検査しなければならない（客観的注意義務）。しかし，その具体的な方法・程度は目的物の種類によって異なる。また遅滞なく検査がなされたかどうかも，通常検査に必要な期間を基準にして決せられることになる。第2に，目的物に瑕疵があること，または数量の不足を発見したときには，買主は売主に対して直ちにその旨の通知をなす義務を負う。ここに直ちにとは，可及的速やかにという意味である。

　買主が目的物を受け取った後，直ちに検査したが，目的物に瑕疵を発見できず，その後，6か月以内にこれを発見したときは，直ちにその旨を通知しなければならない。直ちに発見できる瑕疵であるか否かは，普通，取引上必要とされる相当の方法・程度で決せられることになる。

④　通知および通知懈怠の効果

　買主が通知をなしたときは，買主は，民法の一般原則に従って契約の解除・代金の減額請求・損害賠償の請求をなすことができる。すなわち物の瑕疵の場合には，買主は契約の解除または損害の賠償を求めることができ（民570条，566条），数量不足の場合には，代金の減額・契約の解除・損害賠償の請求をなすことができる（民565条，563条，564条）。これに対して買主が通知を怠ったときは，上記の効果は生ぜず，買主に認められるはずの諸権利は生じないということになる。もっとも，売主悪意のときはこのかぎりではない（商526条3項）。

(3) 買主の目的物保管・供託の義務

① 意　義

　買主が目的物検査義務および通知義務を履行し，目的物の瑕疵または数量不足を理由として売買契約を解除したときは，買主は，売主の費用をもって売買の目的物を保管するか，またはそれを供託しなければならない（商527条1項本文）。また，売主が買主に対して引渡した物品が注文の物品と異なる場合には，その物品について，また，その物品が注文の数量を超過する場合には，その超過部分について，買主はそれぞれ目的物保管義務・供託義務を負わなければならない（商528条，527条）。これは，返送によって売主が被る不利益を回避するためのものである。

② 要　件

　供託義務が生ずるためには，次の要件が充足されなければならない。

　第1に，売買が商人間のものであることを要し，かつ，双方にとって商行為でなければならない。第2に，売買の目的物に瑕疵又は数量不足があったために売買契約が解除されたこと（商527条），また売主から引き渡された物が注文の物品と異なっていること，あるいは注文した数量より超過していること（商528条）を要する。第3に，送付売買でなければならない（商527条3項）。ここでいう送付売買とは，当事者の営業所ないし住所が同一市町村内にあるか否かによって決せられるのではなく，売主の営業所の所在地と買主の指定した送付場所とが同一市町村内に存在しない場合をいう（通説）。同一市町村内にある場合には，あえて買主に重い義務を課す理由が乏しくなるからである。なお，これは1つの基準であり，したがって，たとえば同一市町村内になくとも売主が自ら適当な処置をとりうる場所にある場合には，本条の適用はないとするのが妥当であろう。

③ 効　果

　以上の要件が具備したときは，買主に次の義務が生ずる。まず買主は，売主の費用をもって，目的物を保管または供託しなければならない。この保管期間は売主が適当な処置をとるに必要な相当の期間であって，これ以後は売主に返送することができる。この保管はあくまでも一時的なものということになる（通説）。当然のことながら，買主がこれに要した費用は売主が負担することになり（527条1項），また，報酬も請求することができる（商512条）。

　ただし，目的物につき滅失また毀損のおそれがあるときは，買主は裁判所の許可を得てこれを競売し，その代価を保管または供託しなければならない（商527条1項）。そして，買主は，この競売をなしたときには，その旨を遅滞なく売主に通知しなければならない（商527条2項）。このような売却を緊急売却という。

　保管・供託義務，緊急売却義務を買主が履行しなかったときは，買主は売主に対し損害賠償責任を負う（民415条）。買主に課された固有の義務の違反になるからである。

第2節　代理商

1　代理商の意義と機能

代理商とは，特定の企業のために，その営業の部類に属する取引の代理または媒介をなす独立の商人をいう（商46条）。

① 代理商は，特定の企業のためにその営業を補助する商人である。この補助される企業を，商法は「本人」と呼び，商人であることを要する。媒介代理商は，媒介という機能面では仲立人と類似するが，補助する企業が特定している点で異なる。

② 代理商は，平常，本人の営業に属する取引を代理または媒介する。ここに平常とは，代理商と本人との間の継続的な関係をいう。代理商のうち代理をなす者を「締約代理商」といい，媒介をなすものを「媒介代理商」という。

締約代理商が本人のために代理をなす場合，その本人の名をもって行為を行う（代理行為そのものである）。この点において，問屋や運送取扱業などの取次商とは異なる。

③ 代理商は，独立の商人である。上に見たように締約代理商は本人の名をもって代理行為をするが，それ自体独立の商人である。したがって，代理商は商業使用人ではない。

2　代理商の義務

代理商に特有の商法上の規制として次のものがある。

（1）通知義務　代理商は，取引の代理または媒介をなしたときは，遅滞なく商人に対し，その通知をしなければならない（商27条）。民法では，受任者は委任者の請求があるときはいつでも委任事務処理の状況を報告し，委任終了後は遅滞なくその顛末を報告するものとされている（民645条，656条）。したがって，受任者の報告義務違反は，委任者の請求があったにもかかわらず報告しなかった場合，および委任が終了したにもかかわらず報告しなかった場合が問題となるが，代理商の場合には，取引の代理または媒介をしたときに，遅滞なく報告すべき義務を負い，これを怠って本人が損害を被ったときは，その損害を賠償しなければならない。

（2）**競業避止義務**　代理商は，商人の承諾がなければ，自己もしくは第三者のために，本人の営業の部類に属する取引をなし，または，同種の営業を目的とする会社の無限責任社員もしくは取締役となることができない（商28条1項）。代理商は支配人と異なり，独立の企業であるところから，競業行為のみが規制される。

代理商がこの義務に違反し競業行為をしたときは，商人は代理商に損害賠償を請求するが，その場合の損害額は競業行為によって代理商又は第三者が得た利益の額が商人に生じた損害の額と推定される（商28条2項）。

3　代理商の権利・権限

（1）**報酬請求権**　代理商は，独立の商人であり，本人のために代理ないしは媒介をなしたときは，当然に本人に対し報酬を請求することができる（商512条）。

（2）**留置権**　代理商は，取引または媒介をなすことによって生じた債権が弁済期にあるときは，その弁済を受けるまで，本人のために占有する物または有価証券を留置することができる（商31条）。この留置権は，民法の留置権と異なり，被担保債権と留置物（占有する物，有価証券）との間に牽連性を要求されない（民295条1項）。また，商事留置権とも異なり，留置権の対象物は，本人の所有に属する必要はない（商521条）。

（3）**代理権**　締約代理商が代理権を付与されていることは当然のことであり，その具体的な範囲は代理商契約に定められる。それに対し，媒介代理商は，その業務が媒介に止まるために代理権は有しない。そこで，商法は，締約代理商であるか媒介代理商であるかを問わず，物品販売またはその媒介の委託を受けた場合に限って，代理商に売買の目的物の瑕疵または数量の不足，その他売買の履行に関し通知を受ける権限を与えている（商29条）。これは，商事売買において買主が目的物の瑕疵や数量不足について販売あるいは媒介した代理商に通知した場合に対応する通知受領権限を付与したものである。したがって，代金の受領や支払の猶予などこれを超えた代理権限は当然には有しないし，とりわけ媒介代理商はこの権限を有しない。

第3節　仲立人

1　仲立人の意義

　企業取引は，取引する企業自らがその使用人や代理人を用いてなすのが通例である。しかし，実際には，取引の種類・需要関係の変動・企業内の対外部門の弱体などの諸事情から企業自らが取引の相手方を探したり，接触したりすることの困難な場合が少なくない。そこに，このような企業を結びつける役割を果たす仲立（業）の成立する余地が生ずる。今日でも，不動産取引，商品売買，有価証券取引，金融，船舶の賃貸借あるいは傭船契約・海上保険などにおいて広く利用されている。

　広く仲立といった場合には，他人間の行為を媒介することをいうが，商法典でいう仲立はこれより狭く，他人間の商行為の媒介をなすことを意味する。すなわち「仲立人トハ他人間ノ商行為ノ媒介ヲ為スヲ業トスル者ヲ謂フ」としている（商543条）。

① 　仲立人とは，「媒介」をなす者である。媒介とは，他人間，すなわち当事者双方の間に立って，法律行為を成立せしめるための尽力をなす事実行為をいう。したがって，仲立人は，媒介という事実行為をなす点で，自己の名をもって他人のために契約をなす問屋（商551条）や代理人として第三者と契約をなす締約代理商（商27条）とは異なる。

② 　仲立人は，「商行為」の媒介をなす者である。ここにいう商行為は，基本的商行為であって，附属的商行為を含まない（通説）。仲立営業に関する規定は，営業としてなされる反履的な商行為の媒介を予定していると解されるからである。また，商行為が基本的商行為でさえあれば，それが当事者にとって，一方的商行為であると，双方的商行為であるとを問わない（通説）。

③ 　仲立人は，「他人間」の商行為の媒介をなす者である。ここに他人とは，商人であると非商人であるとを問わない。当事者間の行為が一方にとって商行為でさえあれば，双方が非商人であっても差し支えない。また，他人とは，特定の者を意味するのではなく，広く不特定の者を指す。この点で，仲立人は，特定の商人のために継続的に商行為の媒介をなす媒介代理商（商27条）とは異なる。

④ 仲立人は，他人間の商行為の「媒介をなすを業とする」者である。媒介を業とするとは，商行為の媒介を引き受けること，つまり仲立契約を締結することを営業とすることをいう。この点から，この仲立を特に仲立営業という。営業として仲立を引き受ける行為は，基本的商行為（営業的商行為）とされるから，仲立人は当然に商人資格を取得する（商4条1項）。

2 仲立人の義務

仲立契約は準委任と解される結果，仲立人は，委託者に対し，受任者として善管注意義務を負うとともに（民656条，644条），さらに，公平さを要求された仲立営業の歴史的経緯およびその営業の性質から，仲立人は当事者双方に対し，商法上の特別の義務が課されている（商545条〜549条）。

（1）見本保管義務　仲立人は，その媒介する行為につき見本を受け取ったときは，その行為が完了するまでこれを保管しなければならない（商545条）これを見本保管義務という。この義務を仲立人に課したのは，当事者の目的物についての将来の紛争防止および紛争解決のためである。

仲立人が媒介する見本売買において，見本を受領するかどうかは，仲立人の判断に委ねられる。これは見本の受領が仲立人の固有の業務行為といえないからである（実際上は受け取ることが通例であろう）。しかし，仲立人が1度見本として受領した以上は，善良なる管理者の注意をもって保管しなければならないことは当然である（民656条，644条）。もっとも，その保管の程度は前述の趣旨を損なわない程度のものであれば足りる。また，保管は仲立人の責任において，第三者になさしめてもよい。

仲立人が見本を保管するのは，仲立人の媒介する行為が完了するときまでである。ここに媒介行為の完了とは，媒介行為の成立をいうのではなく，前述の趣旨から，当事者において目的物の品質などをめぐる紛争発生のおそれがなくなったときを意味する（通説）。たとえば，買主が売主の目的物給付を承認したとき，あるいは買主が検査通知義務を怠らなかったとき（商526条），または，当事者間の紛争が解決されたときなどである。

（2）結約書交付義務　仲立人の媒介により，当事者間において契約が成立したときは，仲立人は，遅滞なく契約当事者の氏名または商号，契約

成立の年月日，およびその要領を記載した書面を作成し，署名した後，これを各当事者に交付しなければならない（商546条1項）。これを結約書交付義務といい，仲立人が交付するこの書面を結約書あるいは仕切書という。この結約書作成交付義務を仲立人に課したのは，仲立人の媒介した契約が成立したことを明確にし，将来の当事者間の紛争発生を防止し，あるいは迅速に紛争を解決するためである。したがって，仲立人が作成交付する結約書はあくまでも上の趣旨を実現するための証拠書類ということになる。すなわち，これは契約書ではなく，また契約の成否には影響を与えないものである（通説・判例）。

この結約書は，仲立人の各当事者に対する交付内容によって，2つに分けられる。1つは，仲立人の媒介によって成立した契約を当事者が直ちに履行をなすべきときである。この場合には，仲立人は，遅滞なく結約書を作成し，署名の後，これを交付することになる（商546条1項）。ここでいう遅滞なくとは，通常結約書を作成署名し，各当事者へ交付するに要する時間内においてという意味である。他の1つは，仲立人の媒介により当事者間に契約は成立したが，直ちに履行をなすことを要しない場合である。たとえば，期限付きまたは停止条件付契約などである。この場合には，仲立人は，結約書を作成してこれを各当事者に署名せしめ，相手方各当事者に交付することになる（商546条2項）。なお，以上の仲立人による結約書の作成交付に際し，当事者の一方がその受領または署名を拒んだときは，仲立人は遅滞なく相手方に対しその旨の通知を発しなければならない（商546条3項）。相手方に適宜な処置をとらしめるためである。

これらの結約書には，次のことが記載されていなければならない（商546条1項参照）。仲立人の媒介によって成立した各当事者の氏名または商号・契約成立の年月日・行為の要領である。行為の要領とは，当事者の契約内容の要領，すなわち契約の目的物・種類・数量・品質・代金・履行方法および履行の場所などである。なお，当事者がその氏名または商号を相手方に示さない旨を仲立人に命じたときには，仲立人は上の結約書にその氏名または商号を記載することができない（商548条）。このような委託を匿名委託または視察委託という。

（3）**日記帳の作成義務**　仲立人は帳簿を作成して，その帳簿に，仲立

人の媒介によって成立した契約の各当事者の氏名または商号，契約成立の年月日およびその要領を記載しなければならない（商547条1項）。これを仲立人の日記帳作成義務といい，この帳簿を仲立人日記帳という。これも，見本保管義務や締約書交付義務と同様に仲立人の媒介によって成立した各当事者間の紛争を回避するとともに，迅速な紛争解決をはかろうとするものである。したがって，この日記帳も他人間の取引関係を明らかにする証拠書類といえる。

　この趣旨から，仲立人の媒介によって成立した契約の各当事者は，いつでも自己のために仲立人が媒介した契約につき，その日記帳の謄本の交付を請求することができるとされる（商547条2項）。なお，本条では，仲立人による日記帳の保存期間についてはなんら触れていないが，商業帳簿の保存期間に関する規定（商19条3項）を類推適用して，仲立人は日記帳を10年間は保存しなければならないとするのが妥当であろう（通説）。けだし，仲立人日記帳の保存の必要性は，後日の紛争発生の回避および紛争の迅速な解決という点で，商業帳簿のそれと変わりがないからである。

　日記帳には，次のことが記載されていなければならない（商547条1項，546条1項）。仲立人の媒介によって成立した各当事者の氏名または商号，契約成立の年月日，行為の要領，すなわち契約の目的物・種類・数量・品質・代金・履行方法および履行の場所などである。なお，当事者がその氏名または商号を相手方に示さない旨を仲立人に命じたときは，仲立人は日記帳謄本にそれを記載することができない（商548条）。

（4）氏名または商号の黙秘義務　当事者がその氏名または商号を相手方に示さざる旨を命じたときは，仲立人はそれを遵守しなければならない。すなわち，仲立人は結約書（商546条）および仲立人日記帳謄本（商547条）にその氏名または商号を記載することができないのである（商548条）。これは委託者が自己の氏名または商号を相手方に知らしめない方がより有利に取引をなすことができると考えられる場合に行われる。個性が重んじられない商取引の世界では，このような匿名委託も制度的に容認されているのである。

（5）仲立人の介入義務

① 　仲立人は，他人間の商行為の媒介をなす者であるから，自らがその行

為の当事者となることはない。また，仲立人は，代理人でもないから，当事者のために，支払その他の給付を受ける権限も原則として有しない（商544条本文）。これは，仲立人の業務があくまでも媒介行為に限られ，代理権は有しえないという一般原則を注意的に規定したものである。この原則に反して，仲立人が媒介行為につき当事者の一方より給付の目的物をあらかじめ受領することは，仲立人の業務外の行為とされる。ただ，特約により当事者のための給付を受ける権限が付与されたり，また慣習により業務に属することが認められたときには，この適用は排除される（商544条但書）。

② 仲立人の業務は他人間の商行為の媒介のみに限られるとする一般原則を仲立の全ての形態に適用すると，不都合の生ずる場合がある。それは匿名委託の場合である。すなわち，当事者の一方より匿名委託を受けて契約が成立した後，匿名委託者が債務を履行しなかった場合，相手方当事者は多大の損害を被り，また損害の回復を困難にさせることになる。そこで商法は，このような場合の相手方保護のために，仲立人に，いわゆる介入義務を課した。すなわち，仲立人が当事者の一方，または双方の匿名委託に基づき，相手方に氏名または商号を示さなかった場合には，仲立人は自ら履行の責任を負わなければならないとしたのである（商549条）。

仲立人の介入義務は，以上のように相手方の保護にその眼目が存するところから，匿名委託の全ての形態に適用されるとすべきであろう。すなわち，匿名委託が当事者の一方であると双方であるとを問わないし，また，当事者の命令によると否とを問わないとすべきである。

仲立人の介入義務は，相手方保護のために，法律が仲立人に課したものであるから，介入した場合であっても仲立人が契約の当事者となるわけではない。すなわち，仲立人のこの履行は法定代位弁済となり（民500条），履行をなしたときは，氏名の黙秘を命じた者に対して求償することができることになる（民501条）。また，仲立人と匿名委託者とは不真正連帯債務の関係に立つ。なお，仲立人の介入義務は，あくまでも法定の履行義務であり代理権ではないのだから，逆に相手方に履行を求めることができないのは当然である。

3 仲立人の権利・権限

（1）仲立人の受領権限　以上述べたように，仲立人は，当事者間の媒介をなすだけであって，自らがその行為の当事者となるものではなく，また代理人でもないから，原則として，当事者のために支払その他の給付を受ける権限を有しない（商544条本文）。したがって，仲立人が当事者の一方よりあらかじめ目的物の給付を受けても，その受領行為は仲立人の業務上の行為とはされない。ただし，当事者間で別段の意思表示があった場合，あるいは別段の慣習が存するときは受領権限が認められる（商544条但書）。したがって，仲立人が，買主の特段の意思表示により，媒介した売買契約の代金を受け取って保管した場合は，仲立人の業務上の保管とされ，これを横領したときは業務上横領罪（刑253条）が成立しうることになる。

（2）仲立人の報酬請求権　仲立人は商人であるから，特約の有無にかかわらず当然に報酬請求権を有する（商512条）。この報酬を仲立料という。ただ仲立営業の性質から，この報酬請求権が発生するためには次の要件が必要とされる。

① まず仲立人の媒介によって契約が成立しなければならない。仲立人の媒介によって契約が成立したときは，当事者がその契約を履行したか否かは報酬請求権の発生に影響を及ぼすことはない。したがって，仲立人の報酬請求権の発生時期は契約が有効に成立したときとなり，後にそれが解除ないし解約されたとしても，仲立人は委託者に報酬を請求できることになる。もっとも，仲立人と委託者との間で，報酬請求権の発生を媒介行為の実行にかからしめる旨の約定が存したときには，媒介行為たる契約の実行された後でなければ報酬請求権は発生しない。

② 次に仲立人の委託者に対する報酬請求は結約書の作成交付あるいは交換後でなければならない（商550条1項）。報酬請求権それ自体の発生は媒介による契約の成立後であるが，仲立人がそれを委託者に請求できるのは，当事者間に特段の約定が存しないかぎり，仲立人がその任務の終了としての結約書の交付および交換があった後としたのである。これは，媒介につき慎重を期せしめる趣旨から，法律が定めた報酬請求権の履行期とみるのが妥当であろう。

③ 仲立人の報酬額は，1次的には当事者間の，すなわち仲立人と委託者

の間の特約により，それがないときには慣習に従って決せられることになる。この慣習が認められない場合には，究極的には裁判所において決するほかないだろう。この報酬額は，委託者相互の約定により，その負担率が決せられることになるが，それがないときは，委託者双方が平分してこれを負担することになる（商550条2項）。これは，法定の負担率である。したがって，仲立人に委託しない当事者もこの負担率に従って負担しなければならない。また，委託者相互間において，報酬額の負担につき約定があったとしても，仲立人の同意がないかぎり，この負担率に従って負担しなければならない。

　なお，報酬の中には，通常，仲立に要する費用（たとえば交通費・通信費など）が含まれており，したがって，特約がないかぎり別途に請求はできないと解するのが妥当である。

第4節　問　屋

1　問屋の意義・機能

　問屋とは，自己の名をもって，他人のために，物品の販売または買入れをなすことを業とする者をいう（商551条）。以下，分説すると，
① 問屋は，「他人ノ為メ」に売買をなす者である。ここに他人のためにするとは，他人の計算においてすると同義である。すなわち，他人の損益において法律的行為をなすことをいい，その法律行為より生ずる経済的効果―利益や損失など―はすべて他人（委託者）に帰属することを意味する。このように，問屋のなす売買契約は，その法律上の効果の帰属主体と経済上の効果の帰属主体とが分離するところに特徴がある。
② 問屋は，「自己ノ名ヲ以テ」，他人のために売買をなす者である。自己の名をもってとは，行為者自らが取引の当事者となって法律行為をなすことをいい，その法律行為より生ずる権利義務の帰属主体となることを意味する。
③ 問屋は，自己の名をもって，他人のために「物品」の販売または買入れの引受をする者である。ここに物品とは，動産または有価証券をいい，不動産は含まれないとするのが通説である。

④　問屋は，自己の名をもって，他人のために物品の販売または買入れの引受を「業とする者」である。すなわち，問屋は，物品の販売または買入れをなすことを引き受けることを営業としてなすものであり，これによって問屋は商人となる（商502条11号，4条1項）。

2　問屋と仲立人・代理商との相違

　問屋は，以上のように，自己の名をもって他人のために物品の販売または買入れをなす者であって，類似機能を有する仲立人・代理商などと次の点で異なっている。

　第1に，問屋と仲立人とであるが，前者は自己の名をもって売買契約を締結するが，後者は単に契約の媒介をなすにすぎない。また，前者は委託される行為が物品の売買についてのみであるが，後者は物品の売買に限らず，広く商行為の媒介を委託されるものである。

　第2に，問屋と代理商とであるが，前者は不特定の者より委託を受けるが，後者は特定の商人との間に継続的関係を有する。また，前者は自己の名をもって売買契約をなすものであるが，後者は代理としてなしたり，あるいは媒介をなすにすぎない。

　第3に，一般的に卸売商人をして問屋（トンヤ）と呼んでいるが，これは商法上の問屋とは全く異なるものである。すなわち，前者は通常は自己のために契約をなし，それによって生ずる法律上の効果のみならず，経済上の効果をも帰属する自己売買商（民173条1号参照）であり，他人のために売買契約を締結し，法律上の効果のみが帰属する問屋とは明らかに異なるものである。

3　問屋をめぐる法律関係

　問屋は自己の名をもって他人のために物品の販売または買入れをなす者であるから，問屋をめぐる法律関係は3つの側面から検討しなければならない。すなわち，問屋と委託者，問屋と第三者，委託者と第三者などの関係である。

　（1）問屋と委託者との法律関係　問屋と委託者との間に締結される契約を問屋契約といい，その内容は，委託者が受託者たる問屋に対して物品

の販売または買入れを委託することである。換言すると，委託者が問屋に対して物品の売買という法律行為を委託することであり，問屋契約の本質は委任（民643条）ということになる（通説）。そこで問屋については商法の他に，民法の委任規定も補充的に適用されることになる。

問屋と委託者との間に結ばれる問屋契約につき，委任の規定（民643条以下）が適用される結果，問屋は，受任者として，善良なる管理者の注意をもって第三者と物品の売買契約を締結し，これを実行すべき義務を負い（民644条），第三者（売買契約の相手方）より受け取った権利および収取した果実を委託者に移転しなければならない（民646条2項）。

他方において，問屋は，第三者との売買の処理に要する費用の前払を委託者に請求することが認められ（民649条），また，そのために問屋が支出した費用を償還請求することが認められる（民650条）。さらに問屋は，売買の処理後は委託者に対して当然のごとく報酬を求めることができる（商512条，民648条）。

既述のように，問屋は自己の名をもって売買契約を締結するものであるから，売買により第三者から権利を取得するのは問屋である（商552条1項）。代理の場合と異なり，委託者は問屋より取得した権利の移転を受けないかぎり，第三者に対し直接権利者の地位にたつものではない。したがって，たとえば買入委託において，問屋が第三者より取得した目的物を委託者に引き渡す以前に問屋が破産したような場合，委託者は問屋の債権者に対して目的物が自己の所有に属する旨を主張できないことになる。しかし，これでは，問屋の制度の趣旨それ自体が損われることになる。それは，問屋のなす売買は他人のために，すなわち委託者の計算においてなされるものであり，売買より生ずる経済的効果はすべて委託者に帰属するものだからである。そこで商法はこの経済的効果の帰属関係について，代理に関する規定を準用する旨の規定を設けたのである（商522条2項）。この結果，問屋が第三者より取得した代金債権や物品の所有権は，問屋が改めて委託者との間に移転契約を締結することなしに，委託者に帰属することになる。

（2）委託者と問屋の債権者との法律関係　　委託者と問屋との関係は以上のように解しても不都合はない。問題はその関係を問屋の一般債権者に対しても主張しうるかどうかである。言い換えるならば，委託により形式的

に問屋へ帰属した代金債権や目的物の所有権を問屋の債権者が自己の債権の一般的担保として期待しうるかどうかである。この点につき，学説は大きく2つの見解に分かれている。まず従来の通説的見解は，問屋が取得した権利が委託者に当然に移転するというのは，問屋と委託者との内部関係においてのみ認められるものであり，それが問屋の一般債権者にまでも当然に及ぶものではなく，委託者がその権利を問屋の一般債権者に主張するためには各種の権利についての対抗要件を具備しなければならないとする。したがって，それがなされていないときには，問屋の一般債権者が，形式的に問屋へ帰属している代金債権や物品の所有権に対して強制執行をなした場合であっても，委託者は第三者異議の訴え（民執38条）はできないし，また問屋が破産した場合であっても，委託者は取戻権（破87条，91条）を行使しえないとされる。

これに対し，近時の多数説は，問屋の債権者は単に問屋の財産を一般担保の目的とするにすぎないのに対し，委託者は当該の権利の実質的権利者として具体的な利益を有するのであるから，このような委託者の利益は保護されるべきだとして，委託者は問屋の債権者に対抗できるとしている。判例も，「問屋の債権者は問屋が委託の完了としてした売買により取得した権利についてまでも自己の債権の一般的担保として期待すべきではない」として，問屋が取得した権利が委託者に移転する前に問屋が破産した場合における委託者の取戻権を認めた（最判昭43・7・11民集22巻7号1462，最判昭43・12・12金法533号32頁）。

このように学説は鋭く対立しているかのようにみえるが，通説の立場であっても，各種の権利につき対抗要件さえ具備しておれば，委託者は権利者である旨を問屋の債権者に主張しうるとしている。とすれば，動産の対抗要件は占有で足り（民178条），しかも，占有改定でも足りること（民183条），そして問屋と委託者との意思解釈から，一般的に問屋が権利取得後直ちに占有改定があるとみられる場合には，通説と近時の有力学説・判例との対立は決定的なものではないといえよう。なお，問屋が販売委託を受けた場合，その販売行為をなす以前に破産した場合には，委託者は問屋に対して所有権を与えたのではなく処分権を与えたにすぎないと解されるところから，その所有権を問屋の債権者に主張しうることになる。すなわち，

取戻権（破62条）を行使し，第三者異議の訴え（民執38条）をなしうるのである。

（3）問屋と第三者との法律関係　問屋と第三者との関係は通常の売買における売主と買主との間の関係と同様である。すなわち，問屋は自己の名をもって物品の販売または買入れをなすものであり，それによって生ずる法律効果はすべて問屋に帰属し，問屋は相手方に対して自ら権利を得，義務を負担するものである（商552条1項）。したがって，売買契約の成立および効力に影響を及ぼす事項はすべて問屋について決せられる。たとえば売買契約の取消または無効の事由である詐欺・強迫（民96条）・錯誤（民95条）などについては問屋自身に存在したか否かによって決せられる（民101条1項）。ただし，問屋が委託者の指図に従って売買契約を締結した場合には，委託者の悪意は問屋の悪意と同視されるので，委託者は第三者に対して問屋の不知を主張しえないとすべきである。なお，直接の法律関係は問屋と第三者との間に存するのだから，委託者が第三者に対して債権を有し，あるいは債務を負担していたとしても，それをもって問屋が第三者の有する債権あるいは債務と相殺することは許されないし，また第三者もなすことができない。

（4）委託者と第三者との法律関係　物品の売買契約の当事者となるのは問屋と第三者であり，したがって問屋が取得した権利を委託者に移転しないかぎり，委託者と第三者との間ではなんらの法律上の関係も存在しない。このことは，たとえ第三者が問屋と売買をなすにあたって，問屋が特定の者の委託により売買をなしたことを知っていたとしてもなんらの影響も受けない。したがって，問屋との売買契約において第三者が債務の履行をしなかった場合には，委託者は第三者に直接履行責任を問うことはできず，問屋にのみ請求できることになる（商553条）。同様に第三者も委託者に直接の請求はできず，問屋に対してのみ請求できることになる。

4　問屋の義務

（1）善管注意義務　問屋と委託者との関係は委任であるから，問屋は委託者のために善良なる管理者の注意をもって，その委託事務を処理しなければならない（民644条）。問屋はこの一般義務のほか，商法が問屋営業

の特性から課した特別の義務も負担しなければならない。

　(2) 通知義務　民法の一般原則によると、受任者は委任者より請求があるときは何時にても委任事務処理の状況を報告し、また委任終了の後は遅滞なくその顛末を報告しなければならないとされる（民645条）。しかし、これでは委託者が問屋に対して請求しないかぎり、委託者は物品の売買契約の成否を知ることができず、委託者にとって不便であるばかりでなく、企業取引の迅速性の要請にも合致しないことになる。そこで商法は、同法47条を準用し、問屋が委託者のために、物品の販売または買入れをなしたときは、遅滞なく委託者にその通知を発しなければならないとした（商557条）。すなわち、委託者の請求の有無にかかわらず、通知がなされなければならないとした点に問屋の通知義務の特徴が現われているのである。

　通知すべき事項は、単に物品の販売または買入れをなした事実だけでなく、売買の相手方・履行の時期・場所などの売買契約の内容も含まれる。当然のことながら、それは事実と一致していなければならない。たとえば、取引所の仲買人が注文者に売買価格を通知する場合、取引所における取引値段と注文者に報告する値段とは同一でなければならない。

　なお、この通知は発信主義がとられているので、問屋は通知を発しさえすれば義務を履行したことになり、不到達に伴う危険は委託者が負担しなければならない。問屋がこの義務を履行しなかったことにより委託者が損害を被った場合には、問屋はその賠償をする責に任じなければならない。しかし、これが物品の売買に伴う委託者の責任を免れさせるものではない。

　(3) 指値遵守義務

① 問屋契約において、委託者は売買価格を指定することなく問屋にその売買方を一任することもあるが、実際には販売委託の場合には最低価格を指定し、また買入委託の場合には最高価格を指定するのが通例である。これを指定委託という。この場合には、問屋は委託者に対して、委託の本旨に従い善良なる管理者の注意をもって委任事務を処理する義務を負担するところから（民644条）、問屋は委託者の指値に従って売買をしなければならない。問屋がこの義務に反して、委託者の指定した金額より廉価で販売したり、また高価で買入れをなしたときは、その問屋のなした売買は委託者に対して効力を生じない。言い換えると、委託者はその

売買を自己のためになした売買であることを否定することができる。
② 問屋が委託者の指定した金額より廉価に販売をし，また高価に買入れをしたとしても，問屋自らがその差額を負担したときは，その売買は委託者に対して効力を生ずる（商554条）。言い換えると，委託者はその結果を引き受けることを拒絶することができないのである。これは，問屋のなした売買が委託者の指値に反したとしても，委託者に帰属する時点では，委託者の指値に沿う形となり，なんら委託者の利益を害するものではないという趣旨から設けられたものである。問屋はこの委託者に対する差額負担の意思表示を売買の通知と同時もしくはそれ以前になされなければならない。また，その支払の時期・方法などは，問屋と第三者の売買において定められた条件に従わなければならない。

　なお，問屋の差額負担により，指値に反しても委託者は売買の結果の引受を拒絶することは許されなくなるが，だからといって問屋の指値遵守義務違反の責任までも免除するものではない。問屋の指値遵守義務違反によって損害を被った場合には，委託者は問屋に損害の賠償を求めることができる。
③ 以上は委託者の指値に反した，いわば指値より不利な問屋の売買の場合であるが，指値より有利な売買については商法は何ら触れていない。しかし，問屋の特別な事由によって利益となった場合以外は，委託者に帰属すべき利益とするのが妥当である。けだし，委託者が問屋に売買価格を指示するのは，販売委託の場合はより高く，また買入委託の場合にはより安くという趣旨が含まれているからである。

（4）履行担保の義務

① 民法の一般原則によると，受任者が委任の本旨に従い善管注意義務を尽くした場合には，その後なんら責任を負うものではない（民644条参照）。これを問屋取引に適用すると，問屋の相手方が債務を履行しない場合には，問屋が責任を負わないとされる結果，それによって生ずる損害は委託者において負担しなければならないことになる。しかし，これでは問屋を信頼した委託者が保護されないことになり，また問屋は，問屋営業それ自体の信用も維持できないことになる。そこで商法は，問屋に対して履行担保義務を課し，委託者のためになした販売または買入れにつき，

相手方がその債務を履行しない場合には，自らその履行をなす責任を負うとしたのである（商553条）。このようなところから，本条の責任は問屋の信用を確保し，問屋取引の安全を目的として，法が認めた特別の法定担保責任といえよう。

② 相手方が問屋との売買契約において債務を履行しなかった場合には，問屋は委託者に自ら履行しなければならないが，その履行義務の範囲は，相手方が問屋に対して負担する義務と同一である。すなわち，代金の支払義務・物品の給付義務・給付の目的物の瑕疵に基づく代金減額の義務・損害賠償義務などである。なお，この場合，相手方が問屋に対して対抗することができる抗弁，たとえば不完全履行や同時履行の抗弁については，問屋もこれをもって委託者に対抗できる。

しかし，問屋と委託者との間に別段の意思表示があったり，また慣習があるときには，問屋はこの履行担保義務を負担しなくともよい（商553条但書）。なぜならば，委託者を保護すべき積極的理由が見出せなくなり，また問屋の信用が失われるおそれがないからである。問屋と委託者との間の意思表示は明示であっても黙示であっても差し支えない。たとえば，問屋の手数料が通常のそれよりも著しく安い場合には，黙示の意思表示があると推定される。このような場合にも，問屋に重い履行担保義務を課するのは酷だからである。また，委託者が問屋に対して特に相手方を指定したような場合も，同様に解すべきであろう。

5 問屋の権利

（1）問屋の一般的権利　問屋は，民法の委任に関する規定により，委託者に対して受任者としての権利を有するとともに商行為の一般規定により，報酬請求権が認められる（商512条）。さらに，商法は，問屋に対して次の特別の権利も認めている。

（2）留置権　問屋は，委託者のためになした物品の販売または買入れによって生じた債権が弁済期にあるときは，別段の意思表示がないかぎり，委託者が問屋に弁済をなすまで，委託者のために占有する物または有価証券を留置することができる（商557条，51条）。これを問屋の留置権という。問屋はこの他にも商人間の取引において適用される商事留置権（商521条）

を有するが，委託者が常に商人とは限らないので，問屋の留置権の規定が設けられたのである。問屋の留置権が認められるためには次の要件が具備されなければならない。まず第1に，被担保債権が委託者のためになした物品の販売または買入れによって生じたものであることを要する。たとえば報酬請求権・立替金の償還請求権・費用の返還請求権などである。民法の一般留置権（民295条）と異なり，被担保債権と留置物との間に牽連性のあることを要しない。委託によって生じた債権を担保させる必要があるからである。第2に，留置物は委託者のために占有する物または有価証券であれば足り，必ずしも本人の所有に属するものである必要はない。商事留置権（商521条）と異なる点である。第3に，問屋と委託者との間にこの留置権を排除する別段の特約が存しないことである（商521条但書）。

以上の要件が具備したときは，問屋は留置権を取得する。その権利の内容は民法の一般留置権の規定により決定されるが，ただ次の点が異なる。すなわち，問屋の留置権は商法によるものであるから，破産財団に対しては特別の先取特権とみなされ，他の先取特権より劣るが，なお別除権が認められる（破66条）。また，会社更生手続において，問屋の留置権が更生担保権とされる点も民法の一般留置権と異なるところである（会更123条）。

（3）供託および競売の権利　問屋が買入れの委託を受けた場合において，委託者が買入れた物品の受領を拒み，または受け取ることができないときは，問屋は物品を供託し，または，相当の期間を定めて催告をなした後，これを競売する権利を有する（商556条，524条）。これは企業取引の迅速性の要請から，問屋をして可及的速やかに目的物引渡義務を免れせしめようとする趣旨から設けられたものである。

問屋がこの権利を行使して物品の供託または競売をなしたるときは，遅滞なく委託者に対してその通知をしなければならない（商556条，524条1項後段）。しかし，この通知は供託・競売の効力発生要件でなく，これに違反した場合には損害賠償義務を生じさせるにすぎない。目的物が損傷しやすいものである場合には，催告をしないで競売をすることができる（商556条，524条2項）。以上のいずれの場合にあっても，問屋はその競売代金を供託しなければならない（商556条，524条3項本文）。しかし，問屋が代金および費用などを立て替えたときは，競売代金の全部または一部をその弁済に充

当することができる（商556条，524条3項但書）。

(4) 介入権

① 問屋は，委託者の利益のために第三者と物品の売買をなすべき立場にあり，したがって，委託者との間で利害の対立をもたらすような立場，すなわち対委託者との間で売主とか買主とかの地位に立つべきものではない（民644条参照）。なぜなら，問屋と委託者との利害の対立が委託者の利益を損ね，ひいては問屋制度それ自体の信用を失墜することになりかねないからである。しかし，委託者の利益を害するおそれがないような場合には，これを認めても差し支えないだろう。そこで商法は，問屋が取引所の相場のある物品の販売または買入れの委託を受けたときにかぎり，自ら売主または買主となることができるとしたのである（商555条1項）。これを問屋の介入権という。これにより，問屋が自己売買商を兼ねても委託者の利益を特別害することもなく，むしろ手数料や費用を省くことができるし，また取引のより迅速化がはかれる。問屋にとっても，手持ちの品物を売却することができ，また販売委託と買入委託を同時に実現することが可能になる。

② 介入権が認められるためには次の要件の具備が必要とされる。

まず第1に，問屋が販売または買入れの委託を受けた物品につき，取引所の相場がなければならない。取引所とは，委託者が売買地を指定すればその地の取引所，また指定がなければ問屋の営業所の所在地の取引所を指す。これらの取引所において相場のある物品であれば，必ずしもその取引所において売買をなす必要はなく，取引所における客観的価格で物品を売買すればよいという趣旨である。

第2に，問屋の介入権につき，委託者・問屋間で，明示または黙示の特約により，あるいは，委託の趣旨から禁止されていないことが必要とされる（通説）。したがって，委託者が問屋に対して売主あるいは買主を指定したような場合には，問屋は介入権を有しないことになる。

③ 介入権は委託者に対する問屋の介入の意思表示によってなされる。その方式は問わない。この意思表示が委託者に到達することによって介入の効果，すなわち売買契約の効力が生ずる。この意味で，介入権は形成権たる性質を有する（通説）。ただ注意をしなければならないのは，目

的物の売買価格が介入の意思表示を発したときの取引所の相場によって決定されることである（商555条1項後段）。
④　問屋が介入権を行使することにより，次の効果が生ずる。
　まず第1に，委託者との売買契約が成立することになる。その結果，問屋は委託者に対し，問屋としての地位のほか，販売委託の場合には買主，買入委託の場合には売主の地位にたつことになり，委託者に対し，それぞれ売主・買主としての権利・義務を有することになる。
　第2に，問屋の委託事務の履行があったことになる。したがって，この介入により，委託者に対して報酬請求権および費用の償還請求権を有することになる（商555条2項）。介入権の行使は，問屋としての地位と売買契約の当事者としての地位との，いわば2つの地位の併存をもたらすことになる。

6　準問屋

　準問屋とは，自己の名をもって他人のために販売または買入れ以外の行為をなすことを引き受けることを業とする商人をいう（商558条）。次に述べる物品運送の取次をなすを業とする運送取扱人は，他人のために物品の売買をなす者でないから，問屋としての性質を有するが，商法は運送取扱業を別に規定しているから，問屋および運送取扱人を除外した取次業者を準問屋とし，問屋に関する規定を準用している。すなわち，物品売買の取次を業とする者が問屋であり，物品運送の取次を業とする者が運送取扱人である。そして，この両者以外の取次を業とする者が準問屋ということになる。たとえば，広告出版の取次・賃貸借の取次・保険契約の取次・旅客運送の取次などである。

第5節　運送取扱人

1　運送取扱人の意義・機能

　企業自らが適当な運送人を探して運送契約を締結し，さらに運送品の荷造・通関手続など一連の運送手続をすることは企業にとって極めて煩雑であり，しかも，それが安全・確実・迅速であり，かつ経済的であるとは必

ずしも言い難く，むしろ運送の取次を専門とする者に委託した方が合理的である場合が少なくない。ここに，運送取扱人とは，自己の名をもって物品運送の取次をなすことを業とする者をいう（商559条1項）。

① 運送取扱人は，物品運送の取次をなす者である。ここに物品とは，運送の対象となりうる一切の物を指す。また，運送とは物品の移転をなすことを意味する。それが陸上・海上もしくは空中の運送であっても差し支えないし，また，3種の運送にまたがって行ってもよい。

　以上のように，運送取扱人は物品運送の取次をなす者であるから，たとえば旅行会社のように旅客を運送の対象とする旅客運送の取次を営業とする者は運送取扱人とはいえず，準問屋（商558条）ということになる。

② 運送取扱人は，自己の名をもって，物品運送の取次をなす者である。より正確に言うと，自己の名をもって，他人の計算において物品運送に付することの引受をなす者をいう。ここに自己の名をもってとは，運送取扱人自らが，当事者として運送契約を締結することをいい，その運送契約より生ずる権利義務の帰属主体となることをいう。言い換えると，運送取扱人のみが運送人に対し荷送人たる地位に立ち運送契約上の権利義務を有することになる。また，他人のためとは，他人の計算，すなわち他人の損益において運送契約を締結することをいう。このように，運送契約に伴う法律上の効果の帰属主体と経済上の効果の帰属主体とが分離するところに運送取扱営業の特質があり，同じ取次営業として，問屋・準問屋と共通するところである。ただ，運送取扱業が物品運送を目的としているところに，相違点が見られるにすぎない。

③ 運送取扱人は，自己の名をもって，物品運送の取次をなすを業とする者である。すなわち，運送取扱人は，委託者と運送人との中間に立って物品の運送の取次を引き受けることを営業とする商人である（商502条11号，4条1項）。しかし，運送取扱人が同時に他の営業を兼ねることは差し支えないと解される。実際上も，運送取扱人は次のような営業を兼営しているのが通常である。

2　運送取扱人の業務

運送取扱人は，運送取扱契約により，委託者（荷主）のために適当な運送

人を求め，これと運送契約を締結し，これをして運送を行わしめることになる。これが運送取扱人の中心的業務となるが，この他に運送品の荷造・通関手続・運送人に対する運送の中止返還などの指図等運送上付随する諸般の事務を行う。また，運送が途中で引き継がれる場合に，中継地における運送の連絡・運送品の振替など，いわゆる中継地運送取扱を行ったり，あるいは到達地で運送品を受け取り，それを荷受人に交付する，いわゆる到達地運送取扱を行うこともある。

3 運送取扱人の義務と責任

（1）善管注意義務　運送取扱契約は民法の委任たる性質を有するところから，運送取扱人は委任の本旨に従い善良なる管理者の注意をもって委任事務である運送の取次をなす義務を履行しなければならない（民644条）。この善管注意義務は運送取扱人の中心的業務である運送契約の締結だけではなく，荷造などの運送上付随する業務全般に及ぶものである。

（2）損害賠償責任　運送取扱人がこの義務に違反し，委託者に損害を与えたときは損害賠償責任を負わなければならないことは民法の一般原則（民415条）からも当然であるが，商法は，さらに特別規定を設け，運送取扱人は，自己またはその使用人が，運送品の受取・引渡・保管・運送人または他の運送取扱人の選択・その他運送に関する注意を怠らなかったことを証明することができなければ，運送品の滅失・毀損または延着につき損害賠償の責を免れることをえないとしている（商560条）。

（3）損害賠償責任の要件　運送取扱人は，善良なる管理者の注意をもって，委任事務たる運送の取次をなすべき義務を負い，この義務に違反したときは損害を賠償しなければならない。商法は，責任が発生するためには次の要件が具備されていなければならないとしている。

　第1に，「自己」または「使用人」が運送に関する注意を怠ったことが必要とされる。運送取扱人の責任は，運送取扱人自身の過失ばかりではなく，その使用人に過失がある場合にも生ずる。ここに使用人とは，必ずしも雇傭関係のある使用人であることが必要とされず，広く運送取扱をなす上で使用した者，すなわち履行補助者を意味する。

　第2に，運送取扱人またはその使用人が「運送に関する注意」を怠った

ことが必要とされる。運送取扱人は，本来自ら運送をなす者ではないから，ここでいう「運送に関する注意」とは，運送自体の注意ではなく，運送品の受取・引渡・保管・運送人の選択・運送取扱人の選択など運送取次上の注意である。

なお，もし運送取扱人自らが中継地運送ないしは到達地において運送品の受取および引渡に関する事務を引き受け，それを履行するために中間運送取扱人または到達地運送取扱人を使用した場合にあっては，これらの者は運送取扱人の履行補助者となるから，本条の「其使用人」ということができ，結局，運送取扱人はその者の過失についても責任を負わなければならないことになる。

第3に，運送の取次に関する注意を怠ったことにより，「運送品の滅失，毀損または延着によって，損害が生じた」ことが必要とされる。

ここに運送品の滅失とは，運送品の物理的滅失はもちろんのこと，盗難や紛失，あるいは第三者による善意取得など運送取扱人が荷受人などに引き渡すことが不能になった一切の場合を含む。また運送品の毀損とは，運送品の経済的価値や利用価値を減少させるような物理的損傷を意味する。

第4に，運送取扱人は，自己またはその使用人が運送の取扱に関する注意を怠らなかったことが証明されないかぎり，損害賠償責任を免れることはできない。

（4）損害賠償額　　以上の要件を満たした場合，運送取扱人は委託者に対して損害賠償責任を負わなければならないが，その支払うべき損害賠償額については，運送人の場合（商580条，581条）と異なり，商法はなんらの特別規定を設けていない。したがって，この場合には，民法の一般原則（民416条以下）に従って算定されることになる（通説）。

（5）高価品に関する特則　　貨幣，有価証券その他の高価品の運送を委託する場合にあっては，委託者がその種類および価額を明告していないかぎり，運送取扱人は一切の損害賠償責任を負担しなくともよい（商568条，578条）。

（6）責任の消滅時効　　商事債務は通常5年の消滅時効にかかるが（商522条），商法は，運送取扱人の責任に関してはその消滅時効を1年とした（商566条1項）。ここでは広く運送取扱人の責任となっているが，運送品の

滅失・毀損・延着に伴う損害の賠償責任という意味である（通説）。この短期消滅時効の起算点は，運送品の一部滅失・毀損・延着の場合には，荷受人が運送品を受け取った日とされ（商566条1項），また，運送品の全部滅失の場合には，その「引渡アルヘカリシ日」とされる（商566条2項）。ただし，運送取扱人に悪意があった場合には，本条の適用はない（商566条3項）。

ここでいう「悪意」につき，近時の最高裁判決は，運送品の毀損または一部滅失のあることを知って引き渡した場合を指すとする（最判昭41・12・20民集20巻10号2106頁）。

4　運送取扱人の権利

（1）**報酬請求権**　運送取扱人は，運送取扱契約により，当然に相当の報酬を請求することができる（商512条）。この報酬請求は，運送取扱人が運送品を運送人に引き渡したときに，直ちになしうる（商561条1項）。

（2）**費用償還請求権**　運送取扱人が運送契約に基づいて運送に対して支払った運送賃その他運送のために支払った費用は，委託者に対してその償還を請求することができる（商559条2項，552条2項，民649条，650条）。

（3）**留置権**　運送取扱人は，運送品に関し受け取るべき報酬・運送その他の委託者のために支出した立替金または前貸金についてのみ運送品を留置することができる（商562条）。この留置権は，留置物と被担保債権との間の牽連性が要求されている点で，商人間の留置権（商521条），問屋および代理商の留置権（商557条，51条）とは異なっている。

（4）**介入権**　商法は，委託者との間で特約がないかぎり，運送取扱人が自ら運送をなすことができるとした（商565条1項）。この権利を運送取扱人の介入権という。これは運送取扱人が運送人を兼ねていることが多く，介入権を認めると運送取扱人にとって非常に便宜であること，および，このようにしても，運送賃や運送手段は一般に定型化されているので，委託者にもたらす弊害が少ないことから認められたものである。

介入権が行使されると，運送取扱人は運送人と同一の権利義務を有することになる（商565条1項）。したがって，運送取扱人が運送人との間に運送契約を締結した場合には，その運送人は運送取扱人の履行補助者となる。

（5）**荷受人に対する権利**　運送取扱人は，以上述べたような権利を委

託者に対して有しているが，荷受人が運送品を受け取った後は，商法により，荷受人に対しても委託者に対すると同一の権利を有することとなる（商568条，583条2項）。すなわち，運送取扱人は，直接の契約関係にない荷受人に対しても運送賃その他の費用などを請求しうるのである。

（6）**運送取扱人の権利の時効**　運送取扱人の委託者または荷受人に対する債権は，1年の消滅時効にかかる（商567条）。運送取扱人の債権が5年ではなく，1年の短期消滅時効としたのは，運送人の責任の消滅時効との均衡からである。

5　相次運送取扱の意義と種類

商法上の相次運送取扱とは，運送取扱人が自己の名で委託者の計算において中間運送取扱人と取次契約をなすことを引き受けるこという。たとえば，まず鉄道で運送品を送り，その鉄道から運送品を受け取って，自動車便で更に目的地まで運送を継続する必要がある場合に締結される。

この相次運送に関し，商法は次のように規定する。すなわち，数人が相次いで運送の取次をなす場合においては，後者は前者に代って，その権利を行使する義務を負う（商563条1項）。また，後者が前者に弁済したときは，後者は前者の権利を取得する（同条2項）。ここに，前者とは，自己に運送取扱の委託をなした直接の者である。後者が前者に代って行使する権利とは，前者が運送取扱人として有する権利，たとえば報酬請求権・費用償還請求権・留置権などである。この場合の後者の権利行使は，法定代理権の行使と異なる。また，中間運送取扱人が運送人に運送その他の費用を弁済したときは，その運送人に対する権利を取得する（商564条）。

第6節　運送取引

1　物品運送取引の意義

企業が商品を生産しても，それを他のメーカーや小売業者に移転させなければ，生産それ自体の目的は達成されない。小売業者も，商品を消費者のところまで配送しないと販売を伸ばすことができない場合もある。そこで生産者や小売業者が直接商品を運送することが考えられる。しかし，今

日の商品取引の範囲は広域化し，輸出入として地球規模で商品の運送も行われている。また商品は多様化し，船舶でなければ運べない物や航空機で運ぶ必要のある物，さらには書類のような小口の物など多種多様である。これに従って，当然に運送の手段や方法も変化せざるをえない。このように運送が多様化・高度化している今日では，むしろ運送を専門に扱う企業に運送を委ねたほうが迅速であり，しかも安全かつ経済的である場合が少なくない。ここに運送を営業の内容とする企業の成立する社会的経済的基盤があるといえよう。

物品運送取引は運送を行う地域により陸上運送取引，海上運送取引，航空運送取引とに分類される。陸上運送取引は陸上における運送を引き受ける取引をいう。自動車による運送や鉄道による運送が一般的であるが，商法は，国内の湖川港湾における物品の運送を，内水運送として陸上運送取引の中に含めている（商569条）。これは，運送から生じる危険の性質や度合いが海上運送などと比べると，むしろ陸上運送に近いものを有するというところからきているといってよい。

海上運送取引は海上における運送を引き受ける取引をいう。海上運送は，大別して傭船契約と個品運送契約とがある。傭船契約は，海上運送人が船舶の全部または一部を運送に供用し，これに船積みした物品を運送することを内容とする取引である（商737条参照）。このうち，船腹の全部を供用する場合を全部傭船契約といい，船腹の一部を供用する場合を一部傭船契約という。また，特定の航海に限ってなされる場合を航海傭船契約といい，一定の期間継続する場合を期間傭船契約という。次に個品運送契約とは，海上運送人が個々の物品の運送を引き受けることを内容とするものである。主として定期航路において利用される。

航空運送取引は航空機を用いた旅客または貨物の運送を引き受ける取引をいう。

2 物品運送人の意義

運送取引は，物品を一定の場所から他の場所への移動を引き受けることをいい（商502条4号），他人から委託を受けて物品の運送を行うことを営業としている者を物品運送人（以下，運送人とする）という。運送人はその営業

の行われる地域によって陸上運送人，海上運送人，航空運送人とに分かれる。ここでいう「運送」は物品をある場所から他の場所へ移動させることをいい，その方法や手段は問わない。物品の運送は通常貨物運送と呼ばれ，動産や有価証券がその対象となる。陸上運送人は国内の陸上，湖川港湾における物品の運送に従事する。したがって自動車，鉄道，内水運送船が運送に用いられる。なお，運送人とは運送を引き受けることを営業とする者をいい，単に運送する者を運送人とはいわない。

3　物品運送人の義務

物品運送契約が成立すると，その効果として運送人は荷送人・荷受人に対して種々の義務を負う。

（1）**運送義務**　運送人の基本的な義務として運送義務がある。これは，運送契約の本旨に従った運送品の受取および保管，運送の準備・着手・終了，引渡などの義務である。しかも，運送品を現状のまま完全に，滅失毀損することなくすることを要する。実際の運送は履行補助者や下請運送人に行わせてもよい。運送品の受取や保管，運送の方法などについては取引慣行や約款に委ねられている。

（2）**貨物引換証交付義務**　運送契約が締結され，運送人が運送品を受取ったときは，運送人は荷送人の請求により，貨物引換証（海上運送の場合には船荷証券）を交付しなければならない（商571条1項，国際海運6条1項）。貨物引換証の作成交付することの主な趣旨は運送人の運送品受取の認証にある。貨物引換証の作成交付は，運送人が運送品を受け取った後になされなければならない。貨物引換証の作成・交付は代理人をもって行わせてもよい（商768条参照）。

（3）**運送品処分義務**　荷送人または貨物引換証の所持人が運送の中止，運送品の返還その他の処分を請求したときは，運送人はその指図に従わなければならない（商582条1項前段，国際海運20条2項，航空運送約款23条）。荷送人または貨物引換証の所持人が指図するこの権利を運送品処分権という。これは，荷送人などが市場の動向や買主の信用悪化などに適切に対処できるように認められたものである。荷送人または貨物引換証の所持人の運送品処分権は，運送品が到達地に達し，荷受人がその引渡を請求するまで存

続する (商582条2項)。

　運送品処分権を有するのは，貨物引換証未発行の場合には荷送人だけである。しかし，運送品が到達地に達した後は，荷受人は運送契約によって生じた荷送人の権利を取得するので (商583条1項)，荷受人が処分権を有し，運送人はその指図にのみ従う。これに対し，貨物引換証が発行された場合にはその所持人のみであり，荷送人であっても貨物引換証を所持しないときは処分権を有しない (大判大13・10・8新聞2324号20頁)。

　運送品処分権の行使は一方的意思によってなされ，運送人は当然にその指図に従わなければならない。運送人は，「委託者などの指図に従って運送品を処分したときは，運送の割合に応じた運送賃・立替金およびその処分によって生じた費用の弁済を荷送人などに請求することができる (商582条1項後段，国際海運20条2項，航空運送約款25条)。

　（4）運送品引渡義務　運送人は到達地において運送品を引き渡すべき義務を負うが，引き渡す相手は貨物引換証を発行している場合としていない場合とでは異なる。発行している場合は，引渡の相手は貨物引換証の正当な所持人であり，運送人は証券と引換に運送品を引き渡すことになる (商584条，776条，国際海運10条)。これに対し，貨物引換証が発行されていない場合には，運送品の引渡の相手は，荷受人である (583条1項，国際海運20条2項，航空運送約款29条)。運送品の到達によって，運送品に対する権利が委託者から荷受人に移転するからである。

4　物品運送人の責任

　（1）運送人の責任の意義　運送人は善良なる管理者の注意をもって運送契約を履行すべき義務を負い，この義務に違反したときは債務不履行として損害賠償責任を負わなければならない。しかし運送契約の特殊性から，商法は運送人の責任について特別の規制をしている。すなわち，運送人は自己もしくは運送取扱人またはその使用人その他運送のために使用した者が運送品の受取・引渡および運送に関し，注意を怠らなかったことを証明しないかぎり，運送品の滅失・毀損または延着につき損害賠償責任を免れることができないとしている (商577条)。

(2) 責任の発生と消滅
① 発生原因
　運送人が責任を負うのは，自己もしくは運送取扱人またはその使用人その他運送のために使用した者が運送品の受取・引渡および運送に関して注意を怠り，運送品の滅失・毀損または延着につき損害を生じさせた場合である（商577条）。まず運送人が責任を負うのは，運送品の滅失・毀損または延着し，それによって損害を生じさせた場合である。ここにいう滅失は運送品の物理的滅失だけでなく，運送品を引き渡すことができなくなった一切の場合をいい，したがって，盗難，遺失，没収や第三者の善意取得などによる法的権利の喪失なども含まれる（東京控判昭5・3・1新報213号20頁）。また毀損とは，運送品に物質的損傷を生じさせたことを意味し，また延着とは，運送品が到達すべきときに到着しないことをいう。到達すべきとは，一般に当事者の約定によって決められるが，約定がないときは通常到達すべきときが基準とされる。
　次に，運送人が責任を負うのは，運送人自身，運送取扱人またはその使用人，その運送のために使用した者の過失についてである。ここにいう運送取扱人は，中間運送取扱人や到達地運送取扱人などの運送人が運送のために自己の履行補助者として委託した者であり，荷送人が直接に委託した運送取扱人はこれにあたらない（通説）。
　運送人が責任を免れるためには，これらの者に過失のないことを証明しなければならない。したがって，運送品の滅失・毀損・延着が専ら荷送人の過失・運送品の性質・不可抗力によって生じたものであることを証明した場合に，運送人は責任を免れることができるといえよう。
② 責任の消滅
　なお，荷受人が異議を留保しないで運送品を受け取り，かつ運送賃その他の費用を支払ったときは，運送人の責任は消滅する（商588条1項本文）。ここでいう留保とは，運送品の一部滅失・毀損のあること，およびその概要を運送人に通知することをいう（大判昭13・5・13民集17巻1063頁）。この通知は，2週間以内に発しないと責任は消滅することになるが（商588条1項但書），運送人が悪意のときはこの限りではない（商588条2項）。なお，運送人が悪意の場合を除き，荷受人が運送品を受け取ってから1年を経過した

ときは，運送人の責任は時効によって消滅する（商589条・566条）。
（３）損害賠償額―定額賠償の原則
① 運送品の全部滅失の場合

運送品の引渡あるべかりし日における到達地の価格によって算定される（商580条）。ここでいう運送品の「引渡あるべかりし日」は，貨物引換証未発行のときは，普通の経過において運送品が到達地に到達し，荷受人に交付することができたであろう時期を指す（長崎控判大11・6・27新聞1956号20頁）。貨物引換証を発行しているときは呈示の日といえよう（大判大11・6・26新聞2023号20頁は証券を呈示すれば引き渡すことになっている日とする）。「到達地の価格」は到達地における運送品の一般市場価格を指す。

② 運送品の一部滅失または毀損の場合

そのまま引き渡されたならば有したであろう引渡日における到達地の市場価格と一部滅失または毀損した状態での運送品の価格との差額が賠償額となる（商580条2項本文）。運送品が滅失・毀損した場合には，支払うことを要しない運送賃その他の費用は賠償額より除外される（商580条3項）。

③ 運送品の単なる延着の場合

学説上争いがあり，判例は商法820条の適用範囲外にあり，したがって，民法の一般原則によるとする（長崎控判大12・11・1新聞2196号15頁）。しかし，延着のみを別異に扱うべき理由がないところから，引渡あるべかりし日における到達地の価格と引渡のあった日における到達地の価格との差額，つまり値下分が賠償額と解するのが妥当であろう。

④ 定額賠償の例外

商法は，大量の運送品を迅速にしかも安い運賃で運送するという運送業の性質から賠償額の定型化をはかり，これにより運送企業の保護と法律関係の画一的処理をはかろうとするものである。したがって，運送人などに悪意・重大な過失があった場合には，運送人は保護されるべき理由はなく，民法の一般原則によって取り扱われる（商581条）。重大な過失が認定された事例として，自動車荷台の後部扉の施錠を怠り，開扉のおそれのないことを確認しないまま発車した場合（最判昭55・3・2判時967号61頁）や駅のホームに小荷物を置き係員が数分間目を離した場合（東京高判昭58・9・20金融商事686号36頁）などがある。損害が全く発生していないときは，定額賠償の例

外として運送人は賠償する必要はない（最判昭53・4・20民集32巻3号670頁）。
（4）高価品の特則
① 意　義
　商法は，貨幣・有価証券その他の高価品については，委託者がその種類および価格をあらかじめ明告したものでなければ，運送人は損害賠償責任を負わなくてもよいとする（商578条）。これは，運送品が高価品であることがあらかじめ明告されていれば，運送人は相当の注意をし，損害発生を防止することができ，また保険によって危険の分散をはかることができるところから，さらに滅失したような場合には損害賠償額を算定するにあたっての手がかりとなるものがなくなるところから，政策的にこのようにしたのである。
② 高価品の明告
　明告の対象となるのは高価品である。一般に高価品とは容積または重量に比べて著しく高価なものと解されており（通説），判例も同様の立場をとる（最判昭45・4・21判時593号87頁）。明告すべき事項は高価品の種類と価額であるが，その程度は運送人が運送品を高価品と認識できるものであれば足りる（大阪高判昭38・10・30下民14巻10号2155頁ほか）。この明告は契約成立時までしなければならない。
③ 賠償額
　価品の明告があったとしても，運送人が実際の損害額を証明したときはその範囲で賠償すればよい。証明できなかったときは運送人は明告額の限度で賠償すればよく，したがって高価品の明告は賠償額の上限を画し運送人にあらかじめ予知させる機能を有する。高価品の明告がなかった場合は，運送人は高価品としての賠償はもちろん，普通品としての賠償も必要ない。本来高価品である運送品を普通品として評価することは困難だからである。しかし，運送人に明告がなくても高価品の認識があったときは，普通品としての注意を怠ったことを前提として，高価品に対する賠償責任は免れないと解すべきであろう（多数説）。高価品として認識した以上，専門業者として相当の注意を払うべきであり，その費用は荷送人などに対し償還請求（商513条2項）をすれば足りるからである。

5 運送人の権利

（1）運送品引渡請求権　運送契約は諾成契約であり，契約が成立すると，運送人は荷送人に対して運送品の引渡を請求することができる。荷送人が運送品の引渡をしないときは，荷送人の債務不履行となる。ただし，荷送人はいつでも損害を賠償して契約を解除することができる（民641条）。

（2）運送状交付請求権　運送状は一般に送り状とか出荷案内と呼ばれる書面で，荷送人が運送人の請求により作成し運送人に交付する（商570条1項）。これは，運送人が運送品とともに到達地まで送り，荷受人に交付し，荷受人がこれと照合して運送品を受け取ったり，運送人が自己の負担する運送契約上の債務の内容や範囲を知るために発行されるものである。したがって，これには運送品の種類・重量・容積，荷造の種類・個数・記号，到達地，荷受人の氏名，運送状の作成地および作成年月日などが記載され，かつ荷送人の署名がなされなければならない（商570条2項）。運送状は運送契約を証明する証拠証券であり，契約の成立に関係ない。したがって，運送状の交付請求をするかどうかは運送人の自由とされ，また法的記載事項の記載が欠けても，記載された限度で証拠証券としての効力を有する（通説）。

なお，相次運送の場合には，最初の運送人が，運送契約の成立とともに，荷送人から運送状の交付を受け，次の運送人がそれを運送品とともに引き継いでおり，これにより次の運送人は運送状を承諾して運送に加入したものと扱われる。この運送状を通し運送状といい，この意味で運送状は運送契約の内容の決定基準となるものである。

（3）運送賃請求権　運送契約は請負としての性質を有しており，したがって運送が完了したときは，その報酬として運送賃を請求することができる（商512条，民633条）。この報酬については，当事者間で前払いの特約を結んでも差し支えない。

当事者双方の責に帰すべからざる事由によって，運送品の全部または一部が運送中に滅失したときは，運送人は運送賃を受け取ることができないし（商576条1項前段），既に受け取っているときはこれを返還しなければならない（危険負担債務者主義）。しかし，その事由が荷送人の過失や運送品の性質や瑕疵によるときは，運送人は運送賃の全額を請求できる（同条2項）。

なお，荷送人の処分権行使の結果，運送が途中で終了したときは，運送人はその割合で運送賃を請求でき（商582条1項），また運送品のために支払った，たとえば倉庫保管料，通関料，保険料などの費用についても償還請求ができる（商513条2項）。

(4) **運送品の留置権** 運送賃その他の費用を負担するのは荷送人であり，荷受人である（商583条2項）。しかし，運送人の荷送人などに対する債権が常に回収できるとは限らない。そこで運送人に対しても運送品の上に成立する留置権（商589条，522条）を認める。なお，運送人が有する留置権の被担保債権の範囲は，運送取扱人の留置権（商562条）や民法上の留置権（民295条）と同一であり，商人間の留置権（商521条）とは異なる。つまり被担保債権の範囲は，運送品に関して生じた運送賃，立替金その他の費用であり，商人間の留置権の範囲よりも狭い。

(5) **運送品の供託権・競売権** たとえば荷受人を確知できない場合や受領拒絶の場合のように，運送が正常に完了することができないとき，運送人は，運送品を供託して運送契約上の義務を免れることができる（商585条1項，586条1項）。荷受人が確知できず，しかも相当の期間を定めて催告をしても荷送人から運送品の処分について何らの指図がない場合，荷受人の受領拒絶があり，荷送人から運送品の処分について何らの指図がない場合には，運送人は運送品を競売に付すことができる（商585条2項，586条2項）。なお，この場合で運送品が損傷しやすいときは，督促の手続を経ないで直ちに競売に付すことができる（商587条，524条）。

6 相次運送

運送に対する需要の量的増加，質的多様化，また地理的拡大により，運送人が単独で運送品を運ぶことが困難となる。このような場合に，異なる営業領域，異なる運送手段・方法などを有する複数の運送人が提携し，リレー式に運送したならば，運送人・荷送人双方にとって有益といえる。ここに複数の運送人が同一の運送品を相次いで運送する場合が生じる。このような運送形態を相次運送という。これには次の諸形態が見られる。

(1) **部分運送** 数人の運送人が各々独立して特定区間の運送を引受ける場合である。荷送人と数人の運送人との間に各々独立した運送契約が締

結されるところに特徴が見られる。

　（2）下請運送　　1人の運送人が全区間の運送を引き受け，その全部または一部の運送を他の運送人に委託する場合である。荷送人から直接運送の委託を受けた者を元請運送人といい，元請運送人から委託を受けた運送人を下請運送人という。荷送人との運送契約の当事者は元請運送人のみで，下請運送人は専ら履行補助者の地位にある。

　（3）同一運送　　数人の運送人が共同して全区間の運送を引き受け，その内部において各々その担当区間を定める場合である。この場合，荷送人との運送契約の当事者となるのは数人の運送人全員であり，荷送人との関係では連帯債務関係になる（商511条）。

　（4）共同運送（連帯運送）　　数人の運送人が一通の通し運送状によって順次その運送区間の運送を引受ける場合である。荷送人と契約を直接に締結しているのは最初の運送人のみであるが，通し運送状によって運送を引き継いだ後の運送人も，それによって運送に加入したものとされ，したがって荷送人に対しては，最初の運送人と同じ法律関係に立つものと扱われる。これを狭義の相次運送といい，商法579条の規制を受ける（通説・判例）。

　（6）相次運送人の責任

① 　相次運送人の連帯責任

　相次運送人の責任については外部関係と内部関係とに分けなければならない。まず外部関係であるが，相次運送人は，運送品の滅失・毀損または延着につき，各々連帯して損害賠償責任を負う（商579条）。これらの事故がいずれの区間で生じたか，あるいはいずれの原因によって生じたかは問わない。次に内部関係であるが，相次運送人相互の間においては，各自の負担部分があり，したがって，損害発生の区間が明らかなときは，その区間の運送を担当した運送人が責任を負担すればよい（大判明36・1・28民録9輯91頁）。不明の場合には，運送賃の割合に応じて各運送人が負担するものと解するのが妥当であろう（通説）。

② 　相次運送人の権利行使

　相次運送においては，後の運送人は前の運送人に代わって，運送賃請求権などの権利を行使すべき義務を負う（商589条，563条1項）。このような義務を課したのは，前の運送人が後の運送人に運送品を引き継ぐことに

よってその占有を失い，留置権などの行使ができなくなるからである。ただし，後の運送人が前の運送人の権利を取得することになるから（商589条，563条2項），権利を行使すべき義務はなくなる。

（7）貨物引換証

① 貨物引換証の意義と機能

　貨物引換証は，陸上物品運送人（以下，運送人という）が運送品の受取を証明し，これを目的地に運送して証券の所持人に証券と引換えに運送品を引き渡すべきことを約する有価証券であり，荷送人の請求によって運送人が作成交付するものである（商571条1項）。

② 貨物引換証の発行

　a 発　行

　　貨物引換証は，荷送人の請求によって運送人が発行する（商571条1項）。この発行は再々述べているように，運送契約の成立要件ではなく，運送契約の締結を前提として発行されるものである。しかし，貨物引換証は物権的効力を有するものであるから，その発行は運送品の受取後発行すべきである（商767条）。しかし，運送品の受け取りなくして貨物引換証が発行されたとしても，その証券の記載上運送品の受け取りがあったことが記載されている限り，証券の有効性を害するものはない。この限りにおいて，要因証券性は，文言証券性によって修正され，不要因証券化したということができる。

　b 方　式

　　貨物引換証には，以下の事項を記載し，荷送人が署名をなすことによって発行される（商571条2項）。すなわち，(ⅰ)運送品の種類・重量又は容積，荷造の種類・個数並びに記号，(ⅱ)到達地，(ⅲ)荷受人の氏名または商号，(ⅳ)荷送人の氏名または商号，(ⅴ)運送賃，(ⅵ)貨物引換証の作成地および作成年月日，(ⅶ)運送人の署名である。以上の法定の記載事項の外，強行法規に反しないかぎり，貨物引換証に記載することができる。実務においては，貨物引換証に運送約款が記載されており，これによって運送人と証券の所持人との法律関係が決定されているのが通例である。

c 貨物引換証の譲渡

　貨物引換証は，法律上当然の指図証券である。したがって特に裏書禁止の記載がないかぎり裏書によって譲渡することができる（商574条）。この裏書行為には権利移転的効力および資格授与的効力が認められる。したがって，裏書の連続する貨物引換証の所持人は権利者と推定され，実体的な権利移転過程を証明せずして権利を行使することができるし，また所持人を権利者と信頼して貨物引換証を譲り受けた者は，たとえ前者が無権利者であったとしても，その証券上の権利者となることができる（商519条）。ただし，この裏書行為には担保的効力は認められない。なぜなら貨物引換証は金銭債権を表章するものではないので，その担保責任を定型化することができないからである。

d 貨物引換証の効力

　貨物引換証は，荷送人の請求によって，運送人が発行するもので，運送契約に必ず結びついているものではない。したがって，運送契約の効力と貨物引換証の効力とは同一ではなく，運送契約の効力は主として運送人と荷送人との関係であり，貨物引換証の効力は，運送人と貨物引換証の所持人との関係である。荷送人と貨物引換証の所持人との関係は当事者間の法律関係によって決せられ，貨物引換証とは何等の関係もない。このように貨物引換証の効力は，運送人とその証券の所持人との間の法律関係についてであり，これには債権的効力と物権的効力の2方面から検討する必要がある。

e 貨物引換証の債権的効力

　貨物引換証の債権的効力とは，運送人と貨物引換証の所持人との債権関係（運送品の引渡および不履行の場合の損害賠償請求）を定める効力をいう。商法は，これに関し，運送に関する事項は，運送人と証券の所持人との間においては，貨物引換証の定めるところによって決すべきものと定めている（商572条）。すなわち，貨物引換証は，運送人とその所持人との間の法律関係を決定する文言証券とされている。しかし，他方で貨物引換証は運送人が荷送人との間に締結した運送契約を前提として作成されるという性質を有している。そこで，この2つの相矛盾する有価証券の性質を法解釈上どのように処理するかが問題となる。具体的な問題として，

しばしば掲げられるものに，証券に記載された運送品と運送人が受け取った運送品が異なっている場合，あるいは，運送人が運送品を受け取らないにもかかわらず，貨物引換証を発行した場合にどのように解するかである。この問題は結局，貨物引換証の要因性に重きを置くか，その文言性に重きを置くか，ということにつきるといえる。通説は，貨物引換証の譲渡性を重視し，文言性に重きを置いた解釈をなしている。すなわち貨物引換証の要因性とは，証券の文言において原因を要するという意味であり，運送のために運送品を受け取ったとの原因関係を証券面に記載することであって，証券面に現れない実質的意味での要因関係を指すものではない。そして，運送人と証券の所持人との間の法律関係は証券の文言によって規律され，運送品の相異の場合にあっては，証券の所持人はその証券に相違する運送品の受け取りを拒むことができ，その損害について賠償を求めることができる。また空券の場合であっても，証券の所持人はなお証券上の運送品の引渡を求めることができ，この場合には運送品の全部滅失の場合に準じて損害賠償の請求をなしうると解している。しかし，文言性を重視した解釈がなされたとしても，貨物引換証の要因性を完全に否定されるものではない。すなわち，運送品が不可抗力によって滅失毀損した場合は，運送人に証券の所持人にそれをもってその引渡を拒むことができる。

f　貨物引換証の物権的効力

貨物引換証の物権的効力とは，貨物引換証により運送品を受け取ることができる者（証券上資格授与的効力を有する者）に貨物引換証を引き渡したときは，その引渡によって運送品の上に行使する権利（所有権または質権）の取得につき，運送品の引渡と同一の効力を有すること（商575条）および貨物引換証が作成されるときは，運送品に関する処分は貨物引換証をもってなさないかぎり，これをなすことができないことをいう（商573条）。この点をとらえて貨物引換証は物権的証券であると説明されることがあるが，貨物引換証は物権を表章する証券ではなく，あくまでも運送品の引渡請求権を表章する債権的証券であるにすぎない。

g　運送品の保証渡および空渡

貨物引換証は，受戻証券であるから，運送人が貨物引換証を発行した

ときは，これと引換でなければ運送品の引渡しを請求することができない（商584条）。また，運送品の滅失・毀損による損害賠償を求めることができる者は証券の所持人だけであり，証券を有しない者はその請求権を有しない。しかし実務界にあっては，運送人は貨物引換証と引換えではなく，荷受人をして銀行の保証等の相当の担保を提供させて運送品を引き渡すことがしばしばなされている。これを保証渡しという。また場合によっては荷受人の信用のみによって運送品が引き渡されることがあり，これを仮渡ないしは空渡という。このように証券との引換でない引渡しによって運送品を受け取った場合は，その運送品の所有権を取得しえないが，もしこれを善意の第三者に売却したとするならば，その第三者は民法192条によりその所有権を取得する。また保証渡または空渡の後，証券の正当な所持人（善意取得者を含めて）が現われ，運送人に対して運送品の引渡を請求した場合には，運送人は債務不履行（履行不能）に基づく損害賠償の責を負う。この保証渡または空渡しを受けた者は，後に貨物引換証を入手したならばその証券を運送人に引き渡さなければならない。

（4）旅客運送　旅客運送とは，旅客すなわち自然人の運送を目的とする契約である。この契約の法的性質は，物品運送契約と同様に請負契約である。ただ，運送の対象が旅客という自然人であること，その契約の当事者が旅客自身であることが多いこと，および運送の対象が自然人であるため，保管に属することがない点などにおいて，物品運送契約とは異なる。

旅客運送については，商法はわずか3か条を設け（商590条〜592条），旅客が運送のために受けた損害の賠償責任，託送手荷物についての運送人の責任について規制しているにすぎない。しかし，旅客運送の中でも，鉄道旅客運送や自動車旅客運送については，鉄道営業法・鉄道運輸規程・軌道運輸規程・道路運送法・自動車運送事業運輸規程等に比較的詳細な規定が設けられている。もっとも，この他については，特別法がないので，運送約款や契約の解釈などによることになる。

① 旅客運送契約の成立

旅客運送契約は諾成契約であって，その成立には特別の方式を必要としない。通常，旅客運送契約の締結に際して乗車券が発行されるが，しかし，これは運送契約成立の要件となるのではなく，運送契約の成立および運送

賃の支払に関する証拠として意味をもつものである。運送人が作成し公示する電車・汽車・自動車等に関する発着時刻表および運送料金表は，運送契約の申込の誘引としての意味を有する。すなわち，これらの時刻表および運送料金をもって旅客運送の申込をなす者との間にその契約の締結をなすことを予め表示したものである。したがって，この申込みの誘引によって旅客が運送契約の申込をなし，運送人がこれを承諾することによって，運送契約が成立することになる。旅客運送契約の成立時期は，ケース・バイ・ケースで決する他ないが，通常は，乗車券の発売もしくは交付のときに成立したものと認められ，また乗車後に乗車券を購入するような場合には，乗車のときに運送契約が成立すると解するのが妥当である（通説）。運送契約は有償を原則とするが，無賃で運送を行う場合もある。たとえば一定の年齢に達していない子供・身体障害者・国会議員・公務中の警察官の場合であるが，この場合にあっても旅客運送契約は締結されており，ただ運送賃が無料であるにすぎない。

② 乗車券の種類とその法的性質

　旅客運送においては，運送人が乗車券を発行し，旅客がこれを購入して運送賃の前払をなすのが通常である。この乗車券は少なくとも旅客運送契約の存在を証明するものであり，また，運送賃の前払があることを証明するものであることについては問題がない。しかし，乗車券がこの他にいかなる法的性質を有しているかは，その内容の形式が異なっているところから，一律に決定することはできず，その種類に応じて検討しなければならないものである。

　　a　普通の乗車券（無記名式）

　　　乗車前に発行される普通の無記名式乗車券は，運送債権を表章する有価証券と解される。したがって，それを自由に譲渡しても差し支えないことになる。当然のことながら，それが同時に運送契約締結の証明となるものであることは疑いない。これに対し，一度運送が開始された後（一般には，鋏を入れた後）にあっては，その有価証券性は消滅し，運送契約に関する証拠証券としての意味しか有しなくなる。一方，乗車後に発行された乗車券は運送賃の支払を証明する証拠証券にすぎないというべきであろう。

b　記名式乗車券（定期券）

　記名式乗車券は，通用期間および通用区間が指定された包括的運送契約をあらわす証券であり，その利用資格や利用目的が特定されているところから，その自由譲渡性は否定される。このようなところから，記名式乗車券は運送契約の証拠証券としての意味しかないとされる（通説）。これに対し，定期券を所持していなければ，たとえ定期券の購入につき別個の証拠方法を提出しても，なお乗車は拒否されるから，単なる証拠証券とは解しがたいとする批判や記名・無記名は有価証券性に直接関係がないという批判もある。

　c　回数乗車券

　回数乗車券には2種類のものがある。鉄道の回数券は通用期間および通用区間が指定されており，この場合には，包括的運送契約上の権利を表章する有価証券であるということができよう。また自動車の回数券については，他日締結される運送契約を予想し，その乗車賃の前払のあったことを証明するものであって，乗車賃に代用される一種の票券としての意味しかないとする見解もあるが，しかし，この場合も，乗車券所持人の地位の強化という観点から，有価証券と解すべきだろう。判例は一貫して回数乗車券の有価証券性を否定している。

③　旅客運送契約の効力

　旅客運送契約の効力として，運送人は，旅客の損害に対する責任，託送および携帯の手荷物に関する責任を負うとともに，運送賃請求権・留置権・先取特権などが認められている。

④　旅客に対する運送人の責任

　旅客運送人は善良なる管理者の注意をもって運送契約上の義務，すなわち旅客を安全に，遅滞することなく目的地まで運送するという義務を履行しなければならない。旅客運送人がこの義務に違反して旅客に損害を及ぼしたときは，旅客運送人が自己またはその使用人が運送に関して注意を怠らなかったことを証明しないかぎり，旅客の運送のために受けた損害を賠償しなければならない（商590条1項）。これは，旅客運送契約の義務違反，すなわち債務不履行であり，したがって物品運送についての運送人の責任規定と同様，民法の債務不履行に関する一般原則（民415条）の注意規定と

いうことになる（通説）。ただ物品運送と異なり，旅客運送においては，その運送の対象が自然人であるために，旅客の生命・身体・被服などの損害はもとより，将来の得べかりし利益の喪失にまで及ぶ。なお，損害額の算定については，裁判所は被害者およびその家族の状況を斟酌しなければならないとし（商590条2項），裁判所独自の個別的判断を要求している。これは，民法の一般原則（民416条2項）が特別事情による損害につき，当事者の予見にかからしめていることの例外であり，賠償範囲の拡張と評価することができる（通説）。ただ，本条の運用上，旅客の生命，身体損害については，被害者およびその家族の状況を斟酌すべきであるとしているところから，損害賠償法の動向に沿って，高い水準での定型化が望まれよう。

⑤　旅客の手荷物に対する責任

　a　託送手荷物

　　旅客運送には，これに従属して旅客が運送人に手荷物を託送することが多い。この手荷物の託送は，旅客運送契約に付随的なものとして行なわれるものであって，旅客運送から独立した物品運送ではない。しかし，運送の目的物が物品であるところから，特に運送賃を請求しない場合にあっても，物品運送人と同一の責任を負担するとした（商591条1項）。したがって，その場合の損害賠償額の範囲につき，商法580条，同581条が適用されて決定されることになる。

　　なお，託送手荷物が到達地に達した日より1週間以内にその引渡しの請求権がないときには，運送人に，商法524条の商事売買の規定により，目的物を供託・競売に付すことができる。その際，住所または居所の知れない旅客に対しては，催告および通知を要しない（商591条2項）。

　b　携帯手荷物

　　旅客運送人は，旅客より引渡しを受けない手荷物，すなわち，持込の手荷物の滅失または毀損について，自己またはその使用人に過失ある場合を除くほか損害賠償責任を負わない（商592条）。託送手荷物と比べて責任が軽減されているのは，運送人の保管に属さない携帯手荷物まで重い責任を課するのは，旅客運送人にとって酷だからである。もっとも，損害賠償の範囲については，託送手荷物の場合と同様にすべきである（通説）。けだし，民法の一般原則（民416条）に従うと，責任が加重される結

果になるからである。
⑥　旅客運送人の権利
　a　運送賃請求権
　旅客運送契約は請負契約の一種であるから，運送賃は後払いとなるのが原則であるが，実際には，目的地に着く以前に乗車券と引換に支払うこととされている。したがって，運送賃を支払わないかぎり，運送人は運送の実行に着手しないのが通例である。運送賃は，運送約款で定められている。
　b　留置権
　旅客運送は，民法 295 条により，運送賃につき，その手荷物の上に留置権を行使することができる。ただし，この手荷物は託送手荷物に限られる。その理由は，留置権の目的物は運送人の占有に属するものに限定されるからであり，携帯手荷物については運送人の占有が及ばないからである。
　c　先取特権
　旅客運送人は，旅客または手荷物の運送賃および付随する費用につき，その手許にある旅客の手荷物の上に運輸の先取特権を有する（民 318 条）。

第 7 節　倉庫取引

1　倉庫取引の意義

　倉庫営業は物品の寄託の引受を目的とする営業的商行為に属するものであり（商 502 条 10 号），運送営業とともに現代取引社会において欠かすことのできない重要な補助商である。倉庫の利用は企業が自ら商品などを保管するのに比べてはるかに安全であり低廉である。また倉庫証券を利用することにより，入庫中の商品を適当な時期に売却することができるし，質入れをなして金融を得ることも可能である。さらに倉庫は商品の市場相場の形成を容易ならしめうるという機能も発揮できる。もっとも，これは時に市場相場の撹乱に悪用される危険性を有している。そこで，かかる倉庫営業の公共的性格にかんがみて，その適正な運用と倉庫証券の円滑な流通とを確保するために，倉庫業法（昭和 31 年法律 121 号）が制定されている。す

なわち倉庫営業をなすには運輸大臣の許可がなければならず（倉庫3条），また許可を受けた倉庫業者のみが倉庫証券を発行することが認められる（倉庫13条）。さらに倉庫業者は，保管料，倉庫寄託約款の制定および変更は運輸大臣への届出事項とされ（倉庫6条，8条），保管料および倉庫寄託約款の掲示義務（倉庫9条），受寄物の付保義務（倉庫14条）が課せられ，また料金の割戻や差別の取扱が禁止されるなど（倉庫7条，10条）多くの事項につき行政的監督に服せしめられている。

2 倉庫取引の形態と法規制

倉庫業には，様々な形態があり，業態別にみた場合には，普通倉庫，冷蔵倉庫，水面木材倉庫，私設保税倉庫などの種類がある。また立地条件別にみた場合には，港湾倉庫，内陸倉庫，通運倉庫，ターミナル倉庫などがある。これらの倉庫営業については商法，民法，倉庫業法，同施行規則，保税倉庫法，農業倉庫法などがあるが，このうち倉庫取引については商法第3編第9章第2節「倉庫営業」が規制の中心となる。

3 倉庫業者の意義

倉庫業者は他人のために物品を倉庫に保管することを業とする者をいう（商597条）。①ここに倉庫とは，受寄物の性質からその保管の用に供せられる設備であれば足りる。したがって，一般には屋蓋を有する建物がこれにあてられるが，必ずしも屋蓋を有する必要はない。たとえば，材木置場や石材置場のようなものであっても差し支えない。②次に物品の保管とは，倉庫業者が物品の引渡を受け（占有を取得し），倉庫に蔵置し管理保全することをいう。倉庫の全部または一部を特定の者に対して貸切り，貸主がその借主のためにその物品の保管を引受けている場合にも（たとえばトランク・ルーム），その貸主は倉庫業者である。保管の方法は，単純（特定物）寄託が通常である。単純寄託とは，寄託物を特定物として寄託され，返還時には，それ自体を返す寄託である。また混蔵寄託の方法であっても差し支えない。混蔵寄託とは，数人の寄託者の代替性を有する物品（種類・品質の同等な物品）を混合して保管し，後日，同種類・同品質・同数量の物品を返還することである。この場合には，寄託者の共有に属し，受寄者は物品に対する所有

権を有しない。③保管を業とする者とは，物品の寄託の引受を営業の目的とする者であり（商502条10号），これによって倉庫業者は商人となる（商4条）。物品の保管それ自体は倉庫業者の営業行為ではなく，寄託の引受という営業行為に付随する事実行為である。

4　倉庫業者の義務

（1）受寄物保管義務　倉庫業者は，寄託を引受けたときは，有償であると無償であるとを問わず，善良なる管理者の注意をもって受寄物を保管する義務を負う（商593条）。倉庫業者は，寄託者との間に特約または慣行のないかぎり，他の倉庫業者に保管の下請をなさしめることができない（民658条1項）。これは寄託者が倉庫業者の経営する倉庫に保管されることを期待して倉庫寄託契約を締結したものであるから，その期待を保護しようとしたものである。特約または慣行があるときは，他の倉庫業者に保護させても差し支えないが，この場合，下請倉庫業者は元請倉庫業者の履行補助者の地位に立つ。倉庫証券を発行していないときは，倉庫業者は受寄物に火災保険を付する，いわゆる付保義務を負わないが，倉庫証券を発行しているときは，寄託者が反対の意思表示をなしたとき，または運輸省令に別段の定めがある場合を除き，受寄物に火災保険を付する義務を負う（倉庫14条）。これによって倉庫証券の取得者は保証されることになるが，これは倉庫業者が負う善管注意義務の定型化とみることができる。

　保管期間については，当事者間に特約があればそれに従い，特約がないときは，受寄物入庫の日より6か月間とし，倉庫業者はこの期間を経過した後でなければその返還をなすことができない（商619条本文）。これは，受寄者はいつでも返還することができるとした民法の一般原則（民663条1項）の例外をなすもので，倉庫の経済的機能を維持し，利用者である受寄者を保護する趣旨から設けられたものである。ただし，已むことを得ざる事由があるときは，倉庫業者はいつでも受寄物を返還することができる（商619条但書）。ここに已むことを得ざる事由とは，寄託物の性質が保管に適さない場合や倉庫の滅失など倉庫が保管する機能を果しえなくなったような場合である。なお，保管期間が過ぎて，受寄者の引取請求がなされた後は，倉庫業者は自己の物に対すると同一の注意をもって保管すればよい。

（2）寄託物の点検・見本摘出の要求に応ずる義務　倉庫業者は，寄託者または預証券ないしは倉荷証券の所持人より請求があるときは，営業時間内は何時にても，寄託物の点検ないしは見本の摘出をなし，または，その保存に必要な処置をなすに必要な協力をなすべき義務を負う（商616条1項，627条1項）。また，質入証券の所持人が営業時間内に寄託物の点検を求めたときも，これに応ずる義務がある（商616条2項）。通常，寄託物は商品取引の目的となっているところから，これらの者に便宜を与え，倉庫業者にこれに応ずる義務を課したのである。

（3）寄託物の返還義務　倉庫業者は，保管期間の有無いかんにかかわらず，寄託者の請求があれば，何時にても寄託物を返還しなければならない（民622条）。これは倉庫証券が発行されていない場合のことであるが，発行されているときは，その証券の所持人の請求により，何時にてもその所持人に対して，証券との引換によって寄託物を返還しなければならない（商620条，627条2項）。ただし，この例外に，質権が設定された場合（商621条，622条，628条）や仮渡ないし保証渡がある。前者については後述する。後者については，その実質的法律関係は物品運送につき貨物引換証の発行ある場合と異なるところがない。

（4）倉庫証券の交付義務　倉庫業者は，寄託者の請求あるときは，その請求に応じて，寄託物の預証券および質入証券もしくは倉荷証券を交付し，また既に発行された預証券および質入証券と引換えに倉荷証券を交付しなければならない（商598条，627条1項）。また，預証券および質入証券の2券，もしくは，倉荷証券の所持人から，寄託物を分割し，その各部分に対する預証券および質入証券もしくは倉荷証券の交付の請求を受けたときは，既に発行された各証券と引換えにこれに応じなければならない（商601条，627条2項）。ただし，この場合の費用は請求者が負担する。さらに，倉庫証券が滅失した場合に，その所持人が相当の担保を供して証券の再交付を求めたときも，倉庫業者はこれに応じなければならない（商605条，627条2項）。この再交付の制度は，除権判決の方法（民訴769条以下）では迅速・適時の処分をなすことができず，また，商法518条の規定による保護も単に呈示ないしは受戻証券性の救済に止まるものであるから，特に倉庫証券の所持人の利益をはかるために認められたものである。

以上の倉庫証券の交付義務は，倉庫証券の発行権限を有する者のみが負担するものであり，発券倉庫業者以外の受寄者は上述の義務を負うものではない。なお，発行権限のない倉庫業者が発行した倉庫証券は無効とはならず，ただ，倉庫業者が罰金に処せられるにすぎない（倉庫29条2項）。もっとも，発行権限のない倉庫業者と倉庫寄託契約を締結した者は，錯誤または詐欺を理由にその契約の無効ないしは取消をなすことができるかどうかが問題となるが，積極的に解してもよいだろう。けだし，一般的に倉庫証券の発行は倉庫寄託契約において，常になされるものと期待されているものだからである。

　なお，発券倉庫業者の証券の交付は，預証券のみ，あるいは，質入証券のみの交付は許されない。後述するように，複券主義のもとでは，両者が一体をなして寄託物の返還請求権を表章するからである。ただ，既に発行された預証券または質入証券のいずれか一方が滅失した場合においては，その滅失した証券についてだけの再交付請求に応ずれば足りることはいうまでもない。

　（5）倉庫証券控帳の備付および記入の義務　　商法は，寄託物に関する事項を明確にするために，発券倉庫業者に対し，帳簿の備付および所定の記載事項の記載義務を課している（商600条，605条，612条，622条1項，623条2項，624条2項，627条2項など）。この帳簿を倉庫証券控帳という。これは倉庫証券に関する帳簿であって，倉庫営業の財産状態に関する帳簿ではないので，商業帳簿ではない。

5　損害賠償責任

　倉庫業者は，自己またはその使用人が，寄託物の保管に関し，注意を怠らなかったことを証明しなければ，その滅失または毀損につき損害賠償責任を免れることはできない（商617条）。この倉庫業者の責任の性質は，前述した運送取扱人および物品運送人の責任と同様のものである。すなわち，倉庫寄託契約上の債務不履行責任である。損害賠償請求権者は，寄託者および預証券または倉荷証券が発行された場合のその所持人である。寄託者が寄託物の所有者でなくとも差し支えない。質権者もこの中に含まれる。本条は任意規定であり，したがって，倉庫業者の責任を軽減したり免除し

たりする免責約款は有効である。しかし，この効力は無制限に認められるべきものではなく，約款解釈の原則によってその当否が個別的に判断されるべきものである。

6 倉庫業者の責任の消滅原因

商法は，物品運送人の責任の規定を準用し（商625条，588条），またその消滅時効についても，物品運送人のそれと同一内容の規定が設けている（商626条）。すなわち，寄託物の滅失または毀損によって生じた倉庫業者の責任は，出庫の日より1年を経過したときに時効によって消滅するとし，また，全部滅失の場合には，その時効の起算点を，倉庫業者が預証券の所持人，その所持人を知ることができないときは，寄託者に対してその滅失の通知を発した日を標準とするとしている（商626条1項・2項）。ただし，倉庫業者に悪意があるときは，一般の商事時効によって消滅する（商522条）。

7 倉庫業者の権利

（1）保管料・立替金その他の費用の請求権 倉庫業者は，特に無償の寄託の引受をなした場合を除き，保管料の支払を請求し，また，立替金その他寄託物に関する費用，たとえば輸入税・保険料などの償還を請求する権利を有する（商618条）。この保管料は，倉庫業法上，予め掲示しておかなければならない（倉庫9条）。保管料の支払および立替金その他の費用の償還を請求しうる時期は，寄託物の出庫のときである（商618条本文）。一部の出庫のときは，その割合に応じてその支払いを請求することができる（商618条但書）。もっとも，実際には，約款をもって随時または定時に請求できると定められている。この請求権は，保管期間中の保管だけでなく，保管期間経過後の留置期間中にも及ぶものである。また，寄託物が滅失した場合であっても，その消滅時までの保管料の支払およびその費用の償還を請求することができる。

保管料およびその他の費用の支払義務者は，本来，契約の当事者である寄託者であるが，しかし，預証券または倉荷証券が発行されているときは，その所持人も，実際上，支払義務者となっている。学説・判例も，倉庫証券の所持人が支払義務者となることを認めるが，その法的構成は必ずしも

一様ではない。まず多数説は，倉庫業者の留置権および先取特権の存在により，事実上，支払わざるをえないにすぎないとするが，これは事実を説明しえても，その法的根拠の積極的説明にはならないだろう。これに対して，判例は，倉庫証券の所持人は支払債務を引き受ける旨の意思をもって証券を譲り受けた者，すなわち，証券記載の文言から生ずる証券所持人の責任としている。しかし，保管料その他の費用の支払債務について債務引受の意思を必要とするならば，それを留保して証券を取得することができるといわざるを得ず，したがって倉庫業者の支払請求を拒むことができることになり，結果の妥当性を導きにくい。そもそも，運送営業における荷受人の地位に関する規定（商583条2項）が倉庫営業においても存在していたならば，この種の問題は生じなくなる。これを，いわゆる法の欠缺と認め，類似するものは同じように扱うという意味で，商法583条2項の類推適用をなすのが妥当であろう。すなわち，倉庫証券の所持人は，商法583条2項の類推適用を受け，保管料その他の費用の支払義務があるとすべきである。

（2）留置権および先取特権　倉庫業者は，保管料の支払請求権および立替金その他の費用の償還請求権を確保するため，その寄託物の上に民法上の留置権（民295条），および動産保存の先取特権（民311条5号，321条）を有し，さらに寄託物の競売代金の上に先取特権が認められている（商624条2項，624条1項）。また，寄託者が商人であるときは，商法上の留置権が認められる（商521条）。

（3）供託権および競売権　倉庫業者は，寄託者あるいは倉庫証券の所持人が寄託物の受取りを拒絶し，また，受取りができない場合は，寄託物を供託し，また，競売をなすことができる（商624条1項前段）。これは，保管期間満了時において，寄託物を引き渡すことについて倉庫業者が有する利益を保護するために認められた権利である。寄託物が競売に付された場合，寄託物の上に質権を有する質入証券の所持人の権利はその競売代金の上に存在することになる（商624条1項後段）。倉庫業者は，競売代金より，競売の費用・保管料・立替金その他の費用を控除し，なお残額があった場合には，それを預証券または質入証券の所持人に支払えばよい（商624条2項，611条，612条）。

第8節　倉庫証券

1　倉庫証券の意義および種類

　倉庫証券とは，倉庫営業者に対する寄託物返還請求権を表章する有価証券であって，寄託中の物品を簡易迅速に売却させ，かつ，質入れをして金融を容易に得させるために認められた制度である。
　現行商法上認められる倉庫証券は，預証券・質入証券および倉荷証券である。この倉荷証券の意義は預証券と質入証券とを一体として考察したものである。なお預証券と質入証券との関係については後に詳述する。また，倉庫証券はその権利者の表示に関連して，記名式・選択無記名式および無記名式の3種が認められる。

2　倉庫証券の性質

　倉庫証券は貨物引換証と同一の性質を有しており，そこで述べた説明が倉庫証券の性質についても当てはまる。ただ倉庫証券の特異性に基づき要式証券性・受戻証券性および質入証券の指図証券性について異なるところがあるので，それについて説明する。
　（1）要式証券性　わが国の商法は，既述のように併用主義を採っており，単券を発行したときは，証券上に「倉荷証券」である名称を，複券を発行したときには，それぞれの証券上に「預証券」，「質入証券」である名称を記載しなければならない（通説）。
　（2）受戻証券性　預証券の所持人は，原則として，自己の所持する預証券と被担保債権の弁済をなして質権者から取り戻した質入証券の2券との引換えでなければ，寄託物の返還請求はできない（商620条）。この受戻証券性の特異性はあくまでも寄託物の返還請求権との関係においてのみ認められるものであって，質入証券が被担保債権との関係において有する受戻証券性については別段特異性を有するものではない。すなわち質入証券の所持人はその質入証券との引換えに，預証券の所持人より被担保債権の弁済を受けることができるのである。また質入証券の所持人は，預証券の所持人より弁済を得ること能わざる場合において，倉庫営業者に対し競売代金ないしは供託金よりの支払を請求し（商611条1項，624条），更に不足額

につき質入証券の裏書人に対して償還の請求をなすことができるが（商613条），この場合にも質入証券との引換えにおいてのみ，その支払を請求することができる。

　（3）指図証券性　　質入裏書（商606条）がなされるまでは，これを各別に譲渡することはできない（商603条2項）。

3　倉庫証券の発行

　倉庫証券が発行される場合については，既に倉庫営業者の義務の1つとして説明した。すなわち，

① 　倉庫営業者は，受託者の請求によって，預証券および質入証券，ないしは倉荷証券を発行しなければならない（商598条，627条1項）。

② 　倉庫営業者は，倉庫証券の所持人が寄託物を分割し，その各部分に対して新証券の交付の請求をうけたときは，旧証券と引換えにそれに応じなければならない（商601条1項）。

③ 　また，倉庫営業者は，倉庫証券の所持人が証券を滅失した場合に相当の担保を供して再発行を請求したときは，それに応じなければならない（商605条）。

4　倉庫証券の方式

　倉庫営業者は預証券・質入証券および倉荷証券に次の事項を記載し署名しなければならない（商599条，627条）。すなわち，受寄物の種類・品質・数量，およびその荷造の種類・個数ならびに記号，寄託者の氏名または商号・保管の場所・保管料・保管期間，受寄物に保険をつけたときは保険金額・保険期間および保険者の氏名または商号・証券の作成地および作成の年月日・および各証券の名称を記載しなければならない。

5　倉庫証券の効力

　預証券および質入証券，または倉荷証券にも，貨物引換証と同様，それぞれ，債権的効力（商602条，627条2項，527条），および物権的効力（商604条，627条2項，573条，575条）が認められている。なお，これに関する詳細は先に述べた貨物引換証に関する説明に譲ることにする。

6 複券発行の効果1──預証券と質入証券の一体性

　複券主義のもとにおいては，預証券と質入証券とが一体をなして，寄託物の返還請求権を表章する。この関係を預証券と質入証券の一体性という。その結果，質入証券は第1の質入裏書がなされるまでは，預証券と分離して，これを譲渡することができない (商603条2項)。また，預証券だけ，あるいは質入証券だけを呈示しても寄託物の返還請求としての効力は生じない (商517条)。したがって，一方の証券だけでは寄託物を受け戻すことができないということになる。

　しかし，質入証券は，寄託物の質入れのために使用するものであるから，質権設定前にあっては，質入証券は無価値なものであり，預証券から独立した存在価値を持っていない。したがって，質入証券に第1の質入裏書があるまでは，法律上当然の指図証券性は，預証券のみに認められるものであって，預証券に裏書があれば，当然にそれに伴って譲渡される。

　また，倉庫証券の本体たる寄託物の返還請求権を表章しているのは預証券であって，質入証券ではない。このことは倉荷証券について，預証券に関する規定を準用していることからもうかがい知ることができる (商627条)。質権設定後の質入証券は，被担保債権，および，この被担保債権を担保する寄託物上の質権の双方を表章する有価証券として，預証券から独立した価値を有することとなる。

7 複券発行の効果2──質入証券の質入れ

　(1) 質入れの形式　　預証券および質入証券の最初の所持人が，寄託物の上に質権を設定するには，質入証券に債権額，利息および弁済期を記載して，第1の裏書をなし (商606条1項)，かつ，この質入証券を債権者に交付することによってその効力が生ずる (商604条，575条)。この質権を第三者に対抗するためには，質権者 (したがって第1の被裏書人) が，債権額，利息および弁済期を預証券に記載し，これは署名しなければならない (商606条2項)。これは，預証券の譲受人に被担保債権の範囲を明らかにし，預証券の流通に障害を与えないためになされるものである。これによって質入証券は独立の証券となり，被担保債権と質権とを表章する有価証券として，以後裏書によって移転することができる。質入証券の第2以下の裏書行為

は，質入証券の所持人の資本の回収としての意味を有する。この第2以下の質入裏書の形式については，手形の裏書に関する規定が準用される（商519条，手12条～14条2項）。

（2）質入れの効果　　第1に，質入証券の所持人は，証券上に記載された債権の弁済期に，預証券の所持人に対し，預証券に記載された債権額および利息を請求することができる（商607条）。このように預証券の所持人に質入証券の支払義務を認めたのは，預証券には債権額および利息が記載されているため，預証券の取得に際し，その額を差し引いて取得するのが通常だからである。なお，この預証券の所持人の責任は物的有限責任であるから，寄託物が倉庫営業者の責に帰すべからざる事由によって消滅した場合には消滅し，質入証券の所持人は，償還請求ないしは保険金の請求をなさなければならない。

　第2に，質入証券の所持人の債権の弁済は，倉庫営業者の営業所においてなされる（商608条）。なぜなら質入証券が質入れされた後は，預証券も独自に譲渡され，債権者も債務者も，相手方を知ることが不可能であるので，各証券に記載された弁済期に，倉庫営業者の住所において弁済することにしたものである。

　第3に，質入証券の所持人が，弁済期において適法な請求をなしたが，預証券の所持人より弁済を受けることができなかったときは，質権の実行をなすことができ（商609条，610条），更に不足あるときは裏書人に償還請求をなすことができる（商613条）。ここで，質権の実行について検討しよう。質入証券の所持人が，質権を実行するためには，適法な呈示があったにもかかわらず，弁済期に支払が拒絶されたことを証明するために，手形に関する規定にしたがって，拒絶証書を作成せしむることを要する（商609条）。そして，この拒絶証書の作成の日より1週間を経過した後，寄託物の競売を請求することができる（商610条）。

　この拒絶証書の作成は，裏書人に対する償還請求権を保全するための唯一の手段であるが（商614条），預証券の所持人に対する請求権の保全の要件ではない。また，拒絶証書の作成後，競売の請求までの間の1週間は，預証券の所持人に資金調達の猶予期間を与えようとするものである。したがって質入証券の所持人が弁済期に支払の請求をしたが拒絶された場合に

は，たとえ拒絶証書の作成をしなかったとしても，弁済期より1週間後に競売の請求をなすことができる。

なお，預証券の所持人が寄託物の受領を拒んだ場合，または受領不可能のため，商法524条1項および2項の規定に従って競売がなされているときは，右のような手続を要しない（商624条）。

倉庫営業者は，競売代金の中より，競売に関する費用・受寄物に課すべき租税・保管料その他保管に関する費用，および立替金を控除して，その残額を質入証券の所持人に，証券と引換えに支払うことを要する（商611条1項）。そして，なお残余があるときは，預証券の所持人に対し，その証券と引換に支払うことを要する（同条2項）。

これに反し，競売代金をもって，質入証券の所持人が，その債券の全額の弁済を受けることができなかったときは，倉庫営業者より券面上にその支払を得た金額の記載を受け（商612条），その不足額を，質入証券の裏書人に対して請求することができる（商613条1項）。この権利を償還請求権という。

これは預証券の所持人の責任を物的有限責任としたことに対応して，質入証券の所持人を保護するために認められた法律上の特別な担保責任制度である。この償還請求の手続，方法などについては手形に関する規定を準用する（商613条）。ただし，この質入証券の所持人の償還請求権は，拒絶証書を作成しなかったとき，または拒絶証書の作成の日より2週間内に寄託物の競売を請求ない場合にあっては，消滅する（商614条）。

第4に，質入証券の所持人の有する預証券の所持人に対する権利は，弁済期より1年で時効により消滅する（商615条）。また，質入証券の裏書人に対する償還請求権は，寄託物につき弁済を受けたときから6か月で時効により消滅する（同条）。また，償還を果たした質入裏書人の前者に対する再償還請求権も，償還をなした日より6か月で時効により消滅する（同条）。

（3）複券発行の効果3―質入れをなした場合の預証券

① 先に述べたごとく，預証券と質入証券の所持人が，質入証券をもって寄託物に質権を設定した場合においては，それ以後預証券と質入証券と別人が所有することとなり，各別に流通することになる。この場合における預証券の所持人の地位は，第1に，質入証券に記載した債権額およ

び利息を弁済する義務を負い（商607条），第2に，その弁済によって質入証券を受け戻した上で，その2券を呈示し，かつ，その2券との引換えにおいて寄託物の返還を請求する権利を有する（商620条）。
② 商法607条が，預証券の所持人に第1の義務を認めたのはおよそ次のような理由に基づく。すなわち，預証券だけの所持人は自ら寄託物の上に質権を設定して金融を得た者であるか，あるいは，その者より寄託物の価額から券面上の債権額および利息を差し引いた額を支払って，預証券の譲渡を受けた者であるかのいずれかである。また一方，質入証券の所持人は，自ら金融を与えて質権者となった者であるか，あるいは，その者の地位を譲り受けた者かいずれかである。とするならば預証券の所持人は，それが自ら質権を設定した者であるか否かを問わず，また，質入証券の所持人は，それが質入証券の第1の被裏書人であるか否かにかかわらず，等しく前者は後者に対して質入証券に記載した債権額および利息を弁済すべき義務があるということができる。

　ただし，ここにおいて注意すべきことは，この預証券の所持人の義務は，法律上寄託物の限度に縮減された，いわゆる物的有限責任とされていることである。したがって，寄託物が倉庫営業の責に帰すべからざる事由によって消滅したときは，預証券の所持人の責任は消滅し，この場合，質入証券の所持人は，償還請求および保険によって救済される。このように，預証券の所持人が物的有限責任にされる理由は，預証券の流通性を前提としてその譲受人の利益を保護するためである。
③ 預証券の所持人は，質入証券を受戻して，はじめて寄託物の返還を倉庫業者に対して請求することができるが（商620条），商法は質入証券の所持人の利益を害さない範囲で次の2つの例外を認める。その第1は，質入証券に記載した債権の弁済期前においても，預証券の所持人はその債権の全額および弁済期までの利息を倉庫営業者に供託する場合であり（商621条），その第2は，寄託物が種類および品質を同じくし，かつ，可分物であるときは，預証券の所持人が債権額の一部およびその弁済期までの利息を供託した場合である（商622条1項前段）。第1の場合にあっては，全寄託物の返還を請求することができ，また第2の場合にあっては，その割合に応じた寄託物の一部返還を請求することができる。この第2

の一部出庫の場合には，供託を受けた金額および返還した寄託物の数量を倉庫業者は預証券に記載し，かつ，その旨を倉庫証券控帳に記載しなければならない（同条1項後段）。また，この一部出庫に関する費用は，預証券の所持人がこれを負担する（同条2項）。右の全部出庫および一部出庫の場合において，質入証券の所持人は，以後倉庫業者の保管する供託金の上にその権利を有することとなる（商623条1項）。

（4）単券（倉荷証券）の効果　倉荷証券とは，寄託物の返還請求権を表章する有価証券をいう。この点において，複券を発行した場合の預証券として類似しているので，商法は倉荷証券について預証券に関する規定を準用している（商627条2項）。ただし，預証券は質入証券と一体となってはじめて完全な物品証券となるのに対し，倉荷証券は単独で完全な物品証券となる。この差異に基づき，商法は，倉荷証券の効力に関し，次のような特別規定を設けている。

① 倉荷証券が発行された場合において，その所持人が寄託物の上に質権を設定するためには，倉荷証券自体を質権者である債権者に引き渡さなければならない（商627条）。
② 倉荷証券の所持人が質権を設定した場合にあっては，たとえその被担保債権が寄託物の価格の一部分であったとしても，証券の占有を失うので，その返還が全く不可能となる。

　そこで商法は，この場合の不便を回避し，民法の例外として，債権者の承諾があるならば，たとえ債権の弁済期前であっても，寄託物の一部返還を請求することができると規定した（商628条前段）。なお，この場合，倉庫営業者は返還した寄託物の種類・品質および数量を倉荷証券に記載し，かつ，その旨を倉庫証券控帳に記載しなければならない。

第9節　場屋取引

1　場屋取引の意義

　場屋取引とは，客の来集を目的とする場屋の取引（商502条7号）をいう。商法が例示する場屋には旅館（旅館，ホテル），飲食店（レストラン，食堂，喫茶店），浴場（公衆浴場，サウナ），興業場（映画館，劇場，コンサート・ホール，有料

スポーツ施設など）があるが，そのほか美術館，博物館，テーマパーク，レジャーランドなどがこれにあたる。ゴルフ場もこれにあたるとした判例もある（名古屋地判昭59・6・29判タ531号176頁）。一般にサービス業と呼ばれるものであるが，これらの営業は多数の客の来集に適する場所・設備・従業員・役務などを用意し，これを利用せしめることを目的としている。

　場屋でなされる取引の形態は多種多様であり，場屋の種類に従って契約も売買，賃貸借，労務の提供，請負あるいはこれらの混合契約など多種多様にわたっている。商法は，これら場屋取引自体については，多数の客の来集のある場所であり，客の所持品の紛失・盗難なども多く発生しがちであるところから，客の所持品の安全を確保する観点から場屋業者に対して寄託に関する責任を課したに止まる。その他の私法関係については，直接的規制はせず個別的取引に関する民法・商法の規制に委ねる。また約款によって法律関係が規定されることが多い。なお，公衆衛生や健全な風俗環境の確保などの観点からの各種行政規制がなされていることが多い。

2　場屋営業者の責任

（1）客から寄託を受けた物品に関する責任　　旅館・飲食店・浴場その他客の来集を目的とする場屋の主人は，客より寄託を受けた物品の滅失または毀損につき，不可抗力によって生じたことを証明しない限り，その損害の賠償責任を免れえない（商594条1項）。ここに客とは，場屋取引における設備の利用者をいう。利用契約が締結されていなくても，設備利用の意思をもって場屋に入った者と認められるときは客といってもよい。次に主人とは，営業設備の所有者ではなく，営業主を意味する。

　営業主が損害賠償責任を免れるためには，不可抗力によることを証明しなければならない。しかし，不可抗力の意味に関しては，事業の性質に従って最大の注意を施してもなお避けることのできない危害とする見解（主観説）や，事業の外部から生じたできごとであって，通常その発生を期待しえない危害をいうとする見解（客観説）などの諸説がある。しかし通説・判例（大判大2・12・20民録19輯1036頁）は，事業の外部から生じたでき事で，通常必要とされる予防方法をもってしても，その発生を防止することのできない危害とする（通説）。企業の無過失責任主義の抬頭，危険分散のための保

険制度の整備，約款による賠償額の制限が可能なこと，地位の互換性のない利用者・消費者を保護すべきだとする社会的要請などを考慮すると，折衷的な通説が妥当であろう。

　（2）客から寄託を受けない物品に関する責任　客が特に寄託しない物品であっても，場屋中に携帯した物品が場屋の主人または使用人の不注意によって滅失または毀損したときは，場屋の主人は損害賠償責任を負わなければならない（商594条2項）。ここに使用人とは，必ずしも主人との間に雇用関係があることを要せず，その場屋取引のために使用されている一切の者をいう。したがって，営業主の家族や手伝っている友人なども含まれる。この場合の営業主の負う責任の性質は，その物品につき客と営業主との間になんら寄託契約が存しないので，契約責任とはいえない。また，客と営業主との間に場屋の利用契約があるので，いちがいに不法行為責任ともいえない。そこで，学説は，法が場屋の営業主に認めた特別の法定責任であるとしている（通説）。なお，ここにいう不注意とは過失と同義であり，善良なる管理者の注意を基準として，その有無が判断される（商593条）。その立証責任は客の側にある。

　（3）免責告示による責任の軽減・免除　以上述べた場屋営業主の責任に関し，営業主は個々の客との間に責任の軽減あるいは免除の特約を締結することは差し支えない。場屋営業主の責任に関する規定は任意規定だからである。ただし，営業主に故意がある場合にまで免責特約を結ぶことは許されない（民90条）。なお，営業主が一方的に「客ノ携帯品ニ付キ責任ヲ負ハサル」旨の告示をなしたとしても，責任を免れることはできない（商594条3項）。たとえば，公衆浴場において，「錠のない脱衣箱を使用するな」というような場合である。けだし，このような告示は，単に客に対して注意を促すという，いわば警告的な一方的意思表示であって，免責の特約とみることができないからである。

3　高価品に関する責任

　貨幣・有価証券その他の高価品については，客がその種類および価格を明告してこれを主人に寄託したのでなければ，その場屋の主人はその物品の滅失または毀損によって生じた損害を賠償する責を負わない（商595条）。

この規定は，物品運送の商法578条と同様の趣旨に基づくものである。なお，判例は，本条が債務不履行に関する規定であるから，不法行為責任に関する規定の適用は妨げられないとするが，法条競合説の立場からはとりえない。

4 責任の消滅事項

場屋営業主の責任は，場屋の営業主が寄託物を返還し，または，客が携帯品を持ち去った後1年を経過したときは，時効によって消滅する（商596条1項）。この起算点は，物品の全部滅失の場合には，客が場屋を去ったときとされる（同条2項）。ただし，場屋の営業主に悪意があったときは，この短期消滅時効の規定は適用されず（同条3項），商事時効の規定（商522条）が適用される。ここに悪意とは，客の物品を滅失毀損させたことにつき，営業主または使用人に故意があった場合をいう。

5 安全配慮義務

客の携帯した物品に対しては寄託の有無にかかわらず滅失毀損した場合には，営業主は責任を負わなければならないが，場屋の客が場屋の利用中に生命・身体に異常が生じた場合にも，営業主は責任を負うことがある。

場屋は，利用客の生命・身体の安全を保証してはじめて営業が成り立つものといえる。したがって，場屋の営業主は利用客の生命・身体に対する安全保護義務を負う（東京地判平7・9・27判タ900号229頁）。この義務は，場屋利用契約（旅館やホテルの場合は宿泊契約）によるものと解される。したがって，たとえば場屋の利用客が急病になったような場合には，営業主は医師の診断を要すると予想しまたは予想すべき場合には，医師の往診を依頼するとか，救急車による救急病院への搬送を依頼するなどの措置を講ずべき義務があり，これに違反した場合には民事責任は免れえないというべきである。

第3章　支払決済法

第1節　総　説

1　企業取引と支払決済方法の多様化

　売買などの取引を行うと，当事者の一方は商品やサービスを提供すべき債務を負担し，他方はその対価としての金銭を支払うべき債務を負担する。この債権債務は，一方が商品・サービスを提供し，他方が金銭を支払うことによって消滅する。どちらの行為も弁済というが（民474条以下），このうち，代金の支払いによって金銭債務を消滅させることを支払決済という。

　支払決済には，現金，銀行振り込み，郵便振替，クレジットカード，デビットカード，電子マネーなど多様な方法がある。しかし，企業間の取引で多く用いられている支払い方法は手形や小切手による支払いであり，継続的取引関係にある企業間では，交互計算やマルチネッティングという決済方法も用いられることもある。ここで，多様な支払決済の方法について概観してみよう。

　（1）現金による決済　　金銭で支払う方法であるが，支払い時期は契約締結の際，商品受け取りの際に支払うものである。

　（2）代金引換　　売主が運送契約を結ぶ運送業者と商品代金集金委託契約を結び，代金と引換に商品を買主に引き渡す方法である。通信販売などにおいて多く利用されている。

　（3）コンビニ決済　　コンビニエンスストアの店頭で公共料金の支払や通信販売で購入した商品の受け渡しの際に買主が代金を支払うものである。

　（4）銀行振込　　銀行などの金融機関に開設された預貯金口座に宛てて，金銭を払い込むことである（**図5**参照）。金融機関の営業窓口でもできるが，ATMによる振込が可能であり，キャッシュカードによるのが一般的である。

　なお，海外に送金する方法には，電信送金を用いる方法と，送金小切手もしくは為替証書を用いる方法がある。前者の方法では，わが国に本支店のある銀行（仕向銀行）に送金依頼をすると，海外に本支店があり，そこに

図5 異なる銀行間での振込取引

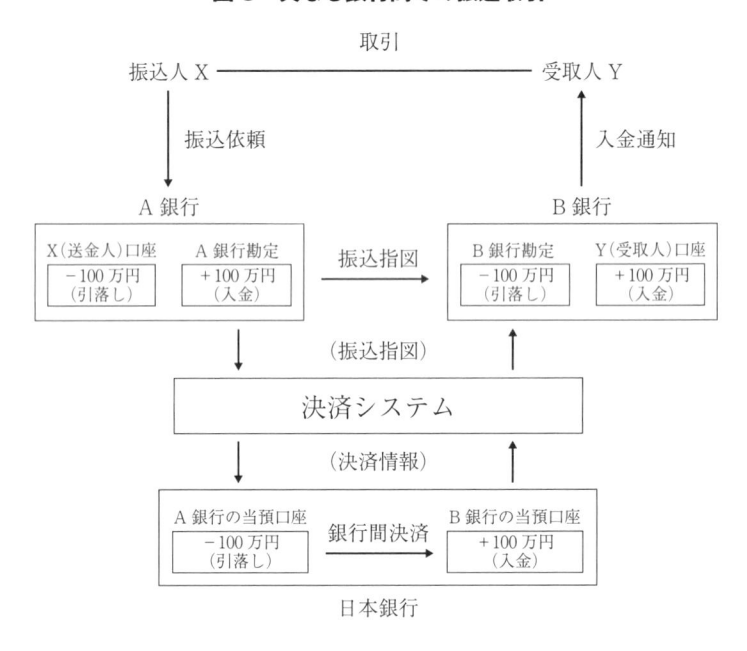

```
                          取引
        振込人 X ─────────────────────→ 受取人 Y
            │                              ↑
      振込依頼│                              │入金通知
            ↓                              │
          A 銀行                          B 銀行
   ┌─────────┬─────────┐    振込指図   ┌─────────┬─────────┐
   │X(送金人)口座│ A銀行勘定 │ ─────────→ │ B銀行勘定 │Y(受取人)口座│
   │ －100万円  │ ＋100万円 │             │ －100万円 │ ＋100万円  │
   │ (引落し)  │  (入金)  │             │ (引落し) │  (入金)   │
   └─────────┴─────────┘             └─────────┴─────────┘
            │           (振込指図)            ↑
            ↓                               │
         ┌────────────────────────────────────┐
         │           決済システム              │
         └────────────────────────────────────┘
            │           (決済情報)            ↑
            ↓                               │
      ┌──────────────┐   銀行間決済   ┌──────────────┐
      │A銀行の当預口座│ ─────────→   │B銀行の当預口座│
      │  －100万円   │               │  ＋100万円   │
      │  (引落し)    │               │   (入金)    │
      └──────────────┘               └──────────────┘
                          日本銀行
```

一般社団法人　全国銀行資金決済ネットワーク（全銀ネット）ホームページ
http://www.zengin-net.jp/zengin_net/domestic_exchange/　より作図

　受取人が口座を有する場合には，仕向銀行の本支店から送金することができる。仕向銀行の本支店はないが，受取人の取引銀行が仕向け銀行とコルレス関係にある場合（仕向け銀行と互いに自行の口座を開設している場合）には，その銀行に送金することになる。コルレス銀行の本支店もない場合には，受取人の取引銀行とコルレス関係にある銀行を経由して送金することとなる。

　つぎに，送金小切手や為替証書（ゆうちょ銀行や国際送金取扱郵便局）を用いて送金する方法である。送金者は，その小切手や証書を海外の受取人に郵便などで送付し，受領した受取人が居住地域の郵便局に持参し，換金するという方法である。

　（5）郵便振替　払込書を利用して相手口座に送金することをいい，郵便貯金の窓口の他，払込書の受付機能つきのATMでも取扱可能であり，

現金による払込みの他に，通常貯金や貯蓄貯金の通帳，キャッシュカードを利用して払込むこともできる。

(6) 郵便為替　郵便為替は普通為替，電信為替，定額小為替の3種があり，普通（電信，定額小口）為替証書を発行して差出人に交付し，差出人が指定する受取人又は持参人に普通（電信，定額小口）為替証書と引換えに為替金を払うものである。

なお，海外へ送金する場合にも，為替証書（ゆうちょ銀行や国際送金取扱郵便局）を用いる方法がある。送金者は，為替証書を海外の受取人に郵便などで送付し，受領した受取人が居住地域の郵便局などに持参し，換金するという方法である。

(7) クレジットカード　商品を購入する際の決済（支払）手段の1つ。又は，契約者の番号その他が記載され，及び記録されたカード型の証票等である。磁気（磁気ストライプ）によるものとICによるものがある。

支払回数については1回（一括払い），分割払い（アドオン払い：利用額に利率を掛け，その総額を分割払いする方法），リボルビング払い（クレジットカード会社が定める最低の金額以上であれば返済額を自由に定めることができる支払方法）などがある。使用代金の支払サイト（締め日から引き落とし日までの期間）は，カードの種類や発行会社によって異なるが，月末締め翌月27日引き落としや，15日締め翌月10日引き落としなどがあり，結果として最長50日間程度の与信がなされることとなる。

(8) デビットカード　店頭での支払い決済において，銀行などの金融機関と郵便貯金の預貯金口座から引き落として支払う事が出来るカードである。日本では，通常，キャッシュカードをそのままデビットカードとして使用している。クレジットカードと異なり即時決済となるため，預金残高が無ければ支払をすることはできない。

(9) 電子マネー　貨幣価値をデジタルデータ化し，コンピュータ上で決済されるものである。これには，貨幣価値データを記録するICカード型電子マネーと，貨幣価値データの管理をネットワークを通じて決済を行なうネットワーク型電子マネーの2種類がある。

前者の，プリペイド型のICカード型電子マネーは携帯電話などにも搭載されるなど普及しているが，後者も普及しつつある。

(10) **オンライン・バンキング**　インターネットバンキングとも呼ばれ，インターネット経由で銀行などの金融機関のサービスを利用することをいい，口座振り込み，振り替え，口座管理などができる。決済方法の中で大きな割合を占める。

　(11) **交互計算**　ネッティングとも呼ばれ，取引などで発生した債権・債務を，特定の期日に相殺して差額だけを決済することをいう。継続的取引において交互計算を利用すると，為替手数料や送金手数料の節減となる。

　(12) **マルチ・ネッティング**　複数の関連会社間の取引で発生した外貨債権・債務を相殺し，差額のみを決済する方法をいう。1998年4月施行の改正外為法によって自由に行えるようになった。多国籍企業がネッティングセンターを設立し，国際的な規模でマルチ・ネッティングを行っている。この結果，金融機関で決済を行なう資金総額，決済回数とも減少し，利用者にとっては為替手数料その他の外為手数料の削減が期待できる。

　(13) **小切手**　銀行などの支払場所において，所持人に対し振出人の預貯金口座から券面に表示された金額が支払われる証券である。広く支払の手段として用いられる。

　(14) **約束手形**　約束手形とは，振出人が，受取人またはその指図人もしくは手形所持人に対し，一定の期日に一定の金額を支払うことを約束する証券である。

　かつては企業取引の代表的な決済方法として約束手形であったが，目的が支払のみである場合には，銀行送金が多くなっている（全国銀行協会各年次版決済統計年報参照）。

　手形利用の大幅な減少には，経済規模の縮小などの要因も考えられるが，コストのかからない決済方法の多様化も要因の1つといえよう。

　(15) **為替手形**　為替手形の振出人（発行者）が，第三者（支払人）に委託し，受取人またはその指図人に対して一定の金額を支払ってもらう形式の証券である。主として海外との貿易など遠隔地との取引をする際に，現金を直接送ることの危険を避けるために用いられることが多い。貿易取引ではB/E（Bill of Exchange）という。

2 金融機関などによる決済システム

　代金を支払うことによって金銭債務を消滅させる行為を決済という。その最も一般的な方法は，直接債権者に金銭を支払うことである。しかし，支払う金銭の額が大きくなったり，債権者が遠隔地にいる場合など直接債権者に支払うことが困難となる場合がある。もし債権者と債務者の間に立って決済の仲介をする第三者がいたならば，双方にとって利点がある。こうした決済仲介機能を担ってきたのが銀行である。つまり，銀行にある債権者・債務者の預金口座を利用することによって，現金を使わずに振込や口座振替という方法で債権・債務関係を清算することができる。こうした銀行の有する機能を決済機能というが，銀行は，大量の決済業務を引き受けており，これを迅速に処理するために，決済の仕組みのコンピュータ化，オンライン化を図っている。この代金受払いの仕組みのことを資金決済システムといい，これには，日銀ネット，内国為替制度（全銀システム），外国為替円決済制度（外国為替円決済システム），手形交換制度，全国キャッシュサービスがある。

　（1）日銀ネット　　日本銀行は，「資金決済の円滑の確保」という目的を達成するため，銀行その他の金融機関との間で預金取引を行っており（1条），銀行その他の金融機関はそのための当座預金口座を日本銀行内に設けている。日本銀行と銀行などの金融機関との間は通信回線で結ばれ，金融機関相互間の資金決済などがオンラインで処理される。この資金決済システムを「日本銀行金融ネットワークシステム」という（日銀ネットと呼ばれる）。

　（2）全銀ネット　　全銀ネットは，正式には「全国銀行データ通信システム」といい，全国銀行協会会員である金融機関と通信回線で接続され，金融機関相互間の内国為替取引をオンラインで決済を行うための銀行間ネットワークシステムである。振込等の銀行から送られてきた為替取引に関するデータは全銀システムのコンピュータセンター（全銀センター）で処理され，直ちに受取人の取引銀行宛に送信される。これと同時に，全銀システムでは，銀行からの支払指図を集中計算したうえで，各銀行毎に算出した受払差額（決済尻）を一日の業務終了後に日本銀行に対してオンラインで送信する。日本銀行では，全銀システムからの送信内容に基づいて各銀行と全銀ネットとの間で日本銀行当座預金の入金または引落しを行い，こ

れにより最終的な銀行間の為替決済が完了することになる。

 (3) 外国為替円決済システム（外国為替円決済制度） 海外から日本国内へ円資金の送金を依頼した場合や，銀行間で外国為替の売買を行った場合において，銀行間の円資金の決済を集中的に行うための制度が外国為替円決済制度であり，そのシステムを外国為替円決済システムという。このシステムは全国銀行協会が運営していたが，現在は，支払指図の交換や決済を日本銀行に委託し，日銀ネットを利用したオンラインで処理されている。

 (4) 手形交換制度 銀行に持ち込まれる大量の手形や小切手を手形交換所に持ち寄り，お互いの銀行が支払うべき手形類を相互に交換して，受取額と支払額の差額を日本銀行で決済する制度が「手形交換制度」である。

 (5) 全銀電子債権ネットワーク 電子記録債権制度は，中小企業など事業者の資金調達の円滑化を図るため創設された制度である。平成24年5月の開業が予定されている。

 (6) 全国キャッシュサービス（MICS） 全国キャッシュサービスは，民間金融機関の各業態相互間のCD・ATMのオンライン提携ネットワーク網で，これにより，加盟金融機関が発行するキャッシュカードの保有者は，全国の金融機関のCD・ATMによって現金の引出し，残高照会などができるようになった。

3　金融機関以外の決済システム

　これまで決済機能の主たる担い手は銀行であったが，銀行以外の第三者が営業として仲介し決済する場合がみられるようになった。たとえば，通信販売でよく利用される，いわゆる代引決済では，宅配業者が販売者と消費者との間にたち，販売業者から依頼を受けて消費者に商品の引き渡しをすると同時に，消費者から代金の支払いを受け，取引が完了する形をとる。こうした金融機関以外の決済ステムを規制するのが資金決済法である（平成21年法59号）。これにより，銀行以外の者が行う為替取引の安全性，効率性及び利便性の向上が図られるといえる。

第2節　約束手形

1　約束手形とはなにか

（1）約束手形の意義　約束手形とは，振出人が，受取人またはその指図人もしくは手形所持人に対し，一定の期日に一定の金額を支払うことを約束する有価証券である。

約束手形は次のように利用される。たとえば，機械の購入代金100万円を3か月後に支払うという場合に，買主は3か月後を支払い期日とする額面100万円の約束手形を売主に発行する。手形の受取人である売主は3か月後に買主に約束手形を呈示すれば代金100万円を支払ってもらえる。それまで待てないときは，売主はこれを他に譲渡してその代金を入手することや，それを担保に金融をえることも可能となり，大変便利である。このように約束手形は，商取引においては主として代金の延払い手段として利用される。

（2）約束手形の利用とそのメカニズム（**図6**参照）

① 手形を利用しようとする者は，まず銀行との間で当座勘定取引契約を結び，全国銀行協会が制定する統一手形用紙の交付を受ける。手形用紙の規格や書式は手形法によって特に定められていないが，統一手形用紙を用いなければ銀行は割引などの取引に応じないため，実際上は統一手形用紙による手形しか利用されない。

② 約束手形用紙を受け取った買主は，売買などの取引の決済手段として約束手形に必要な事項を記載し，売主に交付する。これを手形の振出という。

③ 約束手形の振出を受けた売主は，これを自分の取引銀行に預け手形代金の取立を委任（取立委任裏書）する。

④ 取立委任を受けた銀行（持出銀行）は，支払期日が到来すると手形交換所を通じて支払銀行からその手形金額の支払いを依頼し，⑤依頼を受けた持帰銀行（支払銀行）は振出人の当座預金口座から手形金額を引き落とし，⑥持出銀行に振替決済をする（日銀振替決済システムの利用）。

⑦ 一方，支払いを受けた持出銀行は取立委任者である買主の口座に入金する。

図6 約束手形の利用とそのメカニズム

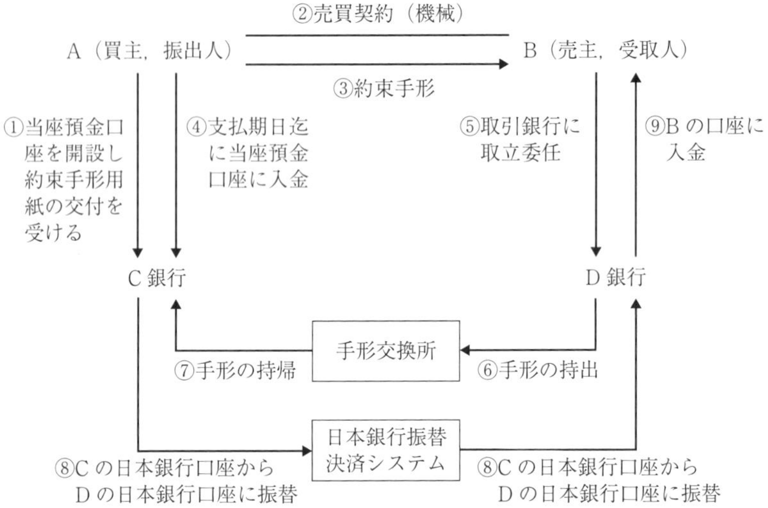

```
                    ②売買契約（機械）
     A（買主，振出人）─────────────→ B（売主，受取人）
                       ③約束手形

①当座預金口   ④支払期日迄      ⑤取引銀行に      ⑨Bの口座に
 座を開設し    に当座預金       取立委任         入金
 約束手形用    口座に入金
 紙の交付を
 受ける
      ↓           ↓             ↓              ↑
         C 銀行                        D 銀行
                    ┌──────────┐
         ─────────→│ 手形交換所 │←─────────
         ⑦手形の持帰 └──────────┘ ⑥手形の持出

                  ┌──────────┐
                  │ 日本銀行振替 │
                  │ 決済システム │
                  └──────────┘
  ⑧Cの日本銀行口座から            ⑧Cの日本銀行口座から
   Dの日本銀行口座に振替            Dの日本銀行口座に振替
```

（3）約束手形の利用目的

① 代金の支払い手段

　企業取引は多くの取引をし，その取引額も大きい場合が多いため，現金による支払いは不便であり，危険も伴う。この点，手形による支払いは，小切手や銀行振込みなどと同様に便利である。

② 代金の延払い手段

　買主が売主に対する代金の延払い手段として利用される。買主にとっては，支払日まで手持ち資金を減少させることなく必要な物を購入することができ，売主にとっても，信用供与を伴う販売条件として利用することができる。しかも，通常の売掛債権（契約書）よりも，手形の利用によって債権回収に伴うリスクが低減される。買主が支払期日に手形を決済出来ない場合はその手形は不渡手形となり，半年に2回不渡手形を出すと買主は銀行取引停止処分となり，事実上倒産に追い込まれる。このため，買主は最優先で決済することとなり，その分，売主のリスクは低減されることになる。

③ 消費貸借の手段

手形貸付といわれるもので、金銭を貸し付けるにあたって、借主から借用書の代わりに貸主を受取人とする約束手形を振り出させることをいう。これも、②の場合と同様に借主は振出した手形が不渡となることを回避するために、貸金回収の確実性が証書貸付よりも高くなる。

④ 金融の手段

一般に融通手形と呼ばれるもので、金融を得たい者が、経済的信用のある者に依頼して約束手形を振り出してもらうなどして、その手形を金融機関において割引（買取）を受け金銭を確保するというものである。金銭を融通するようなことから、融通手形といわれる。金融を得たい者と、振出人との間に手形振出の原因となる取引関係がないところから、紛争が生じることがある。

2 手形行為

（1）手形行為の意義 手形行為とは、手形に署名することによって、手形債務の発生原因となる法律行為をいう。約束手形の手形行為には、振出、裏書、保証の3種があり、為替手形の手形行為には、振出、裏書、保証、引受、参加引受の5種がある。

振出とは手形を発行することをいう。裏書とは、受け取った手形を他に譲渡する際に手形の裏面に署名（又は記名及び捺印）することをいう。保証とは、振出人や裏書人の債務を保証することをいう。為替手形特有の手形行為に引受があるが、これは、為替手形の支払人が支払を約束することをいう。また参加引受とは、これらの行為を広く手形行為と呼ぶが、これらの行為のうち、振出は手形を作る行為であるところから特に基本的手形行為といい、その他の手形行為を付属的手形行為と呼んでいる。

（2）手形行為の特性 手形行為には次のような特性がある。

① 書面行為性

手形行為は、すべて手形という書面を通じて行われる。いいかえると、手形上の権利の発生、移転、行使の全てに証券が必要とされる（完全有価証券）。

② 様式性

手形の記載事項は法定されており（手1条，75条），その記載を欠けば無効とされる（手2条，76条）。その意味で手形は厳格な様式証券である。

③ 無因性

手形行為は，原因となる法律関係から独立したものであり，原因となる法律関係が無効などであって，手形の効力は有効である。

④ 文言性

手形行為者は手形に記載した文言どおりの責任を負い，証券の記載と異なることを主張できない。

⑤ 独立性

振出，裏書，保証は一通の手形に行われるが，それぞれ独立した手形行為であり，その効力については各行為毎に判断される（手7条，32条2項，77条2項3項）。これを手形行為独立の原則という。したがって，たとえば振出に実質的瑕疵があっても，裏書が有効であれば，その裏書人は後の行為者に責任を負わなければならない。

（3）手形行為の成立要件

① 形式的要件

振出した手形が有効とされるためには，手形に法の定める記載事項を全て記載することが必要である（手1条，13条，25条，31条，57条，75条，77条）。これが欠けると，原則として手形の効力は認められない（手76条1項本文）。

② 実質的要件

手形行為も法律行為であり，これが有効に成立するためには，①手形行為者が行為能力を有すること，②意思表示に瑕疵がないことが必要とされる。

①の手形行為能力については，まず未成年者は行為能力を有せず，法定代理人の同意を得なければ手形行為を行うことはできない（民法5条1項）。成年被後見人も同様である（民9条）。被保佐人も保佐人の同意なしには手形行為をする能力はないと解される（民13条）。

②については，民法93条以下の意思表示関する規定が適用されるかどうかについて議論が分かれるが，錯誤（民95条）や強迫（民96条1項）のように意思主義に立つものは，手形行為の特性に合わせて表示主義の方向に

修正し，善意の第三者に対抗できないものとすべきである。判例も，例えば，強迫による手形行為取消しの抗弁は，人的抗弁として，善意の所持人には対抗できないとする（最判昭26・10・19民集5巻11号612頁）。
③ 手形理論——証券の交付を要するか

　手形債務は，何時，どのような行為によって生じるかについての理論的説明を手形理論（手形学説）という。つまり，手形債務は手形を作成したときに生じるのか，それとも手形を相手方に交付したときに生じるのかという問題である。この点については，次の学説がみられる。

　a　創造説

　　手形債権（手形債務）は証券の作成（その中心が署名である）だけで発生し，交付は要らないとする。この説によれば，交付は手形債権発生の要件ではなく，権利移転の要件だと言うことになる。したがって，たとえば手形を作成して机に入れた場合にも，既に手形債権は発生し，盗まれたものは単なる紙切れではなく権利の表象された手形ということになる。もっとも，この場合には振出人からの交付はないから，権利は手形を盗んだ者に移転しない。しかし，その者を権利者だと信じて重過失なしに第三者がこの手形の裏書譲渡を受けると，第三者は手形債権を善意取得できることになる。

　b　発行説

　　振出人や裏書人側が相手方に対して手形を交付（発行）したときに手形債務が発生するとする。交付契約説との違いは，受取人が制限行為能力者であっても手形債権が発生することぐらいで，実際の事例では大差がない。

　c　修正発行説

　　そこで，手形行為者が署名したうえで手形を運送業者に託す場合のように，受取人や被裏書人に対する交付がなくとも，振出人や裏書人の意思に基づく第三者に対する交付（流通に置く意思）があれば手形債権が発生すると考えるのがこの学説である。この学説によれば，運送の途上で第三者の手に渡ってしまった場合にも，手形債権は発生ずみであるから，善意の手形取得者は善意取得で救済されることになる。しかし，前記の設例のように，手形行為者が机の中に入れていただけで，誰にも手形を

渡していない場合には，流通に置く意思すなわち発行があるとは言えないから，手形債務は発生しない。

　d　交付契約説

　手形当事者間に合意に基づく手形の交付がなされることを要するとする。

　e　外観理論

　交付契約説や発行説では交付がなければ手形債権は発生しないから，手形だと信じてこれを取得した第三者が不測の損害を受ける場合が少なくない。そこで，これを救済するために，手形らしい外観を作り出した手形行為者に，外観を信頼して取得した者に対する手形金相当額の支払（賠償）を義務づけるのがこの学説であり，交付契約説や発行説を特定局面で妥当性を導く考え方といえる。

3　手形の授受と既存債権（原因関係）

　手形は多くの場合，売買代金の支払いや，借入金の返済など，既存債権の支払いのために振り出されたり裏書譲渡されたりする。手形行為の原因となったこれらの売買契約や貸金契約が無効であったり取り消されたりしても，前述のように無因性によって手形行為の効力には影響がない。しかし，このように原因関係の存否によって手形関係が影響を受けないとしても，反対に，手形の授受によって原因関係ないし既存債権は影響を受けることがある。手形が授受される場合に，これによって既存債権が消滅するか否かは，当事者の意思による。手形の授受をめぐる当事者の意思は次の3つに分類される。

　(1) 支払いに代えて　既存債権の支払に代えて手形が授受される場合は，手形による代物弁済であるから，手形の授受によって既存債権は消滅する。既存債権の消滅という重大な効果が生じるので，手形の授受を支払いに代えての趣旨であると解するのは明確にその旨の意思表示がなされた場合に限られる。

　(2) 支払いのために　既存債権は手形債権と併存する。しかし，債権者は，支払いのために交付された手形債権の方を先に行使すべきである。手形が決済されれば既存債権も消滅することは言うまでもない。

（3）担保のために　　交付された手形債権は既存債権の担保として併存する。債権者は，手形債権と既存債権のどちらを先に行使してもよいとされる。しかし通常の手形は支払場所を銀行に指定した第三者方払の手形であるから，当事者は銀行に支払資金を用意し手形による取立を期待しているものと考えられる。したがって，「担保のため」と言う明確な意思が表示されていない限り，「支払いのために」交付されたものと解すべきであろう。

4　振　出

振出とは，手形を発行する行為をいう。振出が有効とされるためには，手形法の定める事項が手形に記載されなければならない。この記載事項は手形が有効とされるための要件であるところから，手形要件といわれる。手形の記載事項は次の4つに分類される。

（1）手形要件（必要的記載事項）　　手形法75条に規定されている。
① 約束手形文言
約束手形なることを示す文字を記載しなければならないが統一手形用紙では初めから印刷がなされている。
② 手形金額
一定の金額でなければならない。重複記載の場合は，「百円」という文字が「¥1,000,000」のような数字に優先し，いくつかの文字や幾つかの数字の間では最小金額が優先する。銀行実務で用いられる当座勘定規定では，所定の金額欄記載の金額によって取り扱われる。
③ 支払約束文言
これも印刷済で，「上記金額を……お支払いいたします」と記載してあるのが普通である。
④ 満期（支払期日）
確定日払，一覧払，一覧後定期払，日付後定期払の4種が認められているが，実際に用いられているのは確定日払のみである。「2か月据え置き，3日前通知払」のように法定の満期以外のものは無効である。満期の記載がない場合は一覧払とみなされるが（手76条2項），銀行実務で用いられる統一手形用紙では「平成年月日」と印刷されているから，これを抹消しない限り，単なる未記入は一覧払ではなく，確定日払の白地手形（後述）と解

すべきであろう（白地は権利行使までに補充しなければならない）。
⑤　支払地
　東京都千代田区のように最小独立の行政区画を記載すればよい。これに対して支払場所は任意的記載事項であるが，○○銀行○○支店のように記載される。
　複数記載は無効であるが，記載しない場合は，振出地又は振出人の肩書地を支払地とみなす（手76条3項4号）。
⑥　受取人
　架空人名でも有効である。記載がないと無効であるが，通常は白地手形と解されるので，権利行使時までに補充されれば良い。小切手と違って持参人払式は認められない（小5条対照）。
⑦　振出日
　実際に授受された日でなくても記載があれば有効である。行為能力の有無の判定など何時振り出されたかが問題になる場合には，記載された日に振り出されたものと推定される。しかし，反証があれば推定は覆すことができる。複数の日の記載は無効である。
⑧　振出地
　支払地と同様に最小独立の行政区画を記載すれば良い。振出地の記載がなくても振出人の名に住所地やその他の地名（肩書地）が付記されていれば，これが振出地とみなされる（手76条3項4号）。
⑨　振出人の署名
　振出人の慎重をうながすため，また偽造を防止するために必要とされる。自署（サイン）のほか，記名捺印（ゴム印などで氏名を記載し，これに朱肉の印鑑を押す）も署名に含まれる（手82条）。
　法人が振出人の場合には「○○会社代表取締役○○○○」のように法人名，代表資格，代表者氏名を記載する。
　（2）有益的記載事項（任意的記載事項）　　記載することが義務づけられてはいないが，記載すればその効力を認められるものをいう。
①　第三者方払文句（支払場所）（手77条2項，4条，27条）
　実務上は振出人が当座取引をしている銀行の本・支店を記載している。この記載は支払呈示期間内のみ有効だとするのが判例で，呈示期間経過後

は原則にかえって支払地内の振出人の営業所に請求すべきことになる。
② 裏書禁止文句（手77条1項1号，11条2項）
「裏書禁止」とか「指図禁止」の文言を記載して行うもので，手形の裏面の裏書欄全部を抹消しても裏書禁止の効力はない。この文言に違反してなされた裏書も指名債権譲渡の効力（民467, 468条）は認められる。
③ 利息文句
確定日払の場合には認められない（手5条1項）。一覧払や一覧後定期払の場合には，呈示が遅くなされた場合に利息を受領できるようにする必要があるが，確定日払の場合には予めこれを加味して手形金額を定めれば良いからである。
④ 振出人の住所地・肩書地
これを記載しておくと，支払地や振出地とみなされる（手76条3項4項）。
（3）無益的記載事項 記載しても記載の効力が認められる（記載が無効）で，満期が確定日払の手形に利息を記載する場合（手5条1項），裁判管轄の合意や損害賠償額の予定の合意を記載する場合などがこれにあたる。このほか，記載しなくても法律上当然に効力のあるものも無益的記載事項にあたる。普通用いられる統一手形用紙には「上記金額をあなたまたはあなたの指図人へこの約束手形と引替えにお支払いします。」と印刷されているが，下線部は11条（法律上当然の指図証券性），39条（受戻し証券性）から，記載しなくても同じ効果がある。
（4）有害的記載事項 記載すると手形自体が無効になるもので，「商品を受領したら支払う」などと条件付の支払文句を書く場合がこれにあたる。

5 白地手形

（1）白地手形とは 手形要件の一部を記載載せずに振り出し，後日，手形所持人にこれを補充してもらうことを予定して流通におかれた未完成手形を白地（しらじ）手形という。実務上このような白地手形が発行されるのは，長期の手形サイトを隠す場合（振出日や支払日白地），金額未確定の場合（金額白地），裏書を省略して譲渡する場合（受取人白地）などである。

（2）白地手形の要件
① 手形要件のいくつかに白地（未記入の部分）のある未完成な手形である

ことが必要である。実際に白地とされる可能性のあるものは，振出日，支払日，金額，受取人の4つである。

② 1つの署名もしくは記名および捺印があることが必要である。振出人の署名があるのが普通だが，保証人や裏書人の署名があるだけでもよい。

③ 白地補充権が授受されていることが必要である。手形要件が欠けているにもかかわらず白地手形が無効手形でないのは，手形所持人に白地部分を補充して手形を完成する権限（白地補充権）が与えられているからである。白地補充権の授与の有無については，振出人など署名者の意思によるとする説（主観説）と，手形に署名がなされている場合には白地手形と推定すべきとする説（客観説または折衷説）があるが，善意の手形取得者の保護の視点からは後者が妥当であろう。

④ 手形が受取人等への交付または発行されていることが必要である。ただし，創造説にたった場合には受取人等への交付または発行が必要とされないことになる。

（3）白地の不当補充（補充権の濫用） 振出人など補充権を与えた者（白地手形行為者）の意思に反して補充がなされた場合，関係者はどのような責任を負担することになるが問題となる。例えば，手形金額を約100万円くらいという約束で振り出したところ，所持人から1億円と記入された手形を呈示された場合である。

この点について，手形法補充権を与えた白地手形行為者は，善意の手形取得者に対しては補充された文言どおりの責任を負わなければならないものとし，しかし，悪意または重過失のある取得者に対しては補充権の内容を（人的抗弁として）対抗することができるとしている（手10条）。不当補充者が白地手形行為者に対して損害賠償責任を負担し，刑事責任も負担することは言うまでもない。

なお，振出日と受取人欄については事実と異なる記載をしても不当補充にはならない。振出日欄と受取人欄を白地にした場合には，適当に補充せよとの趣旨と解されるからである。受取人欄白地の手形を取得した第三者は，受取人欄に自己の名を補充しても差し支えない。

（4）白地手形の流通と権利行使 白地手形は未補充のままでも流通させることができるが，白地を補充して完成手形にしたうえでないと権利行

使はできない。流通段階では補充権付の未完成手形として裏書（受取人欄白地なら単なる交付）によって譲渡することができ，相続や指名債権譲渡の方法（民466～468条）によっても移転することができる。善意取得（手6条2項）や人的抗弁の切断（手17条）も通常の完成手形と同様に認められる。しかし，権利行使の段階になると，白地未補充のままでの呈示は無効であり，後に補充しても遡及効はない。したがって，振出人に対して請求する場合は，満期から3年の時効にかかるまでに補充すれば支払いを受けることができるが，裏書人に対する遡求は，呈示期間（満期とそれに次ぐ2取引日）内に有効な呈示（即ち完成手形による呈示）をすることが絶対的要件となっているので（手43条，38条1項），呈示期間満了までに補充しない限り遡求の機会を永久に失うことになってしまう。白地のままで訴訟提起をした場合でも，口頭弁論終結時までに補充して完成手形にすれば振出人に対する請求は認められる。補充の時期が満期から3年以上経過していた場合には，手形債権は時効消滅するが，白地のままでの訴え提起にも時効中断の効果を認めるのが判例である。

（5）白地補充権の行使期間　白地手形上の手形債権も満期から3年で時効消滅するので，通常は白地補充権独自の消滅時効を論ずる必要はない。しかし，満期が白地の場合には3年の時効の起算点がないので，振出の日から5年間の商事消滅時効（商522条）を適用するのが判例多数説である。

6　代理人による手形行為

（1）代理方式と代行方式（機関方式）　他の法律行為と同様，他人の行為によって手形を振り出したり裏書譲渡したりすることができる。他人よる手形行為の効果が本人に有効に帰属するためには，代理権の授与が必要である。

　他人よる手形行為の方式には，代理方式と代行方式がある。代理方式とは，手形上で「A代理人B（印）」というように，Aの代理人であるBが自己の名を代理人として手形行為をする場合をいう。これに対して「A（印）」のように，実際にはBが行為をしながら手形にはBの名前を出さず，本人Aの名前のみで行う方式を代行方式（または機関方式）という。

（2）無権代理と偽造　代理権が授与されていないにもかかわらず他人

が代理人として手形行為をした場合を無権代理という。これに対し，他人が無権限であるにもかかわらず代行方式によって行った手形行為は偽造である。つまり手形行為の主体を偽った場合である。もっとも判例は，偽造であっても，行為者が本人の利益のためにする意思で行ったときは無権代理であるとしている（最判昭49・6・28民集28巻5号655頁）。つまり判例では，偽造は行為者が自己又は第三者のために手形行為をした場合をいうことになる。

　代理権を与えていない以上，本人は手形上の責任を負担しない。他方，無権代理人は自ら手形上の責任を負わなければならない（手8条，77条2項）。偽造者についても手形法8条を類推適用して責任を負わせるのが判例である（前掲最判昭49・6・28）。偽造者の署名が手形にない以上，手形上の責任を負わせることは不可能だ（しかし，民709条の不法行為責任や刑事責任は負担する）とする見解も有力である。

　（3）表見代理　表見代理，すなわち代理権の表示による表見代理（民109条），権限外の行為の表見代理（民110条），代理権消滅後の表見代理（民112条）による手形行為がなされた場合には，民法の表見代理規定により，相手方が善意でかつ重過失がない限り，本人が手形上の責任を負わなければならない（最判昭39・9・15民集18巻7号1435頁）。

　民法では表見代理の相手方は善意・無過失でなければならないが，手形については流通性の確保のためにこれを修正して，相手方が善意・無重過失であれば保護されるとするのが一般である。ただし，表見代理の成立は，本人の代理権授与の表示等を信頼した直接の相手方との間に限るべきであろう。判例も同旨である。

　表見代表取締役や表見支配人による手形行為の場合にも，相手方が善意・無重過失であれば本人が手形上の責任を負わなければならない（会社法354条，商法24条）。表見代表取締役や表見支配人自身も8条による責任を負担する。

　偽造の場合にも，表見代理の規定や表見代表取締役などの規定を類推適用すべきだとするのが判例・多数説である。

　（4）変造　既に手形上に記載されている文言を権限なしに変更することを変造という。ここでいう文言には絶対的記載事項，有益的記載事項が

含まれる。原文言を書き改めることや新たな文言の付加するだけでなく，原文言の抹消も変造にあたる（最判昭41・11・10民集20巻9号1697頁）。

変造した者が民事責任や刑事責任を負担することは当然であるが，これとは別に変造した手形について，変造前の署名者は原文言に従って責任を負うが，変造後の署名者は変造した文言に従って責任を負わなければならない（手77条1項，69条）。したがって，例えば満期の変造された手形について，変造前に署名した遡求義務者は，変造前の満期を基準にして算定された期間内に支払呈示ないし拒絶証書の作成があったことを条件に責任を負う（最判昭50・8・29判時793号97頁）。

変造に関する立証責任についてはいろいろな議論があるが，判例は，例えば手形の満期の記載が変造された場合には，変造前の文言については，手形所持人が立証責任を負うとしている（最判昭42・3・14民集21巻2号349頁）。

7　裏　書

(1) 裏書の意義　手形は法律上当然の指図証券とされているから（手77条1項1号，11条1項），裏書により次の権利者を指図（指定）する方式で手形債権を移転することができる。このような方式で手形債権を譲渡することを裏書，あるいは裏書譲渡という。また裏書譲渡をした者を裏書人，裏書譲渡により手形を受け取った者を被裏書人という。

なお，手形は民法の定める指名債権譲渡の方法（民467条）によっても譲渡できる。例えば振出人が手形に「指図禁止」の文字を記載したときは，指名債権譲渡の方法でのみ譲渡することができる（手11条2項）。このほか相続や会社の合併，競売などによっても移転する。

(2) 裏書の方式　手形法は，裏書について手形またはこれと結合した紙片（補箋）に記載し裏書人が署名することを要するとしているが（手13条1項，67条3項），実務上は，全銀協の定める統一手形用紙を用いるので，手形の裏面に印刷されている裏書欄に署名もしくは記名捺印をして行うのが通常である。裏書の方式には，記名式裏書と白地式裏書とがある。

① 記名式裏書

統一手形用紙の裏面には「表記金額を下記被裏書人またはその指図人へ

お支払いください」と印刷され，被裏書人欄が設けられている。この欄に被裏書人の名称が記載されている裏書を記名式裏書という。もっとも手形法上は指図文句を記載しなくても，当然の指図証券であるところから，単なる署名だけで裏書の効力がある（手13条2項）。手形の表面に行うこともできるが（同条1項），この場合には，前記の文言を記載しないと，手形保証とみなされてしまう（手31条3項）。

② 白地式裏書

被裏書人の名称を記載しない裏書を白地式裏書という（**図7**参照）。これも有効に完成した裏書の一方式であり（手13条2項），白地手形と違って補充する必要はない。

白地式裏書の方法としては，次の4つの場合がある。

a 被裏書人欄に自分の名称を補充して裏書譲渡する場合である。これにより，記名式裏書きの形式に戻ることになる。

b 被裏書人欄に譲渡先の名称を補充し，裏書きをせずに手形を譲渡する場合である。裏書譲渡を受けた取引先から，自社が裏書譲渡する先に直接，記名式裏書きが行なわれたような形式を整える方法である。

c 被裏書人欄に補充せず，白地式裏書きのまま，裏書きをする場合である。

d 被裏書人に補充せず，裏書きもせずにそのまま手形を譲渡する場合である（手14条2項）。裏書譲渡を受けた者から，自分が裏書譲渡する

図7 白地式裏書

```
┌─────────────────────────────────────────────┐
│  表記金額を下記被裏書人またはその指図人へお支払いください │
│                                              │
│ 平成00年00月00日                 拒絶証書不要 │
│                                              │
│   住所　東京都千代田区〇〇町×丁目×番地×号    │
│                                              │
│       大和商事株式会社                       │
│                                              │
│       代表取締役　大和太郎　㊞               │
│                                              │
│ (目　的)                                    │
│ ─────────────────────────────────────────── │
│ 被                                           │
│ 裏                                           │
│ 書                                           │
│ 人                                           │
└─────────────────────────────────────────────┘
```

者に直接，白地式裏書きが行なわれたような形式を整える方法であり，この場合には，裏書人の名が手形に記載されないから担保責任（償還義務）を負わなくて済むことになる。

③　裏書と手形の交付の要否

裏書について，手形の交付を必要とするかどうかについては，手形学説の立場によって異なってくる。発行説や交付契約説では，裏書人が裏面に署名しただけで裏書の効力は発生せず，したがって裏書人の担保責任（償還義務）は発生しない。これに対し，創造説では，署名だけで担保責任が発生し，手形の善意取得者は遡求できることになる。なお，振出人に対する手形債権は発生済であるから，いずれの学説によっても，善意の手形取得者はこれを善意取得することになる。

（3）裏書の効力　　裏書の効力には次の3つがある。

①　権利移転的効力（手14条1項）

手形債権が裏書によって被裏書人に移転する効力であり，裏書の本来的効力といえる。移転するのは振出人に対する手形債権と，裏書人の前者に対する権利である。たとえば，A振出，B，C裏書の手形をDが裏書譲渡する場合には，振出人Aに対する手形債権のほか，BとCに遡求することができる権利も（担保責任）も移転する。

②　担保的効力（手15条1項）

振出人が支払をしない場合には，所持人から遡求を受けた裏書人が代わりに手形金額を支払わなければならない。裏書のこのような裏書人の責任を担保責任または償還義務と呼び，裏書のこのような効力を担保的効力と呼んでいる。

たとえば，A振出の手形がB，C，D，E，Fと移転していったときに，Dは自分より後者のEとFに対して担保責任を負うが，自分より前者のBとCに対しては逆に担保責任を追求（再遡求）できる立場になる。

後に述べる無担保裏書（手15条1項），裏書禁止裏書（手15条2項），期限後裏書（手20条1項），取立委任裏書（手18条）の場合には，担保的効力は生じない。

③　資格授与的効力（手16条1項）

裏書の連続した手形の所持人は適法な所持人（権利者）と推定され，権利

取得の経緯を立証しなくても権利行使ができる。このような効力を裏書の資格授与的効力という。

　（4）裏書の連続　　手形の所持人が手形上の権利を行使するには，第一裏書人から所持人まで裏書が連続していなければならない（**図8**参照）。裏書の連続していない手形を所持人が銀行へ取立に出しても「裏書不備」を理由に支払が拒絶される。

図8　連続する裏書

表記金額を下記被裏書人またはその指図人へお支払いください
平成00年00月00日　　　　　　　　　　　　　　拒絶証書不要 　住所　東京都千代田区〇〇町×丁目×番地×号 　　　　大和商事株式会社 　　　　　代表取締役　大和太郎　㊞ （目　的）
被裏書人：　　株式会社　東京商事　殿
表記金額を下記被裏書人またはその指図人へお支払いください
平成00年00月00日　　　　　　　　　　　　　　拒絶証書不要 　住所　東京都新宿区〇〇×一×一× 　　　　株式会社　東京商事 　　　　　代表取締役　東京太郎　㊞ （目　的）
被裏書人：　　株式会社　神奈川商事　殿

　裏書の連続があるか否かの判断は手形面の記載だけでなされるが（大判大4・6・22新聞1043号29頁），表示に多少の相違があっても，主要の点に異なるところがなければ，裏書の連続があるといえる。判例も，職名を付記して表示された受取人が個人名義で裏書した場合であっても，その受取人の記載は他に特段の事由のない限り，個人たる裏書人を指称するものと解することができるので，裏書の連続に欠けるところはない（最判昭30・9・30民

集9巻10号1513頁）。たとえば受取人Xが，裏書をする際にペンネームのYという名称を用いた場合には，両者が同一人物であるが，裏書が連続するとはいえない。したがって，このような手形の所持人は資格授与的効力を受けることはできないから権利者とは推定されない。しかし，両者が同一人であることを手形外で立証すれば権利行使をすることができる。

　被裏書人欄が白地の白地式裏書の場合には，次の裏書人が誰であっても裏書の連続があることになる。そこで，裏書の連続していない手形を取得した者が被裏書人欄を抹消して，被裏書人欄白地の白地式裏書のように仮装する場合が出てくる。このような被裏書人欄の抹消は，白地式裏書になるのではなく，裏書全体の抹消（手16条1項）になるものと解すべきである。

（5）特殊の裏書

① 期限後裏書

　支払拒絶証書作成期間（満期とそれに次ぐ2取引日）経過後になされた裏書を期限後裏書，又は満期後裏書といい，指名債権譲渡の効力しかない（手20条1項）。従って，人的抗弁は切断されず，裏書の担保的効力もない。

② 無担保裏書

　「支払を担保せず」のように，裏書人が手形上の責任を負わない旨を記載した裏書を言う。直接の被裏書人をはじめ，その後者全員に対して担保責任を免れる（手15条1項）。権利移転的効力や資格授与的効力は通常どおりである。

③ 裏書禁止裏書

図9　特殊な譲渡裏書　無担保裏書

```
表記金額を下記被裏書人またはその指図人へお支払いください
平成00年00月00日　　　　　　　　　　　　　　　拒絶証書不要
　住所　東京都千代田区〇〇町×丁目×番地×号
　　　　大和商事株式会社
　　　　代表取締役　大和太郎　㊞
（目　的）無担保
─────────────────────────────
被
裏　　　　　　株式会社　東京商事　殿
書
人
```

禁転裏書ともいい，その後の裏書を禁止する旨を記載した裏書である。自己の直接の被裏書人に対しては担保的責任を負うが，禁止に反してなされた裏書の被裏書人に対しては担保的責任を負わない（手15条2項）。権利移転的効力や資格授与的効力は変わらない。

④ 取立委任裏書（公然の取立委任裏書）

自己に代わって手形上の権利を行使する権限を与える目的でなされる裏書である。「回収のため」「取立のため」「代理のため」などと記載する。

この裏書によって代理権授与的効力が生じ，被裏書人は裁判上，裁判外の一切の代理権を取得する（手18条1項）。しかし，免除や和解，通常の譲渡裏書をすることは委任の趣旨に反するのでできない。取立委任裏書の被裏書人のした裏書は取立委任裏書と推定される。

取立委任を受けた者は代理人にすぎず，この者（被裏書人）からの手形金請求に関しては，裏書人に対する抗弁をもって対抗することができる。例えば，A振出の手形の受取人Bから取立委任裏書を受けたCが手形金の請求をした場合，AはBとの間の原因関係（たとえば売買契約）が消滅したことを理由にして支払いを拒むことができる。反対に，AがCに対して反対債権を有していたとしても，これと手形金を相殺することは許されない。

⑤ 隠れたる取立委任裏書

取立委任の目的で通常の譲渡裏書をすることをいう。外形からみれば，通常の譲渡裏書であるが，当事者の意思は代理権の授与に過ぎない。外形

図10　取立委任裏書

```
表記金額を下記被裏書人またはその指図人へお支払いください
平成00年00月00日                           拒絶証書不要
  住所　東京都千代田区〇〇町×丁目×番地×号
      大和商事株式会社
      代表取締役　大和太郎　㊞
  （目　的）取立委任のため
─────────────────────────────
被
裏     株式会社〇〇銀行御茶の水支店　　殿
書
人
```

を重視するか，当事者の意思を重視するかによって見解がわかれている。A 振出の手形の受取人 B が C に対してこのような裏書をした場合を例にして考える。

　〔信託裏書説〕　　　譲渡裏書の外形を重視し手形上の権利は C に移転し，取立目的は手形外の義務に過ぎないとする。
　〔資格授与説〕　　　資格裏書説ともいう。当事者の意思を重視し，手形上の権利は移転せず B にあるとする。
　〔相対的権利移転説〕　請求を受けた手形債務者 A の選択で，外形に従って C を権利者として扱うことも許されるし，BC 間の関係を暴いて B を権利者として扱うことも許されるとする。

　たとえば，AB 間の原因関係が消滅したとした場合にも，信託裏書説に立てば第三取得者である C に対しては，これを抗弁として主張することは許されないことになる（もっとも，信託裏書説に立ちながら，C には固有の経済的利益がないとして反対の結論を出す見解もあるが，権利が移転していると言うこの説の基本的立場と矛盾するのではなかろうか）。これに対して，資格授与説に立てば，公然の取立委任裏書と同様に，A は B に対する抗弁事由を C に主張することができる。相対的権利移転説に立っても，BC 間の関係を暴けば同様の主張が許される。

　反対に，A が C に対して反対債権を有している場合に，信託裏書説や相対的権利移転説に立てば，これと手形債権との相殺が許されるが，資格授与説では代理人に過ぎない C に対する反対債権で B の手形債権を相殺することはできないことになる。

⑥　質入裏書

　「担保のため」「質入れのため」などのように質入文言を記載する裏書を言う。被裏書人は質権を取得する（手 19 条 1 項）。すなわち，自己の利益のために自己の名で権利行使をすることができ，債務不履行の場合にはこれを優先弁済にあて（清算義務もある），履行された場合には，これを返還する。人的抗弁も被裏書人（質権者）に対するもので対抗することになる（手 19 条 2 項）。

　質入れの趣旨で通常の譲渡裏書をする「隠れたる質入裏書」もあるが，

図11　質入裏書

```
表記金額を下記被裏書人またはその指図人へお支払いください
平成 00 年 00 月 00 日                              拒絶証書不要
  住所　東京都○○区○○1―1
        株式会社　××　代表取締役　○○○
  （目　的）質入れ
  ┌──┐
  │被裏書人│              株式会社△△△         殿
  └──┘
```

その効果は譲渡担保とされるから、公然の質入裏書と変わりはない。

⑦　戻り裏書と裏書の抹消

　振出人や裏書人など既に手形債務者になっている者に対してなされる裏書を戻り裏書と言う。手形債権と債務とが民法520条の混同の理論で消滅しそうであるが、消滅しないものとされている（手11条3項）。

　遡求（償還請求）は、前の裏書の前者に対してしかできない。たとえば、A－B－C－D－E－Cと言う裏書の場合、所持人Cが遡求できるのはBのみである（振出人Aに請求できることは言うまでもない）。

　この設例で、C－D－Eの2つの裏書を抹消しても、戻り裏書と同様の効果がある。しかし、Cから更に第三者に裏書譲渡された場合には、戻り裏書の場合にはD・Eは担保責任を負うが、裏書の抹消の場合は負わなくなる。

8　手形所持人の保護

（1）善意取得制度

① 　善意取得の意義

　手形所持人を保護し手形の流通を図るために手形法は善意取得と人的抗弁の切断と言う2つの制度を置いている。手形を預かっているに過ぎない者や盗人など無権利者から手形を裏書によって取得しても、手形債権を譲り受けること（承継取得）はできない。しかし、取得者が譲渡人を権利者と信じ、そのように信じたことに重過失がないならば、手形取得者に権利の取得を認めるのが善意取得の制度である（手16条2項）。

② 要 件

　善意取得の要件を分説すると次のようになる。(a) 裏書による取得であること白地式裏書の単なる交付も含まれる。期限後裏書や取立委任裏書によっては善意取得はできない。(b) 権利者たる外観を有する者からの取得であること裏書の連続による形式的資格を有する者から取得しなければならない。前述のように，手形を預かっている者や盗人は無権利者であるから，問題なく善意取得の対象になるが，譲渡人が制限行為能力者であったり，無権代理人である場合に，善意取得を認めるか否かについては見解が分かれている。これを認める説は16条2項が「事由の何たるかを問わず」と規定していることを根拠に，無権利者に限らないのだと主張する。しかし，制限行為能力者は競争社会における例外として保護されるべきであるから，手形所持人の保護よりも優先し，無権代理人からの裏書の場合は表見代理による保護に委ねればよいから，結局，善意取得の対象は制限行為権利者からの譲り受けに限るものとすべきであろう。(c) 取得者に悪意，重過失のないことである。手形取引では取引の安全の要請がより強いから，取得者側の要件は無重過失に緩和されている。

③ 効 果

　原始的に権利（手形債権）を取得する。今までの権利者は反射的に権利（手形債権）を失うことになる。前者から権利を承継取得するのではないことに注意を要する。前者は無権利者であるから権利を承継させることは不可能である。

（2）人的抗弁の切断

① 人的抗弁の意義

　手形金の請求があった場合に，手形債務者がその支払いの拒絶を主張できる一切の事由を手形抗弁という。たとえば，原因となった売買契約が解除された場合には，振出人は直接の相手方である受取人からの手形金請求に対しては，原因関係が消滅したことを理由に支払いを拒むことができる。

　手形抗弁は物的抗弁と人的抗弁に分類される。物的抗弁は全ての手形所持人に対抗できる抗弁のことをいい，人的抗弁は特定の手形所持人に対してのみ主張できる抗弁をいう。

a　物的抗弁にあたるもの
　物的抗弁には，手形要件の欠映，手形の偽造・変造，除権判決など手形行為の効力に関するもの，支払済の記載，満期未到来，時効完成など，手形上の記載によるものがある。裏書の連続が欠けているとの抗弁も誰に対してでも主張できるから物的抗弁にあたる。
　b　人的抗弁にあたるもの
　手形債務者が，特定の所持人に対してのみ主張できる抗弁をいうが，これには，すべての手形債務者に認められる抗弁と，特定の手形債務者に認められる抗弁がある。前者を無権利の抗弁といい，後者を狭義の人的抗弁という。
　狭義の人的抗弁の代表的なものは原因関係に基づく抗弁である。支払猶予の約束，免除，相殺による消滅なども手形に未記載であれば人的抗弁となる。
　意思の不存在，瑕疵ある意思表示など手形行為の成立に関する抗弁も，手形行為の成立要件で述べたように，表示主義の方向に修正され善意の第三者に対抗できないものと解されているため，人的抗弁と解される。
　交付の不存在については手形学説によって異なる取り扱いとなる。契約説や発効説をとると交付ないし発行の不存在は物的抗弁になるはずである。しかし，外観理論を併用すると外観を信頼した者に対しては主張できないことになるから人的抗弁となる。創造説ではそもそも交付は手形債権発生の要件ではないから交付欠映は抗弁事由にはなり得ない。
② 人的抗弁の切断
　手形が裏書によって第三者の手に渡ってしまった場合には，第三者に悪意がない限り，このような抗弁は許されなくなる。これを人的抗弁の切断（手17条）という。これにより，手形取得者の手形金請求が認められることとなる。
　人的抗弁切断の要件には次のものがある。
　a　裏書による移転に限る。期限後裏書や取立委任裏書の場合には切断は認められない。
　b　手形法17条但書により，手形所持人が手形債務者を「害することを知りて」取得した場合にも切断は認められない。本来，手形金が支払

われるべきではない関係があることをわかって手形を取得している以上，保護する必要がないからである。悪意の有無の判断は，あくまでも取得時で決すべきである。

c　人的抗弁切断の主張（手形金請求）が権利濫用にあたり又は信義則違反だとされる場合もある。A振出の手形が受取人BからCに裏書がなされている場合に，AB間の原因関係が消滅しただけでなく，BC間の原因関係も消滅しているときは，Cの手形金請求は認められない。今までの論理からすれば，AB間の原因関係消滅の抗弁は人的抗弁であるから，本来なら善意のCには対抗できない筈であるが，BC間の原因関係も消滅している以上，このような請求は権利濫用ないし信義則違反となる。もっとも，判例（最判昭45・7・16民集24巻7号1077頁）は，Cは「手形の支払いを求める何らの経済的利益をも有しない」ことを理由にしている。

9　支　払

（1）支払の意義　振出人は第一次的，無条件的な支払義務者であり，絶対的，最終的な支払義務者である。裏書人の義務が（振出人が支払いを拒絶した場合の）第二次的な義務であり，呈示がなされないと消滅してしまうものであるのと大きな違いがある。

（2）支払のための提示　振出人に手形金を請求するためには，手形を呈示することが必要である。これは，振出人に対しては遅滞に陥らせる効果があり（商517条），裏書人など前者に対しては遡求権保全の効果がある（手44条, 53条）。支払い呈示の時期は，通常用いられている確定日払の手形では，満期日とそれに次ぐ2取引日以内，一覧払の手形では振出の日以後1年以内である。呈示期間は除斥期間であるから，時効と違って中断や停止の制度はない。

支払呈示の場所は，支払地における振出人の営業所，これがなければ住所，居所である。しかし，実際に流通している手形は殆ど全て銀行の本支店を支払場所とする第三者方払手形であるから，手形に記載された支払場所（銀行）に呈示することになる。もっとも，支払呈示期間経過後は原則に戻って支払地内の振出人の営業所等になる。

(3) 手形交換　多くの場合，手形金請求は所持人が自ら行うのではなく，取引銀行に取立を委任して行っているから，実際には委任を受けた持出銀行と，支払場所となっている支払銀行とが手形交換所に手形を持ち寄って，集団的に互いの手形金を相殺する形で決済を行っている。

(4) 振出人の免責　支払いをした振出人に悪意，重過失がないかぎり，支払いを受けた者がたとえ無権利者であっても，振出人は免責され，真の権利者から請求を受けても二重払いをする必要はない（手40条3項）。この「悪意，重過失」は，「無権利であることを容易に証明して支払いを拒むことができるのに，あえて支払いをしたこと」を意味する。立証可能な程度に悪意，重過失があることと言ってもよい。善意取得（手16条2項）の場合の悪意，重過失とは，立証可能性が加わる点で違っている。振出人は支払義務者であるから，相手方の無権利を立証できない限り支払いをせざるを得ない立場にあるからである。したがって，手形を盗まれたと主張する者から振出人に対して届出ないし警告があっても，立証可能な証拠が提供されない限り，所持人（無権利者）に支払いをしても免責されることになる。

① 支払拒絶と不渡処分

振出人が手形の支払いを拒絶する場合は様々である。単なる資金不足の場合もあれば，手形が盗難にあった場合もある。ところで手形の取立と決済は手形交換所を通して行われるので，支払銀行（支払い場所となっている銀行）は支払いを拒絶する手形について交換日の翌営業日に不渡届けを提出する。手形交換所に参加している全ての銀行には交換日から起算して4営業日目に不渡報告がなされる制度となっている（この間に，手形所持人と交渉して依頼返却をしてもらうと不渡報告を免れることができる）。

半年以内に2度目の不渡りを出すと，厳密な表現をすれば，6か月以内の日を交換日とする手形について再度不渡りを出すと，銀行取引停止処分を受け，全ての銀行から当座勘定取引や貸出取引を停止されてしまう。企業活動を営む者にとっては，手形を振り出すための当座勘定取引や事業資金を貸し出してもらう取引は欠くことができないので，銀行取引停止処分を受けると企業活動は殆ど不可能になってしまう。そこで，契約不履行，手形紛失，盗難などの理由によって手形の支払いを拒絶する場合には，振出人から支払銀行に手形金額と同額の預託金を積み，支払銀行から同額の

異議申立提供金を手形交換所に積んでもらって取引停止処分を免れる方法が設けられている。

10 遡 求

振出人が支払いを拒絶した場合，その手形の裏書人は担保責任を履行して支払いをする義務がある。手形所持人から裏書人に対する請求を遡求または償還請求と呼ぶ。裏書の担保的効力（147頁）のところで説明したように，遡求義務者は手形所持人の前者である裏書人である。A振出の手形がB，C，Dと移転したときに，Dは自分より前者のBまたはCに遡求することができ，償還義務を果たして手形を入手（受戻）したCは自分の前者のBに再遡求することができる。

（1）**遡求の要件** 実質的要件は，振出人の支払拒絶（手43条前段），不在，不明（拒絶証書令2条1項2号）である。振出人に破産宣告，和議・会社更生・整理・特別清算の開始があったり，強制執行が効を奏さなかった場合には，満期前でも遡求することができる（手43条2号）。

形式的要件は支払拒絶証書を作成すること（手44条）であるが，裏書欄に「拒絶証書不要」と記載して作成を免除（手46条）しているのが普通である。この場合には形式的要件は要らないことになる。遡求の通知（手45条）は要件ではない。これは支払拒絶に会ったことを自己の裏書人に知らせて再遡求の準備の機会を与えるためのもので，呈示の日に次ぐ4取引日内に（再遡求の場合には通知を受けた日に次ぐ2取引日内に）行うことが義務づけられている。しかし，これに違反しても損害賠償義務が生じるだけで遡求する権利には影響はない（同条6項）。②遡求金額手形金額の外に満期後の年6パーセントの割合による利息と通知費用その他の費用（手48条1項）を請求することができる。

11 手形保証

振出人の債務を保証することをいう（手30～32条）。保証または保証と同じ意味の文字を表示して署名すれば保証になる。手形の表面に単なる署名をすれば保証とみなされる。手形金額の一部について保証することも許される。

保証債務の付従性と手形行為の独立性をどのように調整するかは困難な問題である。振出の原因関係となった売買が無効である場合のように，振出人が所持人に対して主張できる人的抗弁を保証人は援用できるであろうか。手形行為の独立性から考えると援用は認めるべきではない。しかし，保証人が支払いをさせられても，求償を受けた振出人は所持人に不当利得の返還請求ができるから，結局資金が一巡するだけで，保証人に支払わせたことは無意味になる。そこで，判例はこのように振出人に対して請求することのできない所持人が保証人に請求するのは権利の濫用であるとして保証人を保護している。手形学説のうち創造説に立ち，権利発生行為（署名）は無因だが権利移転行為（交付）は有因だとすれば，原因関係の消滅によって権利の移転がなくなるから所持人は無権利者となり，保証人も支払いを拒むことができる。

第3節　為替手形・小切手

1　為替手形

　為替手形は、振出人が支払人に対し、受取人ないしは受取人か指図した者に手形金額を支払うことを委託した証券である（支払委託証券）。この支払委託によって、支払人は振出人の計算において支払をなす権限を付与され、また、所持人は、支払人に対し引受ないしは支払を請求することができ、支払人の支払を受けたときはそれを受領する権限が付与される。

　為替手形には、その特有の制度として引受がある。引受とは、支払人が、満期前に受取人ないしは所持人の引受の要求（引受の呈示）に対し、満期に手形金額を支払うことを引き受けることをいう（手21条）。支払人は、この引受によりそれ以降引受人となり、満期に手形金額を支払うべき確定的な債務者となる。このように引き受けられた為替手形は満期までの間、信用証券として存在することとなる。

　なお、為替手形の振出人は、受取人ないしは所持人に対し、引受および支払を担保しなければならず、支払人が引受ないしは支払を拒絶したならば、償還しなければならない（手9条1項）。

　（1）荷為替手形とはなにか　　為替手形は、今日ではもっぱら貿易取引

の代金取立手段として利用される。貿易取引は国際取引であり、輸出企業が貿易代金の回収が困難となるリスクが少なくない。そこで、為替手形に、運送業者が運送品の船積の際に発行する船荷証券などの運送証券を添付されたものが利用される。これが荷為替手形である。これには、割引荷為替と取立荷為替がある。

前者では、輸出企業は、為替手形に運送証券を添付し、銀行で割り引いてもらう（買取）。割引銀行は、運送証券と荷為替手形を支払地の取立銀行に送付し、取立銀行は、輸入業者に対し、手形の支払いまたは引受けを求める。輸入業者は、手形の支払いまたは引受けと引き換えに運送証券の交付を受け、これにより輸入品を運送業者から受け取ることができる。もし、輸入業者が手形の支払い、あるいは引受を拒絶した場合には、取立銀行は為替手形と運送証券を割引銀行に返送し、割引銀行は運送証券により運送商品を処分して手形の弁済にあてるか、手形の償還請求をする。

後者の取立荷為替の場合には、輸出業者は銀行に手形の取立てを委任する。委任された銀行を仕向銀行という。仕向銀行から取立を依頼された取立銀行は輸入業者に支払いを請求し、支払いをあった場合には運送証券を引き渡し、輸入業者は輸入品を受け取ることができる。輸入業者が支払いを拒絶した場合には、運送証券は為替手形とともに返還されることになる。

2　小切手

（1）小切手とはなにか　小切手とは、振出人が、支払人に対し、受取人ないしは所持人、または、持参人に対して小切手金額の支払を委託した証券（支払委託証券）をいい、もっぱら支払のために利用される。

小切手の振出人と支払人との間には、資金関係が存在しなければならず、振出人は、支払人のもとに当座預金契約および小切手契約が存在することが必要とされる（小3条）。この支払人は、小切手法により銀行であることが強制されている（小3条）。

小切手の支払人は、資金関係にもとづき振出人が個別的に振り出す小切手の支払委託によって、振出人の資金をもって小切手を支払う権限が付与される。また、小切手の所持人は、振出人の支払人に対する支払委託にもとづき、支払人に対し自己の名をもって支払を請求し、支払人が支払をな

したならばそれを受領する権限を付与される。

なお、小切手の振出人は、所持人に対し支払を担保しなければならず、したがって支払人が支払を拒絶したときは償還に応じなければならない（小12条）。

（2）線引小切手とはなにか　小切手は持参人払式の支払証券であり、いわゆる、なりすましなどの不正請求の危険性がある。このリスクを回避するために線引小切手が利用されることが多い。線引小切手は小切手の表面左すみに2本の平行線が引かれたものである。このうち、線内に「Bank」などを記載された小切手を一般線引小切手、特定銀行名が記載されたものを特定線引小切手という。前者の場合には、小切手の呈示を受けた銀行等は、他の銀行または自己の取引先にのみ小切手金を支払うことができる。後者の場合には、平行線内で指定された銀行等にのみ、または被指定銀行等が支払人と同一の場合は自己の取引先にのみ小切手金を支払うことができる。

第4節　交互計算

1　交互計算の意義と機能

（1）交互計算とはなにか　企業取引の特徴に特定企業間の取引の継続性がある。しかも、相互に債権者や債務者になったりする、いわば取引上の地位の相互性（互換性）を有し、そこから発生した金銭債務を負担し合うことがある。たとえば運送業者相互間、保険会社・代理店間などである。このような関係にある場合、一定期間内に発生した債権・債務を後日一括して決済する制度があったならば、当事者にとってつぎの点で便利である。すなわち取引の都度に行う金銭授受の煩雑さと危険の回避、費用の節約、無用な資金の固定化の回避と決済資金の効率的運用などである。このように専ら企業取引の便宜という要請から生じた決済制度が交互計算である。ここに交互計算とは、商人間または商人と非商人との間でなされる平常取引において、一定期間の取引より生じる債権・債務の総額につき相殺をなし、その残額を支払うことを約する特殊な契約をいう（商529条）[※]。

　　※銀行取引と交互計算　　銀行の当座勘定実務においては、期末に一括相殺するこ

とはなく，預金や小切手の支払，貸付の都度残額および利息の計算がなされる。これを段階交互計算（残額交互計算）というが，「一定ノ期間内ノ取引ヨリ」発生した債権債務の決済という点で商法上の交互計算といえるかについては学説上争いがある。しかし，交互計算の制度趣旨が継続的取引から相互に発生する債権債務の一括的決済にあるとした場合には，広義の交互計算の一種と解してもよい。

2　交互計算の要件

（1）当事者

① 当事者の資格

交互計算契約の当事者は少なくても一方が商人であることを要する。商人が自己の営業のために交互計算契約を締結するものであるから，その締結は商人にとっては付属的商行為となる。非商人間で交互計算契約を締結しても，それは民事交互計算契約となり，当然には商法の交互計算規定は適用されない。

② 当事者の関係

交互計算の当事者は平常取引をなす関係にあることを要する。平常取引とは，継続的取引関係を意味するが，この継続性は，交互計算契約の締結前にある必要はなく，その後において生ずる場合であっても差し支えない。次に当事者相互間に債権債務を生じる取引関係にあることを要する。したがって卸売商や小売商とその得意先との取引関係では，債権は一方的にしか発生しないのが通常であるところから，交互計算は成立しないといえよう。

（2）交互計算の対象となる債権債務

交互計算の対象となる債権債務は一定期間内の取引から生じるものであることを要する。この期間を交互計算期間といい，当事者が任意に定めることができる。この期間について当事者間で別段の定めがないときは6か月とされる（商531条）。交互計算の対象となる債権は実際上は金銭債権に限られる。交互計算においては，継続的取引から生じる多数の債権債務を集団的に一括して相殺を行うものであるから，金銭債権以外のものはその対象となりにくいからである（民505条参照）。交互計算の対象となる債権の範囲は当事者間の特約をもって限定したり（たとえば，ある営業所において生じた債権債務のみを交互計算の対象とする場合），あらゆる債権に及ぶと拡張することもできる。このような特約

がないときは，相殺に適しないものを除いた継続的取引から通常生じる一切の金銭債務に及ぶ。

　なお，次の債権債務は交互計算に適しない。①特殊な権利行使を必要とする債権である。たとえば手形など有価証券上の債権の行使は証券の呈示が必要であり，通常の債権と異なり交互計算に適しない債権である。②現実に履行することを要する債権である。たとえば消費貸借の予約から生じる債権は，将来消費貸借契約を締結させる請求権であり金銭などの給付を内容とするものではないから，交互計算には適しない。③通常の取引以外の関係から生じた債権である。たとえば，事務管理，不当利得，不法行為などによって生じた債権や第三者から譲り受けた債権などである。④たとえば債務不履行による巨額の損害賠償請求権は当事者の通常予期しえない債権ということができ，これも交互計算には適しないものといえよう。なお通説は，担保付債権についても，原則的に交互計算から除外されるとしている。

3　交互計算の効力

（1）交互計算期間中の効力（消極的効力）

① 　交互計算は一定期間の継続的取引から生じた債権債務を総括的に決済することを目的とする契約であるから，交互計算期間内に生じた債権債務は，独立性を失い，当事者は任意に処分できなくなる。つまり債権債務は専ら交互計算のために供される。これを交互計算への組入れという。したがって個々の債務の取り立てをしたり，譲渡，質入，相殺などの個別的処分は許されなくなり，時効の進行も債務者の履行遅滞も生じないことになる。このように個々の債権がその機能を失い，一体化されることを「交互計算不可分の原則」という。しかし，この原則があっても，組み入れられた債権の同一性まで喪失するわけではない。たとえば売買代金債権は交互計算への組み入れ後も売買代金債権であり，したがって債権存在の確認訴訟を提起したり，相手方が売買の目的物の引渡を請求しても差し支えない。

② 　一旦交互計算に組み入れられた債権債務は，相手方の同意がない限り，これより除去することはできない。ただし，手形その他の商業証券より

生ずる債権債務を交互計算に組み入れた場合に，証券の債務者がその弁済をしなかったときは，当事者はその債務に関し交互計算より除去することができる（商530条）。ここに「手形其他ノ商業証券ヨリ生シタル債権債務」とは，証券上に表象されている債権そのものではなく，証券の授受によって生じた債権債務をいう。たとえば手形等を割引いたときに生じた債権債務をいう。手形等の商業証券の表象する債権債務を除外したのは，それが特殊な手続を要する債権債務であって，交互計算における相殺になじまないからである。またこのような債権を除去することができないとしたならば，相手方が破産した場合，交互計算に組み入れられた対価はその債権額で相殺されるのに対し，手形債権は交互計算外で破産債権として他の破産債権者と平等の弁済を受けるに過ぎないこととなり，組入債務を負担した当事者に酷な結果を与えることとなるからである。

（2）交互計算期間後の効力（積極的効力）　　交互計算の積極的効力とは，当事者間の債権債務の総額につき総括的相殺をなし，その支払うべき残額を確定することをいう。この確定は，当事者の一方が債権債務の各項目と差引残額を記載した計算書を提出し相手方がそれを承認することによってなされる。この承認によって，各個の債権債務は消滅し，残額支払債務が新たに発生することになる。

　計算書が承認されると，次の効力が生じる。第1に，計算書の承認は内容の変更による更改（民513条1項）としての性質を有するところから，当事者は旧債権債務の各項について異議を述べることはできない（商532条本文）。したがって計算書の項目にある債権の原因関係に無効や取消の原因があっても，残額債務を争うことは許されない。しかし，その計算書に錯誤または脱漏があった場合には，それによって利得した当事者は，相手方に対して確定した残務とは別に不当利得返還義務を負担する（商532条但書）。もとより計算書の承認行為に錯誤，詐欺，強迫等があったときは，その無効や取消を主張することができることはいうまでもない。

　計算書承認の第2の効力は，これにより残額債権は新債権となることから，個別的に旧債権に付随して付けられていた保証債権や質権・抵当権は原則として消滅する（民518条）。このことから，通説は旧債権の担保権は

残債務を当然には担保しないとする（大判大9・1・28民録26輯79頁は，通説とは逆に当然に担保するとしている）。しかし，当事者は契約によって，その確定した新債務（一種の更改による新債務）の担保のために移すことはできる（民518条）。

残額債務が確定したときは，相手方に対してその支払義務を負う。この支払時期は特約がないときは，期限の定めがない債務として，その支払の請求を受けたときに支払わなければならない（民412条3項）。

なお，商法は，この残額債務について計算閉鎖日以降の法定利息を請求できるとしている（商533条1項）。ただし，この規定は各項目を交互計算に組み入れた日より利息を付けることを妨げるものではない（商533条2項）。

（3）交互計算不可分の原則と第三者に対する効力　交互計算不可分の原則は，当事者間においてのみ効力を生ずるものか，それとも第三者にまで効力を及ぼすのかをめぐっては学説上争いがある。1つの考えは，交互計算を商法上の「制度的」なものと捉え，当事者がこれに違反してその債権を譲渡したり，あるいは，質入れしても無効であり，その場合，第三者の善意悪意は問わないとし，第三者も差押ができないとするものである。他の1つは，交互計算不可分の原則は，当事者間においてのみ効力を有するものであり，善意の第三者には対抗できないとするものである。交互計算が継続的取引から生じる個別的決済の煩雑さやリスクを回避することなどを目的とした便宜的・技術的「制度」であることを考えると，後説が妥当であろう。

（4）交互計算の終了

① 交互計算契約の存続期間

交互計算は契約で存続期間の定めがあるときは，その期間満了によって終了する。ここで注意を要するのは，交互計算契約の終了と交互計算期間満了とは異なることである。つまり前者は，交互計算契約自体の終了を意味するが，後者は，債権債務の総額につき一括相殺をするための相殺期間の到来を意味し，これによって残額が確定するにすぎない。つまり，特約がない限り交互計算契約自体は当然に消滅するものではない。

② 交互計算契約の解除

商法は，交互計算契約の終了として，解除の告知権を認め，各当事者は

いつでも解除をし直ちに計算を閉鎖して残額の支払を請求することができると規定している（商534条）。つまり各当事者は，たとえ交互計算契約の存続期間が定められているときであっても何時でも解除することを認めているが，これは交互計算が当事者の信用を前提として締結されているものであるから，当事者の一方にその信用の基礎が危うくなったときは，直ちに解除し，直ちに決済することを認めたものである。

第3編　会社法

第3編　会社法

第1章　株式会社

第1節　はじめに

1　会社とはなにか

　会社債務について個人財産で直接責任を負う社員のことを無限責任社員といい，持分の引受価額を限度として責任を負う社員を有限責任社員という。会社法は，無限責任社員と有限責任社員との組み合わせを基調として株式会社，合名会社，合資会社，合同会社の4つの会社形態を設ける（会2条1号）。すなわち，有限責任社員のみよって構成される株式会社，無限責任社員のみによって構成される合名会社，無限責任社員と有限責任社員によって構成される合資会社，そして株式会社と同様に有限責任社員のみによって構成される合同会社である。なお，合同会社は内部関係が組合的規律に従う点で株式会社とは異なる。

2　会社の法人性

　（1）法人とは　　会社は法人とされる（会3条）。法人は，団体をめぐる法律関係の処理を簡素化し，団体をして出資者とは独立した責任財産の帰属主体とするための制度である。したがって，会社が設立されると，会社は法人格を取得し（会3条），以後会社の名義で権利を得，義務を負担することができる。

　法人格の付与は，社会的に存在する団体についてその価値を評価してなされる立法政策のよるものであり，したがって，法人格付与の方法は法人の種類によって異なる。会社の場合は，会社法の定める基準を充足した団体に対して法人格が付与される。この立法政策を準則主義という。

　会社が法の評価を裏切り，その存続を許すと公益確保ができないという場合には，裁判所は会社の法人格を剥奪し，解散を命ずることができる（会

824条)。

（2）法人格否認の法理　会社の法人格自体を剝奪する場合には至らないが，しかし，個々の紛争を解決するにあたって会社を法人として取り扱うことが公平性や妥当性を欠く事態を招く場合がある。こうした場合に，当該事案に限り法人格を有しないものと扱い，法人とその背後の社員を同視して取り扱うことがある。この取り扱いを妥当とする理論を法人格否認の法理といい，判例によって確立された実務上も重要なものとされている。

判例の認める法人格否認事例には2つの類型が見られる。第1は，法人格の濫用事例で，これには法律の適用回避，契約上の義務回避，不法行為責任回避，債権者詐害などの類型が見られる。たとえば形式的には新会社の設立登記がなされていても，新旧両会社の実質は同一であり，新会社の設立は旧会社の債務の免脱を目的としてなされたような場合である。第2は，形骸化事例で，これには，社団性の欠如や独立性の欠如などの類型が見られる。たとえば株式会社の実質が全く個人企業と認められるような場合である。実際上は，法人格濫用事例が問題になることが多いといえる。

法人格否認の法理が適用されるのは，次の要件が満たされた場合である。すなわち，法人格利用の目的に違法性・不当性があること，法人格の利用者が法人に対する支配力を有すること，法人格の濫用を主張するものが法理によって保護されるべき者である場合である。

以上の要件を満たした場合には，会社の法人格は否認され，実質債務者は責任を負うことになる。

3　会社の営利性

会社は営利活動によって得た利益を出資者である株主や社員に分配することを目的とする。この分配は，毎期の剰余金の分配（会453条）や利益の配当（会621条），解散時の残金財産の分配（会504条，666条）などによってなされる。

4　会社の社団性

「社団」とは社員の団体の略である。すべて会社は利益の分配を求めて出資をした社員の団体とみることができる。団体である以上，2人以上の

社員を要するが，社員が1人となった場合に会社は存続するかどうかが問題となる。会社法は，株式会社・合名会社・合同会社については一人会社を認め，合資会社についても会社の解散原因としていない（会641条）。これは，①完全親子会社のように一人会社を認める必要性があること，②一人会社であっても株式又は持分の譲渡によって容易に社員を複数とすることができるので，潜在的には社団だからといえる。

5 会社の権利能力

会社は自然人と全く同様の権利能力が認められるわけではなく，一定の制約を受ける。

第1は，性質による制限である。会社は生命・身体・親族関係がないので，自然人のように親権，扶養請求権，相続権など身分権の主体とはなれない。

第2は，法令による制限である。法人格の付与は法令によるものであり（民33条1項），法の制限に服するのは当然のことである（たとえば会476条，645条）。

第3は，定款所定の目的による制限である。民法は，法人は定款で定められた目的の範囲内で権利能力を有するとしている（民34条）。民法は会社法の一般法であるところから，会社にも民法の規定が類推適用されるかが問題となるが，判例・通説は，会社も定款で定めた目的の範囲内においてのみ権利能力を有するとしている（八幡製鉄政治献金事件）。これに対し，営利法人たる会社の権利能力は定款の目的により制限されないと解する説も有力に主張されている。実務上は，定款に「事業目的を達成するに必要な事項」として包括的な表記をし，事業拡大に伴う目的条項の改正を回避するのが通例である。

第2節 株式会社はどのような特色を有する会社か

1 株式会社とは

株式会社は，社員の地位が株式という細分化された均一な割合的単位の形をとり，その株主が会社に対し各自の有する株式の引受価額を限度とす

る出資義務を負うだけで，会社債権者に対しては責任を負わないとする会社である。株式会社は，「株式」「有限責任」「資本」に特徴が見られる。

2 株　式

株式会社では，出資者の会社に対する持分は株式と呼ばれ，均一に細分化された割合的単位の形をとる。すなわち，投資単位を小口化・細分化・定型化することによって，多数の出資者からの資本調達を容易ならしめるものである。また株式を有する者は株主と呼ばれ，会社との関係，株主相互間の関係は持株数を基準に形成される。

3 株主有限責任の原則

株主有限責任の原則とは，株主は会社に対して株式の引受価額を限度とする出資義務を負担するのみであり（会104条），会社債権者に対して法的には何の責任も負担しないという原則をいう。この原則に反して株主の責任を加重することは定款によっても行うことはできない。

4 資本制度

（1）資本の概念

① 資　本

資本という概念は多様な用いられ方をするが，会社法上は，通常，会社の存続中，会社が充実維持すべき財産の基準額（計算上の数額）という意味で用いられる。会社法が株式会社について資本制度を設けているのは会社債権者の保護に主たる理由がある[※]。すなわち，株主有限責任の原則から，会社債権者の引き当て財産は会社財産だけとなり，そこで会社債権者を保護し，会社の信用を維持するために資本制度を設け，一定の数額を公示させるとともに，その数額に相当する会社財産の維持・充実を要求している。この原則を資本充実・維持の原則という。

② 資本金の額

資本の額は，設立又は株式の発行に際して株主となる者が当該株式会社に対して払込み又は給付をした財産の額を基準として算定される（会445条1項）。この資本の額は増減する（会447条，450条）。

③ 準備金

　会社は，株主が会社に対して払込み又は給付をした財産のうち，2分の1を超えない範囲で資本に組入れないことが認められる（会445条2項）。組み入れられなかった額は払込剰余金として資本準備金に入れられる（会445条3項）。

　また会社は，剰余金の配当をする場合には，当該剰余金の配当により減少する剰余金の額に10分の1を乗じて得た額を資本準備金又は利益準備金として計上される（会445条4項）。

　合併，吸収分割，新設分割，株式交換又は株式移転に際して資本金又は準備金として計上すべき額については，法務省令の定めに従う。この準備金には，債権者と株主との利害調整機能が担わされている。

（2）資本の三原則

① 資本充実・維持の原則

　資本の額に相当する財産が株主の出資によって現実に拠出され，かつ会社に維持されねばならないとする原則である。

② 資本不変の原則

　いったん確定された資本の額は任意に減少することはできないとする原則をいう。

③ 資本確定の原則

　会社の設立又は資本の増加には，定款所定の資本の額に相当する株式全部の引受がなされることを要するとする原則をいう（現行会社法はこの原則を採用していない）。

5　会社組織と管理・運営体制　所有と経営の分離

　株式会社は数人の出資者からなるものから多数の出資者からなるものまで多様であり，出資者も会社経営への参画について関心のある者もあればそうでない者もいる。そうした株主が日常的な企業経営に関与することを想定することは現実的ではなく，そこで，会社法は，会社の規模や閉鎖性の有無などを基準にした多様な機関設計を可能な規制をしている。

第1章　株式会社　173

第3節　会社の設立に対する法の規制

1　会社設立に対する法規制の必要性について

(1) 設立手続の厳格性　会社設立は，会社という法人を成立させることをいう。株式会社では，株主有限責任制度により，会社財産が会社債権者の唯一の担保となるものである。加えて会社成立後は，株主や債権者，取引先，従業員など多くの利害関係人が関わる。そこで会社法は株式会社の設立手続を厳格にするとともに，会社が不成立になることを回避しようとする。とりわけ株式の引受およびその出資の履行に関して厳格な規定を設けている。

(2) 会社の実体形成　会社の設立にあたっては，①会社の根本規則である定款の作成，②会社の構成員である株式引受人の確定と出資財産の確保，③会社の運営を担う会社の機関の決定を行う必要がある。これらによって会社は徐々に実体が形成され，その実体が形成された最後の段階で設立の登記をなすことによって会社は成立する（会49条）。

(3) 設立中の会社　会社の成立過程において，定款を作成し将来の会社の構成員が1人以上確定したとき（株式の引受があったとき）から，設立登記をなすまでの間の団体を講学上「設立中の会社」と呼んでいる。この設立中の会社は，発起人組合とは異なった団体であり，将来発展して会社となる団体である。

(4) 発起人　会社の設立は，その設立を企図した発起人が中心となって実行される。このために発起人には，定款の作成（会26条），設立時発行株式に関する事項の決定（会32条），発行可能株式総数の決定（会37条），設立時役員等の選任（会38条）など会社設立に必要な権限が認められる。

　発起人が複数いる場合，その集まり（団体）を講学上「発起人組合」という（この団体は民法の組合規定によって規律される）。発起人組合は，会社が成立したとしても直ちに解散するものではなく，その後も存続し，設立するために要した費用などの清算を終え，会社の設立に関する一切の問題を解決した後に解散する。

(5) 2つの設立方法　株式会社の設立方法には，「発起設立」と「募集設立」がある。発起設立は，会社の設立に際して発行する株式のすべてを

発起人が引受けて会社を設立する場合であり、募集設立は、会社の設立に際して発行する株式の一部を発起人が引受け、残部について株式引受人を募集して会社を設立する場合である。この2つのどちらを選んで会社を設立するかは発起人の自由である。

2 株式会社の設立手続はどのように規制されているか
(1) 会社の根本規則である定款の作成
① 定款の意義

会社の組織、運営、管理など基本的事項について規定した会社の最高規則・根本規則であり、書面または電磁的記録※によって作成されるものである（会26条）。

　　※電磁的記録　　電磁的記録とは、電子的方式、磁気的方式その他人の知覚によっては認識することができない方式で作られる記録であって、電子計算機による情報処理の用に供されるものとして法務省令で定められるものをいう（会規224条）。

② 発起人の定款作成

発起人が定款を作成し、その全員が署名または記名押印する必要がある（会26条1項）。この定款を原始定款という。定款の作成を含め会社設立の手続きを実質的に行っても、定款に発起人として署名しなければ法律上発起人とはならない。

③ 定款の記載事項

定款の記載事項は、絶対的記載事項、相対的記載事項（変態的設立事項）、任意的記載事項の3つに大別される。

　a　絶対的記載事項

　　絶対的記載事項とは、記載されなければ、定款としての効力が認められない記載事項をいい、会社法が記載すべき事項を定めている（会27条）。

　1. 目的　会社が営む営業を意味する。必ずしも具体的であることを要せず、たとえば「販売業」や「商業」という程度の特定でも差支えない。
　2. 商号　商号とは会社が営業上用いる名称であるが、株式会社の場合には、必ず「株式会社」という文字を付けなければならない（会

6条2項)。
3. 本店の所在地　本店所在地の最小独立行政区画が記載される。
4. 設立に際して出資される財産の価額又はその最低額
5. 発起人の氏名および住所

b　相対的設立事項

相対的記載事項とは，定款に記載又は記録されていないかぎり効力が認められない事項をいい，これには，現物出資，財産引受，発起人の報酬・特別利益，設立費用がある（会28条）。

1. 現物出資　たとえば，不動産や特許権など金銭以外の財産権を出資の対象とすることをいう。この現物出資は，設立時にあっては発起人に限り行うことができる（会34条1号）。現物出資は常にその財産の評価を伴うものであるが，もし出資財産について過大評価がなされたときは，会社の資本充実を害することになり，同時にその過大評価部分について出資者は株式を取得したこととなり，株主平等の原則に反することになる。そこで定款記載事項とするなど厳格な規制の対象となる。
2. 財産引受　会社の設立を条件としてなされた財産の譲受け契約を財産引受という（会28条2号）。財産引受も過大評価がなされると会社の資本充実を害することになり，このため現物出資と同様，「その譲受ける財産，その価額および譲渡人の氏名・名称」を定款に記載させ，厳重な調査をすることにしている。
3. 発起人の報酬・特別利益　発起人の報酬とは，発起人が会社の設立に尽力したことの報酬をいい，また特別利益とは，発起人が成立する会社より発起人であったことにより会社から継続的に受ける特別な利益をいう。いわゆるお手盛りなど設立後の会社に過大な負担を強いる危険があるところから規制されている。
4. 設立費用　設立費用とは，会社の設立に要した費用をいう。たとえば，設立事務所の賃料，その従業員の給与，電話代，株式募集の費用，定款認証の手数料，払込取扱機関への報酬などである。このような費用は，設立中は発起人らが発起人組合の資金より支払いをするが，会社成立後のその返還を求めようとするならば，

定款に記載しておかなければならない。

　　c　任意的設立事項

　　　株式会社の定款には，この法律の規定により定款の定めがなければその効力を生じない事項及びその他の事項でこの法律の規定に違反しないものを記載し，又は記録することができる（会29条）。株式，機関，計算などに関する事項が記載されるのが通例である。

　（2）公証人による定款の認証　　発起人が作成した定款は，公証人の認証を受けることによって初めて定款としての効力を生じる（会30条1項）。公証人による認証は，発起人が後に勝手に定款を変更することを防止するとともに，定款内容に関する争いを回避するために認められたものである。

　　公証人の認証を受けた定款は株式会社の成立前は原則として変更することはできない。例外的に，①検査役の調査を受けて裁判所が定款変更の決定をした場合の定款変更（会33条7項）または当該定款規定の廃止（会33条9項），②発行可能株式総数に関する規定の追加・変更（会37条または98条）の場合にのみ定款変更が許される（会30条2項）。

　（3）定款の備置き・閲覧等　　定款は，発起人が定めた場所に備え置かれ，会社成立後にあっては，会社は，その本店および支店に備え置かなければならない（会31条1項）。電子定款を採用している会社において，支店でも定款の閲覧・交付等ができる環境の会社については，本店に定款を備え置くことで足りる（会31条4項）。

　　発起人は，発起人が定めた時間内は，いつでも定款の閲覧（電子定款にあっては画面による閲覧），書面による定款の謄本・抄本の交付の請求，電子定款にあっては電磁的方法による提供またはその事項を記載した書面の交付を請求することができる。

　（4）設立に際しての株式発行事項の決定　　次の事項について，定款に定めがない場合には，発起人は全員の同意をもって決定することができる（会32条）。

　　1．発起人が割当てを受ける設立時発行株式の数
　　2．設立時発行株式と引換えに払い込む金銭の額
　　3．成立後の株式会社の資本金及び資本準備金の額に関する事項
　　4．設立しようとする株式会社が種類株式発行会社である場合には設

立時発行株式の内容
(5) 発起人設立—発起人のみよる株式の引受け
① 出資の履行

発起人は，設立時発行株式の引受け後遅滞なく，その引き受けた設立時発行株式につき，その出資に係る金銭の全額を払い込み，又はその出資に係る金銭以外の財産の全部を給付必要がある（会34条）。この発起人の株式の引受において，会社の設立に際して発行するすべての株式が引受けられた場合には，「発起設立手続」を履践することになり，また一部が引受けられたときは「募集設立手続」を履践することになる。

② 設立時役員の選任

発起人は，出資の履行が完了した後，遅滞なく，設立時取締役を選任する必要がある（会38条1項）。員数は1人でもよいが，取締役会設置会社である場合には，設立時取締役は3人以上であることを要し（会39条1項），監査役会設置会社である場合には，設立時監査役は，3人以上でなければならない（会39条2項）。

このほか，設立しようとする会社が会計参与設置会社である場合は設立時会計参与，監査役設置会社である場合は設立時監査役，会計監査人設置会社である場合は設立時会計監査人を選任する必要がある（会38条2項）。

なお，定款で設立時取締役，設立時会計参与，設立時監査役又は設立時会計監査人として定められた者は，出資の履行が完了した時に，それぞれ設立時取締役，設立時会計参与，設立時監査役又は設立時会計監査人に選任されたものとみなされる（会38条3項）。

③ 設立時代表取締役等の選定

設立しようとする会社が取締役会設置会社である場合には，設立時取締役の中から株式会社の設立に際して設立時代表取締役を選定しなければならない（会47条1項）。

設立しようとする会社が委員会設置会社である場合には，設立時取締役は，設立時取締役の中から設立時委員（指名委員会の委員となる者，監査委員会の委員となる者，報酬委員会の委員となる者），設立時執行役を選任しなければならない（会48条1項）。また，設立時執行役の中から設立時代表執行役を選定しなければならない。

④ 設立時取締役等による設立調査

設立時取締役（監査役設置会社の設立時監査役）は，選任後遅滞なく，次に掲げる事項を調査しなければならない（会46条1項）。

1. 現物出資財産等について定款に記載され，又は記録された価額が相当であること。
2. 1について弁護士，弁護士法人，公認会計士，監査法人，税理士又は税理士法人の証明（現物出資財産等が不動産である場合にあっては，当該証明及び不動産鑑定士の鑑定評価）が相当であること。
3. 出資の履行が完了していること。
4. 株式会社の設立の手続が法令又は定款に違反していないこと。

設立時取締役は，この調査により法令や定款違反，不当な事項があると認めるときは，発起人にその旨を通知し（会46条2項），委員会設置会社である場合には，その内容などを設立時代表執行役に通知することを要します（会46条3項）。

（6）募集設立手続 募集設立は，発起人以外にも出資を募る設立形態であり，発起設立と比べて設立時募集株式に関する手続が加重されている。

① 株式の募集と設立時募集株式に関する事項の決定

発起人は，設立時発行株式を引き受ける者の募集をする旨を定めることができるが（会57条1項），その場合，発起人の全員の同意を得る必要がある（会57条2項）。

発起人は，株式の募集をしようとするときは，設立時募集株式について次に掲げる事項を定めることを要する（会58条1項）。

a　設立時募集株式の数（設立しようとする会社が種類株式発行会社である場合には，その種類及び種類ごとの数）
b　設立時募集株式の払込金額（設立時募集株式一株と引換えに払い込む金銭の額）
c　設立時募集株式と引換えにする金銭の払込みの期日又はその期間
d　一定の日までに設立の登記がされない場合において，設立時募集株式の引受けの取消しをすることができることとするときは，その旨及びその一定の日

なお，設立時募集株式の払込金額その他の募集条件は当該募集ごとに，

均等に定めなければならず，また種類株式発行会社である場合には，種類及び当該募集ごとに，均等に定める必要がある（会58条3項）。
② 設立時募集株式の申込みと割当て
　募集に応じて設立時募集株式の引受けの申込みをする者は，①申込みをする者の氏名又は名称及び住所，②引き受けようとする設立時募集株式の数を記載した書面を発起人に交付しなければならない（会59条3項）。この申込は，発起人の承諾を得て電磁的方法によることもできる（会59条4項）。
　発起人は，申込者の中から設立時募集株式の割当てを受ける者を定め，かつ，その者に割り当てる設立時募集株式の数を定める必要がある。この場合において，発起人は，当該申込者に割り当てる設立時募集株式の数を，申込数よりも減少させることができる（会60条1項）。これを，割当て自由の原則という。
　なお，設立時募集株式を引き受けようとする者がその総数の引受けを行う契約を締結した場合には，この規制は適用されない（会61条）。
③ 設立時募集株式の払込金額の払込みと払込金の保管証明
　設立時募集株式の引受人は，払込期日又は払込期間内に，発起人が定めた銀行等の払込みの取扱いの場所において，それぞれの設立時募集株式の払込金額の全額の払込みを行う（会63条1項）。
　発起人は，払込み扱い銀行等に対し，これらの規定により払い込まれた金額に相当する金銭の保管に関する証明書の交付を請求することができる（会64条1項）。この証明書は，会社設立登記をする際に申請書に添付することが必要とされる（商登47条2項5号）。

(7) 現物出資と財産引受
① 検査役の選任請求
　発起人は，公証人による定款の認証の後，遅滞なく変態設立事項を調査せしむるため検査役の選任を裁判所に請求することを要する（会33条1項）。
② 調査対象とその除外
　検査役は，定款に定められた変態設立事項の内容が不当であるか否かを調査する。会社法は，この調査につき現物出資および財産引受に関し，次のような除外を認める。
　　a　現物出資および財産引受の定款に記載・記録された価格の総額が

500万円を超えない場合（会33条10項1号）
　b　現物出資または財産引受の対象財産が，取引所の相場のある有価証券で，定款に定めた価格がその相場を超えない場合（会33条10項2号）
　c　現物出資または財産引受の対象財産が定款に定めた価格につき相当であることの弁護士の証明があるとき（会33条10項3号）不動産の場合には，不動産鑑定士の鑑定評価を受けていることを要する（会33条10項3号）。

　以上3つの場合にあっては調査の対象から除外され，したがって，変態設立事項につき，この除外事項のみが記載されている場合には，初めに遡って検査役の選任自体必要でなくなる。

③　調査結果と裁判所の変更権

　検査役は，必要な調査を行い，調査結果を裁判所に報告する（会33条4項）。裁判所は，検査役の報告を聴き，定款記載の変態設立事項の内容につき不当と認めたときは，これに変更する決定をしなければならない（会33条7項）。

(8) 仮装払込

① 仮装払込の意義

　広く仮装払込とは，形式上は株金の払込みがあったとの外形を有するが，実質的には資金として会社財産を形成していない場合をいう。たとえば，発起人らが，払込取扱機関と通謀し，払込みがないにもかかわらず，払込金保管証明書の交付を受けて設立登記をしたり，あるいは，発起人らが，払込取扱機関と通謀し，ないしは通謀なくして，払込取扱機関または第三者より金銭を借入れ，それをもって払込み，会社設立後，その払込金をもって借入先に返還する場合である。この後者の設立を「見せ金」による設立という。また払込取扱機関と通謀して株金の払込みを形式的に行い会社を設立する場合を「預合」による設立という。

　このような仮装払込は，資本充実の原則に反し，会社債権者および投資家を害するだけでなく，株主相互間の不平等をもたらすものであって，会社法上許されない行為である。

② 仮装払込の効果
　　a　通説・判例は，仮装払込は株金払込手続の全体から見て，実質的に会社財産を形成しないので，その払込みは無効と解する。これに対し，少数説は，一連の株金払込手続を個別的にとらえ，株金の払込みは形式的にあればそれ自体有効と解する。資本充実の要請は，物的会社にとって絶対的なものと解すべきであるので，通説・判例の見解を支持される。
　　b　仮装払込を無効と解した場合，仮装払込は，イ．設立無効の訴の原因となる（会828条）。また，後に述べるように，ロ．発起人，設立時取締役は出資された財産等の価額が不足する場合の責任を負い（会52条），ハ．払込取扱機関は，通謀がある場合には，その払込金保管証明書の虚偽の記載につき成立後の会社に対抗することができなくなる（会64条2項）。
　　また発起人・取締役らは預合の罪，共謀した払込取扱機関の役職員は応預合の罪の責任を負う（会965条）。

（9）失権手続とはなにか　　発起人は，発起人のうち出資の履行をしないものがある場合，期日を定めその期日までに出資の履行をしないときは引受人としての権利を失う旨の通知をすることができる（会36条1項）。この通知は失権期日より2週間前にしなければならない（会36条2項）。

失権期日の通知を受けた発起人がその期日までに出資の履行をしないときは，その期日をもって設立時発行株式の株主となる権利を失うこととなる（会36条3項）。

（10）創立総会
① 意　義
　　創立総会は，募集設立の場合に，設立時株主によって構成される会議体で，払込みの期日又はその期間の末日のうち最も遅い日以後，遅滞なく開催される（会65条1項）。招集は発起人によってなされるが，発起人が必要であると認めるときは，いつでも，創立総会を招集することができる（会65条2項）。
② 招　集
　　創立総会の招集は発起人が決定し（会67条），設立時株主に対してその通

知を発する（会68条）。創立総会の決議は，当該創立総会において議決権を行使することができる設立時株主の議決権の過半数であって，出席した当該設立時株主の議決権の3分の2以上に当たる多数をもって行う（会73条）。

ただし，種類株主総会の決議を必要とする旨の定めがある場合は，創立総会の決議のほか，当該種類の設立時発行株式の設立時種類株主を構成員とする種類創立総会の決議がなければ，その効力を生じない（会84条）。

③ 権　限

創立総会は，発起人からの設立に関する事項の報告の受領，設立時取締役等の選任及び解任，定款の変更，株式会社の設立の廃止，創立総会の終結その他株式会社の設立に関する事項に限り，決議をすることができる（会66条）。

(11) 設立登記

① 設立登記手続

会社は，本店の所在地において設立の登記をすることによって成立する（会49条）。設立登記は，会社法所定の日から2週間以内にしなければならない（会911条）。

登記申請書には，定款，創立総会議事録などの法定書類を添付することを要する（商登47条）。

② 登記事項

登記すべき事項は会社の内容および株式に関する事項であり，会社法に列挙されている（会911条3項）。主要なものは次のとおりである。

1. 目的
2. 商号
3. 本店及び支店の所在場所
4. 株式会社の存続期間又は解散の事由についての定款の定めがあるときは，その定め
5. 資本金の額
6. 発行可能株式総数
7. 発行する株式の内容（種類株式発行会社にあっては，発行可能種類株式総数及び発行する各種類の株式の内容）
8. 単元株式数についての定款の定めがあるときは，その単元株式数

9. 発行済株式の総数並びにその種類及び種類ごとの数
10. 株券発行会社であるときは，その旨
11. 新株予約権を発行したときは，新株予約権の数，新株予約権の行使の条件などの事項
12. 取締役の氏名
13. 代表取締役の氏名及び住所
14. 会社の公告方法

③ 登記の効果
　a　社の成立
　　設立の登記により会社は成立し，法人格を取得する。これによって，設立中の会社の権利義務は当然に会社に移転し，現物出資および財産引受の目的物の登記も会社名義で行うことが可能となる。
　b　権利株の譲渡制限の解除
　　出資の履行（払込み又は給付）により設立時発行株式の株主となる権利を権利株という。会社法は，権利株の譲渡は会社に対して効力は生じないと規定し（会35条），その譲渡を制限している。会社成立後は，権利株は株式となるのでその譲渡は可能となる。
　c　株式の引受の無効，取消の制限
　　株式引受人は会社成立後は，錯誤もしくは株式申込書の要件の欠缺を理由としてその引受の無効を主張し，または，詐欺もしくは強迫を理由としてその引受を取り消すことはできなくなる（会51条2項）。

3　会社設立はどのような場合に無効とされるか

（1）**無効原因**　会社設立の無効原因は客観的な事由にかぎられ，個々の株式引受人に関する主観的事由は無効原因にはならない（会51条）。

何が客観的無効原因となるかについては法に具体的な規定はないが，一般に強行法規に反し，その違反が株式会社の本質に関するものにかぎられると解されている。次のことが無効原因といえよう。
1. 定款の絶対的記載事項がないこと（会26条）
2. 定款の内容が違法であること
3. 定款に公証人の認証がないこと（会30条）

4. 設立に際して発行する株式に関し発起人の全員の同意がないこと（会32条）
5. 株式の引受または出資の履行を著しく欠くとき
6. 設立総会の開催がないこと（会65条，911条）

なお，独占禁止法によって事業支配力が過度に集中することとなる会社の設立は禁止されており，その設立は無効とされる（独禁18条，9条1項）。

（2）設立無効の訴と判決の効力

① 設立無効の訴

会社の設立の無効は，その設立の日より2年以内にかぎり，訴えをもってのみ主張することができる（会828条1項1号）。訴権者は，株主，取締役，清算人，監査役設置会社にあっては株主，取締役，監査役又は清算人，委員会設置会社にあっては株主，取締役，執行役又は清算人に限られる。ただし，独禁法違反による場合は公正取引委員会が原告となる（独禁18条）。設立無効の訴えの被告は設立する会社がなる（会834条1項）。

無効の訴えは，本店の所在地の地方裁判所の管轄に専属する（会835条1項）。

② 判決の効力

原告勝訴の場合は，無効の判決が確定すると，その効力は将来に向かって発生し（会839条），判決確定前の会社の存在を否定するものではない。したがって，判決確定以前の成立した会社と株主，会社と債権者の間の権利義務については何らの影響を及ぼすものではない。この意味においてこの判決は形成判決といえる。また，この判決の効力は，訴えの当事者のみならず第三者にも及び（会838条），判決確定以降は何人も会社の成立を争うことができなくなる。

原告敗訴の場合は，通常の判決と同様，原告と会社との間においてのみその効力を有するにとどまる。

4 設立に関する責任

（1）発起人，設立時取締役が負う財産価格てん補責任　現物出資・財産引受けの対象である財産の価額が定款に記載・記録された価額に著しく不足するときは，発起人及び設立時取締役は，会社に対し，連帯して，不足額

を支払う義務を負う（会52条1項）。加えて現物出資，財産引受けの証明や鑑定評価をした弁護士等も，その証明や鑑定評価に注意を怠らなかったこと（無過失）を証明しないかぎり発起人等と連帯して不足額支払義務を負う（会52条3項）。

ただし，発起人及び設立時取締役は次の場合はこの義務を免れる（会52条2項，55条）。

① 現物出資，財産引受けに関する事項につき，検査役の調査を経た場合
② 発起設立の場合で，当該発起人又は設立時取締役がその職務を行うにつき注意を怠らなかったことを証明した場合

なお，発起人などが責任を負う場合でも，総株主の同意があれば，責任を免除することができる（会55条）。

（2）任務懈怠による会社に対する責任

① 発起人，設立時取締役，設立時監査役は，会社の設立に関して任務を怠り，会社に損害を与えたときは，その発起人，設立時取締役，設立時監査役は会社に対し損害賠償責任を負う（会53条1項）。この責任は過失責任であって，過失のある者のみが負う。他の発起人，設立時取締役又は設立時監査役も当該損害を賠償する責任を負うときは，これらの者は，連帯債務者とされる（会54条）。

② 発起人，設立時取締役，設立時監査役は，責任を負うこととなっても，成立した会社の総株主の同意によってその責任を免除することが認められる（会55条）。この責任免除は各人に個別的になされるものであるが，免除される者とされない者との間に，その者の職務，行為，過失の軽重等を考慮して合理性を欠く場合には無効と解されるべきである。

（3）発起人，設立時取締役らが負う第三者に対する責任 発起人，設立時取締役又は設立時監査役は，その職務の遂行に関し悪意または重大な過失があり，その結果，第三者に対し損害を与えた場合には，その第三者に対しても連帯して損害賠償の責任を負う（会53条2項）。他の発起人，設立時取締役または設立時監査役も当該損害を賠償する責任を負うときは，これらの者は，連帯債務者とされる（会54条）。

ここにいう第三者とは，会社以外のすべての者をいい株式申込人，株式引受人および株主も含まれる。

（４）会社不成立の場合の責任　会社が不成立に終わった場合，発起人はその設立に関するすべての行為に関し連帯してその責任を負い，設立に関して支出した費用（未払いも含めて）も発起人の負担とされる（会56条）。

　この不成立の場合の発起人の責任は，会社の不成立そのものについて発起人に責任があったか否かを問わず，創立総会において設立廃止の決議によって会社が成立しなかった場合も，発起人がその責任を負うこととなる。したがって，この規定により株式引受人として設立中の会社に参加した者は，いっさい責任を負わずその払込金の返還を請求することができる。

第４節　株　式

1　株式制度について

（１）株式とは何か　株式は，株式会社の社員たる地位を表す均一に細分化された割合的単位であるとされている。この株式は，株式会社以外の会社における持分に相当するものであるが，均一の単位の形をとるところに特徴がある。株主の権利はこの単位を基準として認められ，さらにこれを株券として有価証券化することで，流通市場での売買も容易に行うことができる。また細分化されているところから，少額の出資も可能となり，社員の地位から個性を喪失させ，多数の者が容易に会社という団体に資本参加でき，会社は多額の資本を集めることが可能となる。

　株主と会社との関係は出資単位で決定される。株主は，実質的には会社の所有者としての立場にあり，共有持分としての株式は，株主の会社に対する権利と義務がその有する株式数に応じて定まる点に特徴がある。株主は，出資により，会社に対する法律上の地位（社員たる地位）である株式を取得する。

（２）株式にはどのような特徴があるか　株式は，次の特徴を有している。

　第１に，株式は細分化されている。これによって，多数の出資者から，出資能力に応じた出資を募ることが可能となる。会社設立後であっても，たとえば株価が高騰した状態で新株を発行した場合には株式の引受け手は限られるが，株式分割制度（会183条）を利用すると，株式はさらに細分化され株価が下がることとなり，多くの出資者を募ることが可能となる。

第2に，株式は均一化・割合化されている。これによって，株式をめぐる法律関係が画一化，形式化され，その処理が簡単となる。株主も，会社における自己の出資割合を容易に知ることができる。ただし，種類株の制度により，同じ会社の発行した株式であっても，種類により権利・義務の内容が異なる。

なお，持分会社（合名会社，合資会社，合同会社）では，出資者の地位は持分と呼ばれ，出資者である社員の地位は出資額などに応じて不均一な形態をとる（持分単一主義）。

第3に，株式会社においては，退社制度およびそれに伴う出資の払戻制度がないために，株式を通じて他人資本を会社の自己資本化する効果がある。他方で株主の会社に対する投下資本の回収を図るために，株式の自由譲渡性，株式の株券化ないし電子化，金融商品取引所などを整備している。

（3）株式と社債の違い　株式会社の資金調達方法として株式に類似するものに社債がある。社債とは，会社が一般公衆から大量的に負担する多数部分に分割された債務に対する債権であって，これを表章する有価証券（債券）が発行されるものをいう。

株式と社債は，株式が会社構成員としての地位を意味するのに対し，社債は純粋の債権であり，所有する者は債権者である。その意味で両者は根本的に異なるし，そこから派生する様々な違いがある。しかし，株式と社債は，次の点で共通するところが見られる。つまり，市場からの直接的な資金調達手段であること，多数部分に分割されていること，有価証券が発行される点などである。加えて，株式の多様化，社債の多様化は両者を接近させ，近似したものが現れている。株式の配当の平準化は社債に接近しているし，制度的なものとして無議決権株，非参加的累積的優先株，償還株式などの社債的な株式があり，他方で，転換社債・新株引受権付社債などの株式的な社債もある。

2　株　主

（1）株主とは　株主とは，株式を保有する人のことをいう。株主の名前は株主名簿に記名されていることが通常であるが，名義書き換えを失念しても株主の地位を失うことはなく，単に会社に対し株主であることを対

抗できなくなるにとどまる。株主は，原則として会社からその有する株式の内容及び数に応じて平等に取り扱われる（会109条1項）。この取り扱いを株主平等の原則というが，多様な株式の発行が認められているところから，実質的には株式平等の原則といえる。

（2）株主は会社に対してどのような権利を有するか

① 株主は社員たる地位に基づいて会社に対してさまざまな権利が認められている。どのような権利があるかについて，内容を基準にすると，次のように整理できる。

第1は，株主の基本的な権利であり，株主総会における議決権（会105条3項），剰余金分配請求権（会105条1項1号）や残余財産分配請求権（会105条1項2号）がある。とりわけ後二者については，会社法は株主にこれらの権利の全部を与えない旨の定款の定めは効力を有しないとしている（会105条2項）。

第2は，株主総会に関する権利であり，株主提案権（会303条，304条，305条），少数株主による株主総会招集の請求権（会367条），株主総会の決議取消訴訟提起権（会831条以下），株主総会の決議不存在・決議無効確認訴訟提起権（会828条）などがある。

第3は，株式発行に関する権利であり，株式の割当てを受ける権利（会202条），新株発行等の不存在確認訴訟提起権（会829条）などがある。

第4は，会社業務の適正化に関する権利であり，会計帳簿等の閲覧・謄写権（会433条），会社の業務・財産状況の調査のための検査役選任請求権（会306条）などがある。

第5は，役員等の責任追求に関する権利として，株主の代表訴訟提起権（会847条以下），株主の差止請求権（会360条，422条）がある。

② 株主の権利は，その性質に応じて自益権と共益権に分類されて説明される。

自益権とは，株主が会社から直接に経済的利益を受けることを目的とする権利であり，剰余金分配請求権を中心として残余財産分配請求権，名義書換請求権，さらに株式買取請求権をも含めることができる。これに対し共益権とは，株主が会社の経営に参加することを目的とする権利であって，議決権，総会招集権，各種会社訴権，取締役の解任請求権，

違法行為差止請求権などがある。
③ 株主の権利は，保有株式が1株であっても権利行使が認められる場合と，一定の保有株式数が要求される場合とがある。前者を単独株主権といい，後者を少数株主権という。自益権は単独株主権であるが，共益権

単独株主権

権　利	保有株式数	保有期間
議決権（会105条3項）	特に制限なし	制限なし
株主総会議案提出権（会304条）		
累積投票請求権（会342条）		
取締役会招集請求権・出席権（会367条）		
取締役会議事録閲覧請求権（会371条2項）		
設立無効の訴え（会828条2項1号）		
代表訴訟提起権（会847条）	特に制限なし	行使前6か月
取締役・執行役の違法行為差止請求権（会360条，422条）		

少数株主権

権　利	保有株式数	保有期間
帳簿閲覧権（会433条）	総株主の議決権の3％または発行済株式総数の3％以上	要件なし
検査役選任請求権（会358条）		
役員責任軽減への異議権（会426条5号）	総株主の議決権の3％以上	
解散判決請求権（会833条1項）	総株主の議決権の10％または発行済株式総数の10％以上	
簡易合併等の反対権（会769条4号）	総株主の議決権の6分1以上等（規則197）	
総会議題・議案提出権（会303条，305条）	総株主の議決権の1％または300個以上	行使前6か月
総会検査役選任請求権（会306条）	総株主の議決権の1％以上	行使前6か月
清算人・取締役解任請求権（会854条，479条）	総株主の議決権の3％または発行済株式総数の3％以上	行使前6か月
総会招集権（会297条）	総株主の議決権の3％以上	行使前6か月

はそれを行使することによる影響が株主全員に及び濫用を防ぐ必要があるところから，少数株主権としているものが少なくない。そこで，会社法が少数株主権として認められるためにはどのくらい株式保有割合を要求しているかという観点から整理すると，表のようになる。さらに株主権を行使するにあたって一定の保有期間を要するものもあり，併せて示しておきたい。

（3）**株主は会社に義務を負うことがあるか**　株主は，その有する株式の引受価額を限度とする出資義務を負担するのみで（会104条），その他の義務を負担することはない。

（4）**株主平等の原則**　株式会社は，株主をその有する株式の内容及び数に応じて，平等に取り扱わなければならない（会109条1項）。つまり，同じ内容の株式について株式数に応じて平等に取り扱うことを内容とする原則をいう。その意味では，株式平等の原則といった方が適当かもしれない。

しかし，公開会社でない会社においては，会社法105条1項が列挙する，剰余金の配当を受ける権利，残余財産の分配を受ける権利，株主総会における議決権について株主ごとに異なる取扱いをすることができる（会109条2項）。

3　株式の種類

（1）**株式の多様性**　会社法は，株式の内容について定款自治を認め，多様な内容の株式の発行を認める（会107条，108条）。これは，第1に，資金調達の便宜の要請に応えるものである。株主の株式引受の目的には，会社経営へ参画することにあったり，逆に専ら会社経営よりも剰余金の分配など経済的利益を享受することにある。また短期保有の目的もあれば，長期保有の目的もある。こうした多様な出資目的に相応した内容の株式を発行できるとした場合には，会社の資金調達はより容易となる。

第2に，会社支配の多様性の要請に応えるものである。たとえば会社には家族や知人など一定の信頼関係のある者のみによって株主が構成される場合があったり，逆に株主の個性に関わりなく出資を広く募る場合もある。会社の支配構造は会社存立の基盤と深く関わるものであり，その決定は会社自身に委ねることが望ましいといえる。そこで，会社法は，こうした要

請に応えるために株式の内容について定款自治に委ねている。

（2）全ての株式の内容とすることができる項目

① 譲渡制限株式

　会社は発行する株式の全部を譲渡制限株式として発行することが認められる。譲渡制限株式とは、株式会社がその発行する株式の内容として譲渡による当該株式の取得について当該株式会社の承認を要する旨の定めを設けている場合における当該株式をいう（会2条17号）。

　これにより、同族会社のように株主間の和が重視される会社において、好ましくない人物が株主になり会社の運営に支障が生じるような事態を回避できるといえる。

　譲渡制限株式を発行する場合、設立される会社においては、原始定款でその旨を定めるが、設立された会社が既に発行した株式の全てを譲渡制限株式とするためには、定款を変更して、その発行する全部の株式の内容として、株式譲渡に会社の承認を要する旨を定める必要がある（会107条2項1号）。この場合の決議要件は、当該定款変更にかかる株主総会で議決権を行使することができる株主の半数以上、かつ、議決権の3分の2以上の多数の賛成が必要とされる（会309条3項1号）。

　定款で定めるのは、次の2つの事項である。第1は、譲渡による当該株式の取得について当該株式会社の承認を要する旨である（会107条2項1号イ）。第2は、一定の場合においては株主からの承認請求を会社が承認したものとみなすときは、その旨と一定の場合、株式取得者からの承認の請求を会社が承認したものとみなすときは、その旨と一定の場合についてである（会107条2項1号ロ）。

② 取得請求権付株式

　会社は発行する全部の株式を取得請求権付株式とすることができる。ここに取得請求権付株式とは、会社が発行する株式の内容として株主が会社に対して株式の取得を請求することができる旨の定めを設けている場合に、その株式をいう（会2条18号）。

　これにより、公開していない会社であっても買取先が会社であるところから、株主は投下資本回収の確実性が増すことになる。また、取得請求権付株式と引き換えに会社より社債や新株予約権などを取得することができ、

結果として他の種類の株式や社債などに転換されことになる。一方会社にとっても，株式を通じての資金調達が容易となるといえよう。

設立される会社の場合には，原始定款でその旨を定めるが，設立された会社が既に発行した株式の全部を取得請求権付株式とするためには，定款を変更して，その発行する全部の株式の内容として，株主が当該株式会社に対してその取得を請求することができることを定める必要がある（会107条2項2号）。この場合の決議要件は，議決権を行使することができる株主の議決権の過半数を有する株主が出席し，出席した当該株主の議決権の過半数をもって行うこととなる（会309条1項）。

定款で定めるのは，次の事項である。

第1は，株主が当該株式会社に対して当該株主の有する株式を取得することを請求することができる旨（会107条2項2号イ）

第2は，取得する取得請求権付株式と引換えに株主に対して交付する対価に関する事項である。これには次のものがある。

  a 会社の社債を交付するときは，社債の種類（会681条1号に規定する種類をいう。）及び種類ごとの各社債の金額の合計額又はその算定方法（会107条2項2号ロ）

  b 会社の新株予約権を交付するときは，新株予約権の内容及び数又はその算定方法（会107条2項2号ハ）。

  c 会社の新株予約権付社債を交付するときは，社債に規定する事項及び当該新株予約権付社債に付された新株予約権に規定する事項（会107条2項2号ニ）

  d 株式，社債及び新株予約権以外の財産を交付するときは，当該財産の内容及び数若しくは額又はこれらの算定方法（会107条2項2号ホ）

第3は，株主が当該株式会社に対して当該株式を取得することを請求することができる期間（会107条2項2号ヘ）

③　取得条項付株式

会社は発行する全部の株式を取得条項付株式とすることができる。ここに取得条項付株式とは，会社がその発行する株式の内容として，会社が一定の事由が生じたことを条件として株式を取得することができる旨の定め

を設けている場合に，その株式をいう（会2条19号）。

これにより株主総会の特別決議（会309条2項3号）により，その種類株式のすべてを株主の同意なく取得することができる（会171条1項）。なお，全部取得条項付種類株式にする定款変更は，株主総会の特別決議でできる（会324条2項1号，111条2項）。

会社が取得条項付株式を発行するためには，定款で次のことを定める必要がある。

第1は，一定の事由が生じた日に当該株式会社がその株式を取得する旨及びその事由（会107条2項3号イ）

第2は，取得条項付株式の取得事由を，会社が別に定める日が到来することをもってイの事由とするときは，その旨（会107条2項3号ロ）

第3は，取得する株式と引換えに，株主に対して交付する対価に関するものである。

1. 会社の社債である場合は，その種類及び種類ごとの各社債の金額の合計額又はその算定方法（会107条2項3号ニ）
2. 会社の新株予約権である場合は，その内容及び数又はその算定方法（会107条2項3号ホ），
3. 会社の新株予約権付社債である場合は，それに付された社債の種類及び種類ごとの各社債の金額の合計額又はその算定方法，および当新株予約権の内容及び数又はその算定方法

なお，会社の株式等以外の財産を交付するときは，当該財産の内容及び数若しくは額又はこれらの算定方法を定めておかなければならない。

4　種類株式

種類株式とは，内容の異なる2以上の種類の株式を発行する場合に発行する株式をいう。また会社法108条1項との関係から，これらの項目については，全ての株式及び一部の株式について定めることができる内容である。

① 優先株・劣後株

剰余金の配当について，特に条件のついていない標準的な株式のことを

普通株といい，その普通株と比較して優先的に利益の配当や残余財産の分配を受ける権利のある株式のことを優先株，普通株と比較して劣後的な取扱いを受ける株式を劣後株（後配株）という（会108条1項1号）。

　残余財産の分配についても，優先株や劣後株が認められる。残余財産とは，解散した会社の清算後に残った財産をいう。株主には持株数に応じて残余財産の分配を受ける権利があるが（会105条1項2号），この分配について，普通株，優先株，劣後株（後配株）がある（会108条1項2号）。

② 議決権制限株式

　議決権制限株式とは，議決権の行使が株主総会の決議事項の一部に制限されている株式をいう（狭義の議決権制限株式）。これに対し，株主総会において議決権を行使できない株式を無議決権株式という（会108条1項3号）。

④ 譲渡制限株式

　株式会社が，その発行する全部又は一部の株式の内容として譲渡による当該株式の取得について当該株式会社の承認を要する旨の定めを設けている場合における当該株式をいう（会108条1項4号，2条17号）。

　譲渡を承認する機関は，原則として，取締役会を設置しない株式会社では株主総会が，取締役会を設置する株式会社では取締役会である。

⑤ 取得請求権付株式

　取得請求権付株式とは，株式会社がその発行する全部又は一部の株式の内容として，株主が発行株式会社に対してその株式の取得を請求することができる旨の定めを定款に設けている株式をいう（会108条1項5号，2条18号）。

⑥ 取得条項付株式

　取得条項付株式とは，株式会社がその発行する全部又は一部の株式の内容として当該株式会社が一定の事由が生じたことを条件として当該株式を取得することができる旨の定めを設けている場合における当該株式をいう（会108条1項6号，2条19号）。

⑦ 全部取得条項付種類株式

　全部取得条項付種類株式とは，1つの種類株式の全部を株主総会の特別決議にて取得可能な定款の定めがある種類の株式をいう（会108条1項7号，108条1項7号）。これにより株主総会の特別決議により（会309条2項3号），

その種類株式のすべてを株主の同意なく取得することができる（会171条1項）。

この株式を利用すると、たとえば子会社を完全子会社化することが可能となる。すなわち、子会社となる会社が発行する普通株式に全部取得条項を付し、株主総会の特別決議で会社が株式の全部を取得し、そのうえで子会社となる会社が親会社となる会社に対して新たに募集株式を発行するという方法である。これにより両社は完全親子会社となるが、一方で完全子会社になることに反対する株主がいることも考えられ、そうした少数株主の保護ため、厳格な手続規制がなされている。また、株式を取得する際に会社は株主に金銭等を交付することになるが、その帳簿価額の総額は、当該行為がその効力を生ずる日における分配可能額を超えてはならないという、いわゆる財源規制を受ける（会461条1項4号）。

なお、全部取得条項付種類株式にする定款変更は、株主総会の特別決議が必要とされる（会324条2項1号、111条2項）。

⑧　拒否権付種類株式

株主総会、取締役会、清算人会における決議事項について、当該決議のほか、当該種類株主を構成員とする種類株主総会の決議を必要とすることを定められた株式をいう（会108条1項8号）。特定の事項について種類株主の拒否権を認めたもので、いわゆる「黄金株」といわれている。

⑨　取締役・監査役選任権付株式

当該種類の株式の種類株主を構成員とする種類株主総会において取締役又は監査役を選任することを定められた株式をいう（会108条1項9号）。この株式を発行されている場合には、取締役の選任や解任は種類株主総会で行われる（会347条1項・2項、339条）。なお、委員会設置会社及び公開会社はこの種類の株式を発行することはできない（会108条1項本文）。

5　株式の単位

（1）単元株　株式会社は、その発行する株式について、一定の数の株式をもって株主が株主総会又は種類株主総会において一個の議決権を行使することができる一単元の株式とする旨を定款で定めることができる（会188条1項）。これを単元株制度という。

種類株式発行会社においては，単元株式数は，株式の種類ごとに定めなければならない（会188条1項）。

単元株式数を定める場合には，取締役は，当該単元株式数を定める定款の変更を目的とする株主総会において，当該単元株式数を定めることを必要とする理由を説明しなければならない（会190条）。

（2）単元未満株式についての権利の制限等　単元株式数に満たない数の株式（単元未満株式）を有する単元未満株主は，その有する単元未満株式について，株主総会及び種類株主総会において議決権を行使することができない（会189条1項）。

単元未満株主が当該単元未満株式についての一定の権利の全部又は一部を行使することができない旨を定款で定めることができる（会189条2項）。

6　株式の譲渡

（1）株式の譲渡

① 　株式の自由譲渡性

株式の譲渡とは，株式の売買・贈与などにより株式を移転させることをいう。株式を譲渡すると，株主たる地位は譲受人に移転し，一切の株主権も譲受人に移転する。

株主は，原則的に株式を自由に譲渡することができる（会127条）。会社法が株式の自由譲渡性を承認するのは，この譲渡を通じてのみ株主は会社から離脱し投下資本を回収できるからである。つまり，有限責任社員だけで構成され，会社存立の基盤を会社財産のみとする株式会社では，株式払込金の払戻を認める余地はなく，他方，出資者の投下資本回収の途が閉ざされる場合には，株式会社に出資する人はいなくなる。そこで，会社法は，その調和点として株式の第三者への自由譲渡を原則的に承認するとともに（会127条），併せて金融商品取引市場の整備などをしている。

② 　株式の譲渡方法

株式の譲渡方法は，株券発行会社の場合と株券不発行会社の場合とでは異なる。株券発行会社の株式の譲渡は，株式譲渡の合意と当該株式に係る株券を交付によって効力を生じる（会128条1項本文）。ただし，会社に対して株式の譲受人が株主であることを主張するためには，株主名簿の名義書

換をしなければならない（会130条1項）。

　なお，株券の占有者は，株券に係る株式についての権利を適法に有するものと推定され（会131条1項），株券の交付を受けた者は，株券に係る株式についての権利を取得する（会131条2項）。

　これに対し，株券を発行していない会社の場合は，株式譲渡の合意によってその効力が生じるが，その譲渡を，会社その他の第三者に対抗するためには株主名簿の名義書換をする必要がある（会131条1項）。

　なお，株主名簿に記載・記録された株主は，会社に対して株主名簿記載事項を記載した書面の交付などを請求することができる（会122条1項）。

（2）株式の譲渡制限

① 法令による制限

　第1は，権利株（引受人の地位）の譲渡である。会社の設立する前または新株発行の効力が生じる前の権利株，すなわち出資の履行をすることにより株主となる権利の譲渡は，会社に対抗することができない（会35条，63条4項，208条4項）。これは株式の事務処理が煩雑になるという会社側の要請に対する配慮の表れである。しかし，当事者間では有効と解される（反対解釈）。

　第2は，株券発行前の譲渡である。株券の発行前にした譲渡は，株券発行会社に対し，その効力を生じない（128条2項）。権利株の場合と同様に株式の事務処理が煩雑になるという会社側の要請に対する配慮の表れといえる。すなわち，会社の成立後または新株発行の効力が生じたが，しかし株券が未発行の状態の株式を，株券発行前の株式という。この状態で株式を譲渡すると，法律関係の錯綜を招き，株式の事務処理が煩雑になり，そこで会社法は，会社に対する関係では効力を認めていない。しかし当事者間ではあえて不利益を承知でしているところから有効と解釈しても害は生じないといえる（反対解釈）。

　もっとも会社が株式を発行した日以後遅滞なく株券を発行すべきにもかかわらず（会215条1項），不当に株券の発行を遅滞させているときは，株主の投下資本の回収という基本的な権利を害することを意味する。したがって当事者間のみならず，会社との関係でも有効といえる（判例）。

② 定款による制限－譲渡制限株式

　会社は，その発行する全部の株式の内容として，また特定の種類株の内容として，定款に譲渡による株式の取得について会社の承認を要することを定款に定めることができる（会107条1項1号，108条1項4号）。この株式を譲渡制限株式という。
　譲渡承認は次の手続で行われる。
　a　株主・株式取得者からの承認請求
　　株主は，その有する譲渡制限株式を他人に譲り渡そうとするときは，会社に対し，他人が譲渡制限株式を取得することについて承認するか否かの決定を請求することができる（136条）。また承認手続きを得ないで株式を取得した者も，会社に対し，譲渡制限株式を取得したことについて承認をするか否かの決定を請求することができる（会137条1項）。
　　株主から譲渡承認請求をするときには，会社に対して譲渡株式数，譲受人の氏名又は名称，承認しない場合には，会社または指定買取人に請求する旨を明らかにする必要がある（会138条1号）。承認手続きを得ないで株式を取得した者の場合も同様である（会138条2号）。
　　なお，譲渡等承認請求者は，会社による買取りの通知を受けた後は，その請求を撤回することができず，また指定買取人の場合には，その承諾がない限り，その請求を撤回することができない（会143条）。
　b　譲渡承認請求に対する会社の対応
　　譲渡承認請求があった場合には，会社は株式の譲渡承認するかどうかについて，取締役会非設置会社にあっては株主総会の決議を，取締役会設置会社にあっては取締役会の決議によることになる（会139条）。
　　譲渡を承認しなかった場合には，会社が買い取るときは，株主総会で買い取る旨及び買い取り対象株式数を決議する（会140条1項）。買取人を指定するときは，取締役会非設置会社にあっては株主総会の決議を，取締役会設置会社にあっては取締役会の決議によることになる（会140条5項）。
　　なお，会社が，譲渡承認請求から2週間以内に，これに対する決定内容を通知しない場合，決定内容通知から40日以内に，会社による買

取通知がなされない場合，買取通知期間内に供託を証する書面を交付しなかった場合には，会社は譲渡を承認をしたとみなされる（会145条1号，2号，会社則26条1号，2号）。また，譲渡等承認請求権者が会社や指定買取人との間の売買契約を解除した場合も同様に扱われる（会145条3号，会社則26条3号）。

　c　買取り手続き

　　会社が買い取る場合は，会社は，1株あたりの純資産額に買い取り株式数を乗じた額を供託し，譲渡等承認請求者に対して供託を証する書面を交付して，会社が買い取る旨（及び買取株式数）を通知する（会141条）。

　　指定買取人が買い取る場合は，指定買取人は，1株あたりの純資産額に買い取り株式数を乗じた額を供託し，供託を証する書面を交付して，買受人として指定を受けた旨（及び買取株式数）を通知する（会142条）。

　d　買取りの場合の売買価格

　　株式の売買価格は，原則として売買当事者間の協議による（会144条1項）。買取通知の日から20日以内に協議が整わず，また，裁判所に対して価格決定の申立てもない場合には，1株あたりの純資産額に対象株式数を乗じた額が売買価格となる（会144条5号）。

　　裁判所に対して価格決定の申立てがなされた場合には，裁判所は，譲渡等承認請求の時における株式会社の資産状態その他一切の事情を考慮して決定することになる（会144条3項）。

③　契約による譲渡制限

　定款によらないで，個別的契約により株式の譲渡制限を定めることは，株主相互間又は株主と特定の者との間でなされたものであれば，原則として有効であるが，会社と株主との契約の脱法行為と認められる場合には無効となると解するのが通説である。たとえば，従業員持株制度をとる会社において，従業員が退職したときに，その株式を会社又は従業員持株会に譲渡する旨の制限については，株主の投下資本の回収を不当に制約しないものであれば有効であるとされる。

7 株式の担保
(1) 質　権
① 質権の意義

　株式も不動産や動産と同様に担保に供することができる。そこで民法は株式特有の担保方法として質権の目的とすることを認め（民364条2項），会社法も同様に認めている（会146条1項）。これにより株主は株式を担保に金融を得ることができるし，債権者は株主から差し入れられた株券を留置し，優先弁済を受けることができる。なお，株式は譲渡担保の目的としても利用されているが，会社法が規制しているのは株式質のみであり，したがって譲渡担保については民法の原則によるほかない。

② 質権の種類

　質権には，登録質と略式質の2つの方法がある。登録質は，質権者であることが株主名簿に記載される質権で，配当などを質権者は直接受領することができる。略式質は，質権者であることが株主名簿に記載されない質権で，質権の効力は株券から発生する配当等の金銭に及ぶものの，質権者が会社から直接に受領することができないものをいう。

　　a　株券発行会社の場合

　　　株券発行会社では，登録質と略式質が利用できる。略式質では，株式の質入れは株券を交付をもってなされ，交付がなければ効力を生じない（会146条2項）。また，その質権をもって株券発行会社その他の第三者に対抗するためには，質権者は，継続して株券を占有しなければならない（会147条2項）。

　　　登録質では，質権設定者である株主は，会社に対して，質権者の氏名又は名称及び住所，質権の目的である株式を株主名簿に記載し，または記録することを請求することができる（会148条）。これにより，会社の質権者に対する通知などが行われ（会150条1項），質権者は会社その他の第三者に対抗することができる（会147条1項）。

　　b　株券を発行していない会社の場合

　　　株券を発行していな会社においては，既述の登録質のみが利用できる（会147条1項）。

③ 質入れの効果

会社法は，質入れの効果について次の類型を定めている。

第1は，会社から株主に支払われる金銭に関するものである。会社から株主に対して，剰余金の配当，残余財産の分配，合併により消滅する会社の株主に支払われる合併交付金，自己株式の取得の対価など金銭が支払われる場合がある。登録質権者はそれを受領し，他の債権者に優先して自己の債権の弁済に充てることができる（会154条1項）。

債権の弁済期が到来していないときは，登録質権者は，会社にそれらの金銭に相当する金額を供託させることができ，質権はその供託金について存在することになる（会154条2項）。

第2は，会社から株主に交付または割り当てられる株式に関するものである。会社が取得請求権付株式や取得条項付株式を発行していたり，株式の無償割当てをする場合には，株主に対し対価として，あるいは新たに株式を交付する場合がある。この場合に，登録質権が設定されているときは，株主が受けることができる株式につき質権者の氏名または及び住所を株主名簿に記載または記録しなければならない（会152条1項）。また，株式の併合や分割がなされた場合も，併合された株式や分割された株式についても，同様に株主名簿に登録や記録をしなければならない（会152条2項・3項）。

第3は，会社から株主に交付される株券に関するものである。株券発行会社の場合は，株主が受ける株式に係る株券を登録質権者に引き渡さなければならない（会153条1項）。また株式の併合や株式分割の場合には，新たに発行される併合された株式の株券や分割された株式の株券を登録株式質権者に引き渡されることになる（会153条2項・3項）。

(2) 譲渡担保　会社法には規定はないが，実務上は株式に譲渡担保が設定されることが行なわれている。質権と同様に，2つの設定方法がある。1つは，登録譲渡担保であり，株主名簿を担保権者名義に書き換えるというものであり，他の1つは，略式譲渡担保であり，株券を譲渡担保権者に交付するものである。

譲渡担保についても，質権と基本的に同じであるが，契約と株券の占有によって行われる。質権と異なるところは，任意売却・所有権取得が認められる点が異なるが，実際にはそれほど大きな違いはない。

8 自己株式の取得とはなにか

（1）自己株式取得規制　自己株式とは，自社発行株式のことをいう。会社による自己株式の取得は，多くの弊害が予想されたところから，旧商法では厳しい規制がなされていた。しかし，利点も多いところから，会社法は弊害を除去する形で認めている。

会社法が認める自己株式の取得は次の場合である（会155条）。すなわち，①取得条項付株式（会107条2項3号イ）について取得事由が生じた場合，②譲渡制限株式（会138条1号ハ又は2号ハ）について会社が譲渡を承認できない場合，③株主との合意による株式取得に関する総会決議（会156条1項）があった場合，④取得請求権付株式（会166条1項）の取得の請求があった場合，⑤全部取得条項付種類株式（会171条1項）の取得に関する決定がなされた場合，⑥相続人等に対する売渡し請求（会176条1項）をする場合，⑦単元未満株主による単元未満株式の買取請求（会192条1項）があった場合，⑧株式を競売により，代金をその株式の株主に交付する場合，⑨売却される一に満たない端数を買い取る場合，⑩事業の全部譲り受けにおいて他の会社が有する会社の株式を取得する場合，⑪合併後消滅する会社から会社の株式を承継する場合，⑫吸収分割をする会社から会社の株式を承継する場合，⑬その他法務省令第27条で定める場合である。

以上のうち，③を除くいずれの場合も，自己株式の取得事由が特定されているが，しかし，③については，特に取得事由は法定されておらず，株主との合意があれば，株式を取得できることになるが，会社法は，全ての株主を対象とする場合と，特定の株主を対象とする場合とに分けて，それぞれ手続規制および財源規制をしている。

（2）株主との合意による取得

① 全ての株主を対象とし，申込みのあった株主から取得する場合

まず全ての株主を対象とし，申込みのあった株主から株式を有償で取得する場合である。この場合には，次の手続で行うことになる。

 a　株主総会の決議によって，次に掲げる事項を定めておく必要がある（会156条）。すなわち，取得株式数（種類株式発行会社にあっては，株式の種類及び種類ごとの数），対価として交付する金銭等の内容及びその総額，1年を超えない範囲での株式の取得期間についてである。

b　次いで，株主総会の決定に基づき，会社が具体的に自社株式を取得する場合には，取締役会非設置会社においては，株主総会においてその都度，取得株式数（種類株の場合には，その種類及び数），引換えに交付する金銭等の内容及び数若しくは額又はこれらの算定方法，引換えに交付する金銭等の総額，株式の譲渡しの申込みの期日を決定しておく必要がある（会157条1項）。取締役会設置会社においては，取締役会において決定する（会157条2項）。

　　c　申込総数が株主総会で定められた取得総数を超えるときは，個々の株主から会社が譲り受ける株式数は，取得総数を申込総数で除して得た数に当該株主の申込株式数を乗じて算出される（会159条）。

② 特定の株主から取得する場合

　会社は，株主総会決議によって，特定の株主から株式を取得することを定めることができる（会160条1項）。この場合，会社は株主総会の日の2週間前までに，株主に対して，特定の株主に自己をも加えたものを株主総会議案とすることを請求できる旨を通知しなければならない（会160条2項，会社則28条）。ただし，市場価格のある株式の取得（会161条，会社則30条），相続人等からの取得（会162条），子会社からの株式の取得（会163条）の場合は必要ではない。

③ 市場取引等による株式の取得

　会社が，市場取引又は公開買付けの方法により自己株式を取得する場合には，以上の規制はされない（会165条1項）。その結果，あらかじめ株主総会の決議によって自己株式の取得に関する事項の決定がなされておれば，会社は自己株式を取得できる。また取締役会設置会社においては，市場取引等により自己株式の取得を取締役会の決議によって定めることができる旨の定款の定めがある場合には，取締役会の決議で行うこともできる（会165条2項）。

　（3）財源規制　　以上の①から③までの自己株式の取得については，財源規制がされている。すなわち，自己株式取得により，会社から株主に対して交付する金銭等の帳簿価額の総額はその効力を生ずる日における剰余金の分配可能額を超えてはならない（会461条）。

9 株主名簿と名義書換

(1) 株主名簿の意義　株主名簿とは，株式会社において，株主および株券に関する事項を明らかにするために，作成および備え置きが義務付けられている帳簿をいう。会社法は株主名簿の記載事項を法定するとともに，その記載に一定の効果を与えて，会社と株主間の法律関係を簡明化して安定化させ，集団的に事務処理を画一的に行えるようにしていう（会121条）。株主および会社債権者は営業時間内であれば何時でも株主名簿の閲覧や謄写をする権利がある（会125条2項）。

株主名簿には，①株式の譲受人は名義書換を受けないかぎり，会社に対して株主であることを主張できないという確定的効力，②名簿に記載された株主は対会社関係で正当な株主として推定され，株券を呈示しなくても株主としての権利行使が可能であるという資格授与的効力，③会社は名簿上の株主に権利行使を認めればよく，会社から株主への通知・催告は名簿に記載されている住所に宛ててすれば，たとえそれが真実の株主でなかったとしても会社は免責されるという免責的効力が与えられている。もっとも名義書換未了の株主を会社の責任において株主として扱うことは差し支えない。会社は，名簿上の住所に宛てた通知や催告の不到達が5年間続くと，それ以降は通知・催告をする必要はなくなる。

(2) 名義書換　株式の譲渡や相続などにより株式を取得しても，株主名簿の名義書換をしなければ，株主はその地位を会社に主張することはできない。株主名簿の名義書換は株券の呈示によって行うが，株券の呈示があると，法律上適法な所持人と推定され（会131条），会社は請求者が無権利者であることを証明しない限り名義書換を拒絶することはできない。会社が不当に名義書換を拒絶したときは，株主は名義書換なしに会社に株主であることを主張できるというのが判例である。

ところで上場会社のように株式取引が大量的に，しかも頻繁になされているところでは，株主名簿上の株主も頻繁に変わり，議決権行使や配当金の受け取りなど権利者が特定できず，会社の事務も混乱することになる。そこで，権利者としての株主を特定させるために株主名簿の閉鎖あるいは基準日という制度を設けている。株主名簿の閉鎖とは，一定期間株主名簿の変更を受け付けないという制度である。この期間は3か月を超えること

は許されない。また，基準日とは，会社が一定の日を定め，その日に株主名簿に記載されている株主・質権者が権利者とみなす制度である（会124条）。

10 株　券

（1）株券の意義　株券とは，株式すなわち株主の地位を表章する有価証券である。一般に有価証券とは，権利の移転および行使が証券によって行われることを要するものといわれる。これは，無形の権利を証券に化体させ，権利を行使するときはそれによって行うとする法技術であり，この制度により無形の抽象的な権利が商品と同様に流通することになる。これを株券でいうと，株式という無形の権利が株券という証券に具体化されると，株主権を行使するときは株券を呈示すればよく，株主たる地位を譲渡するときは株券を引き渡せばよいことになる。

（2）株券不発行の原則化と株券のペーパーレス化　有価証券である株券は便利な反面，証券化されているために株券の盗難や紛失などの危険が付きまとう。そこで会社法は，株券不発行を原則とし，株式（種類株式発行会社にあっては，全部の種類の株式）に係る株券を発行する旨を定款で定めた場合に発行することができるとする（会214条）。

これに対応して平成21年1月より株券の電子化が実施されている。すなわち，社債，株式等の振替に関する法律（平成13年6月27日法律75号）により，上場会社の株式等に係る株券をすべて廃止し，株券の存在を前提として行われてきた株主権の管理を，証券保管振替機構及び証券会社等の金融機関に開設された口座において電子的に行うとするものである。

（3）株券発行会社の場合

① 株券の発行

株券発行会社は，株式を発行した日以後遅滞なく，株券を発行しなければならない（会215条1項）。株式の併合や分割をした場合も，同様である（会215条2項・3項）。これは，株式の譲渡が株券の交付によってなされるところから（会128条1項），そのためには株券が必要となるからである。他方，公開会社でない株券発行会社の場合は，株主から請求がある時までは，株券を発行しないことができる（会215条4項）。

② 株券の記載内容

　株券を発行する場合には，株券に次の事項及びその番号を記載し，株券発行会社の代表取締役（委員会設置会社にあっては，代表執行役）がこれに署名し，又は記名押印しなければならない（会216条）。すなわち，株券発行会社の商号，当該株券に係る株式の数，譲渡による当該株券に係る株式の取得について株式会社の承認を要することを定めたときは，その旨，種類株式発行会社にあっては，当該株券に係る株式の種類及びその内容である。

③ 株券の喪失と再発行

　株券を滅失しあるいは盗難または遺失により株券の占有を失った者は，株券発行会社に対し，当該株券についての株券喪失登録簿記載事項を株券喪失登録簿（会221条）に記載し，又は記録することを請求することができる（会223条）。記載または記録されると，株券発行会社は，登録抹消日までの間は，株券喪失登録がされた株券に係る株式を取得した者の氏名又は名称及び住所を株主名簿に記載し，又は記録することができなくなる（会230条）。

　株券喪失登録がされた株券を所持する者は，株券喪失登録日の翌日から起算して1年を超えない間に株券発行会社に対し，当該株券喪失登録の抹消を申請することができる（会225条）。株券喪失登録がされた株券は，株券喪失登録日の翌日から起算して1年を経過した日に無効となり（会228条1項），この場合には，株券発行会社は，当該株券についての株券喪失登録者に対し，株券を再発行しなければならないことになる（会228条2項）。

11　株式の消却・株式の併合・株式の分割

（1）**株式の消却**　　会社は，自己株式を消却することができる。この場合，消却する自己株式の数（種類株式発行会社にあっては，自己株式の種類及び種類ごとの数）を定める必要がある（会178条1項）。取締役会設置会社においては，この決定は，取締役会の決議によってなされる（会178条2項）。

（2）**株式の併合**　　会社は，株式の併合をすることができる（180条1項）。会社は，株式の併合をしようとするときは，その都度，株主総会の決議によって，次に掲げる事項を定めなければならない（会180条2項）。

① 併合の割合
② 株式の併合がその効力を生ずる日
③ 株式会社が種類株式発行会社である場合には，併合する株式の種類

（3）株式の分割 会社は，株式の分割をすることができる（会 183 条 1 項）。会社は，株式の分割をしようとするときは，その都度，株主総会（取締役会設置会社にあっては，取締役会）の決議によって，次に掲げる事項を定める（会 183 条 2 項）。

① 株式の分割により増加する株式の総数の株式の分割前の発行済株式（種類株式発行会社にあっては，第 3 号の種類の発行済株式）の総数に対する割合及び当該株式の分割に係る基準日
② 株式の分割がその効力を生ずる日
③ 株式会社が種類株式発行会社である場合には，分割する株式の種類

第 5 節　株式会社の機関

1　会社運営のための機関にはどのようなものがあるか

（1）機関とはなにか　会社の組織上一定の地位にある者の意思決定または行為が，法律上，会社の意思決定または行為とみとめられる関係にある場合に，この組織上の地位を機関という。会社は複数の社員からなる団体であり，それ自体社員とは独立の存在ならびに意思と活動が想定される権利義務の帰属主体（法人）である。社団法人は自然人ではないから，その実現としての具体的な意思と活動は，特定の自然人を通じてなされるほかない。この地位を担当する者を機関担当者または機関構成員といい，機関の有する力または機関の行為が法律上の効力を生じる範囲を機関の権限という。

機関のあり方は，団体や会社の種類に応じて，その明確性や分化・複雑化の程度が異なる。株式会社では，株主 1 人から多数の株主からなる大規模な団体まで，資本も 1 円から巨大なものまで想定される。当然に機関の構成についても多様なものが想定され，一律に規制することは困難であるし，会社経営の効率化という視点からは株主の判断に委ねた方が適当といえる。他方，多数の利害関係者が存することを考慮すると，一定の堅実性

も期待され，そこで会社法は，会社の規模，閉鎖性の有無を基準にした大枠を維持しながらも，機関設計の自由を会社に委ねようとしている。

（2）株式会社の機関はどのような変遷を辿ってきたか　株式会社における機関分化の進展と高度化は，著しい企業の所有と経営・支配の分離の進展を背景に，経営者の権限の著しい拡大と一層の肥大化，それに対する有効適切な規制をめぐるものといえる。

① 所有と経営の分離

　株式会社は大規模な共同企業に適する形態であり，多数に分散し絶えず変動する株主が，当然に会社の経営に直接関与することは，能力的技術的に実際上不可能であり，所有と経営は必然的に分離せざるをえない。つまり株主が企業を所有し，株主総会で選任された取締役が企業を経営することになる。しかし企業に対する支配は，取締役の選任・解任の権限を中心に，株主総会を通じて株主の手に留保することになる。大資本の集中・株式の広範な分散と経営の複雑化・専門化は，会社経営を目的として株式を所有し会社を経営する能力のある少数の企業者株主と，株式を投資または投機の対象として所有し会社経営に直接的関心のない多数の投資株主または投機株主に分化し，所有と経営の分離が進展し，企業の所有と支配の分離傾向が指摘される。つまり所有に基づかない富の支配の成立が問題とされる。支配とは，経営者たる取締役の過半数を選任する力といえる。株主総会決議は1株1議決権による資本多数決によるから，議決権数の過半数を有する者が会社を支配する形態を多数者支配という。経営者は，大多数の経営に無関心で総会出席を期待できない株主に対し，議決権の代理行使・書面行使を勧誘し，委任状（または投票用紙）を集める方法で会社を支配するころが可能となる。委任状勧誘者が発行済株式総数の過半数にはほど遠い2～3割程度の株式を所有する支配形態を少数者支配という。委任状勧誘者は無視できるほどの株式数しか有しない経営者であり，企業者株主不在・支配株主不在の状態における支配形態を経営者支配という。このような議決権不行使に対応する代理行使・書面行使の勧誘による少数者支配と経営者支配は事実上の支配であり，とくに経営者支配は，会社経営に破綻があれば，企業の実質的所有者たる株主が結束して，経営者たる地位を奪うことはできるのであり，所有に基づく支配は潜在的に貫徹されている。

わが国の所有と経営・支配の分離現象をみると，株主１人あたりの持株比率は低下し，大企業では筆頭株主でも数パーセントというのが常態であり，特徴的なのは，平成３年のバブル崩壊を契機に外国人株主の増加，個人の株主の増加が顕著であるのに比べ，金融機関，事業法人の持ち株比率が低下である。不良資産の解消と国際競争力強化のために企業間の相互持合が解消されざるをえなかったといえる。

② 監査・監督制度の強化

旧商法下では，株式会社における所有と経営・支配の分離の進展という経済的・実質的事態に対応して，法制度的な機関の分化・権限の合理化の改正が推進され，著しい経営者の権限拡大がもたらされてきた。そのうえ法が制度的に予定した経営者に対する各種のコントロール機構が事実上無機能化しているために，経営者の権限は一層肥大化し，経営者支配の成立が指摘されていた。この経営者の権限をいかに有効・適切にコントロールするか，その法的諸制度をどのように確保するかが重要な課題となり，監査役制度の強化と会計監査人制度の導入，取締役会の業務監査機能の活性化，株主の監督是正権の強化，開示制度の充実などが図られた。

しかし，大会社の場合と異なり，中小会社に対する監査・監督制度については，論議はなされたが，制度化はなされなかった。そこで，会社法は，会計参与という制度を設け，作成される計算書類の適正を担保しようとしている。

さらに会社経営の適正をはかるために自律的なコントロールシステムの確立という観点から，すべての会社に対して内部統制体制の構築を要請し，とりわけ大会社については義務と課した。これにより，経営はもとより会社全体のコンプライアンスが期待されている。

（3）株式会社にはどのような機関があるか 株式会社は，大規模であることを前提に，その機関も分化し複雑な形態をとり，機関として，株主総会，取締役，取締役会，代表取締役，監査役，監査役会，会計監査人，会計参与があり，臨時のものとして検査役がある。このような機関の鼎立は，近代国家における三権分立の民主的政治思想を反映し，このような機関分化のうちに，牽制と調和による株式会社の私的利益の合理的調整を期待したものといえよう。

株主総会は，企業の所有者である株主により構成される会社の最高機関であり，会社の組織，運営，管理その他株式会社に関する一切の事項について決議をすることができる意思決定機関である（会 295 条 1 項）。ただし取締役会設置会社においては，株主総会が決議できる事項は律会社法に規定する事項及び定款で定めた事項に限られる（会 295 条 2 項）。

　取締役は，取締役会非設置会社においては，会社の業務を執行し（会 348 条 1 項），会社を代表する（会 349 条 1 項）。ただし，取締役会設置会社においては，取締役は取締役会の構成員ということとなる。

　取締役会は，株主総会により選任されたすべての取締役によって構成され，業務執行に関する意思決定機関であるとともに，代表取締役の選定・解職，並びに代表取締役および業務担当取締役の業務執行を監督する機関である（会 362 条）。

　代表取締役は，取締役会において取締役の中から選任される。会社の代表機関であるとともにその業務執行機関である（会 349 条）。

　会計参与は，取締役と共同して，計算書類及びその附属明細書，臨時計算書類並びに連結計算書類を作成することを職務とする機関である（会 374 条）。

　監査役は，株主総会により選任され，取締役の職務執行を，会計参与設置会社にあっては，取締役及び会計参与の職務執行を監査する機関である（会 381 条 1 項）。

　監査役会はすべての監査役で組織され（会 390 条 1 項），監査報告の作成，常勤の監査役の選定及び解職，監査の方針，監査役会設置会社の業務及び財産の状況の調査の方法その他の監査役の職務の執行に関する事項の決定をする機関である（会 390 条 2 項）。

　会計監査人は，会社の計算書類及びその附属明細書，臨時計算書類並びに連結計算書類を監査することを職務とする機関である（会 396 条）。

　委員会設置会社における委員会は，取締役会の決議によって選定された 3 人以上の取締役によって構成され，指名委員会，監査委員会，報酬委員会各々法定の職務を行う機関である（会 404 条）。

　委員会設置会社に置かれる執行役は，取締役会の決議によって選任され（会 402 条），委員会設置会社における取締役会の決議によって委任を受けた

業務の執行の決定および業務の執行を行う機関である（会418条）。

（4）機関設計の選択肢の拡大 会社経営の機動性・柔軟性の向上という観点から，会社法は，機関設計について，株主総会および取締役を必要の機関とするが（会326条），その他の取締役会，会計参与，監査役，監査役会，会計監査人，委員会を定款に定めによって置くことができるとした（会326条2項）。もっとも株式譲渡制限の有無，大会社か否か，さらに株式譲渡制限会社については，取締役会の設置の有無により分類し，一定の会社については機関設置を強制するものもある。ともあれ，株式会社の機関設計の選択肢は大幅に拡大され，会社経営の機動性・柔軟性に資することが期待されている。

中小会社が選択できる機関の組み合わせ

	機関選択肢	非公開会社	公開会社
(1)	取締役	○	×
(2)	取締役＋監査役	○	×
(3)	取締役＋監査役＋会計監査人	○	×
(4)	取締役会＋会計参与	○	×
(5)	取締役会＋監査役	○	○
(6)	取締役会＋監査役会	○	○
(7)	取締役会＋監査役＋会計監査人	○	○
(8)	取締役会＋監査役会＋会計監査人	○	○
(9)	取締役会＋3委員会等＋会計監査人	○	○

大会社が選択できる機関の組み合わせ

	機関選択肢	非公開会社	公開会社
(1)	取締役＋監査役＋会計監査人	○	×
(2)	取締役会＋監査役＋会計監査人	○	×
(3)	取締役会＋監査役会＋会計監査人	○	○
(4)	取締役会＋3委員会等＋会計監査人	○	○

第6節　株主総会

1　株主総会とはなにか

株主総会は，会社の所有者である株主により構成される株式会社の最高意思決定機関であり，かつ株式会社の必要的機関である。

株主総会には定時総会と臨時総会とがあり，定時総会は，毎事業年度の終了後一定の時期に招集されるものである（会296条1項）。臨時総会は，必要に応じて随時に招集される総会である（会296条2項）。

2　株主総会はどのような権限を有するか

株主総会の権限は，取締役会非設置会社と取締役会設置会社で異なる。取締役会非設置会社においては，会社法に規定する事項及び株式会社の組織，運営，管理その他株式会社に関する一切の事項について決議をすることができる（会295条1項）。これに対して，取締役会設置会社においては，株主総会は，会社法に規定する事項及び定款で定めた事項に限り，決議をすることができる（会295条2項）。

3　株主総会はどのような手続きで開催されるか

（1）**株主総会の招集**　定時株主総会は，毎事業年度の終了後一定の時期に招集しなければならない（会296条1項）。これに対し，臨時株主総会は，必要がある場合には，いつでも，招集することができる（会296条2項）。

（2）**招集権者**　株主総会の招集は取締役が行う（会296条3項）。例外は，総株主の議決権の100分の3以上の議決権を6か月前から引き続き有する株主による請求（会297条1項），裁判所による株主総会招集の命令（会307条1項1号）による場合である。

（3）**招集の決定**　取締役会非設置会社において株主総会を招集する場合には，取締役は，次に掲げる事項を定めなければならない（会298条1項）。取締役会設置会社においては，この決定は取締役会の決議によらなければならない（会298条4項）。

① 株主総会の日時及び場所
② 株主総会の目的である事項があるときは，当該事項

③　株主総会に出席しない株主が書面によって議決権を行使することができることとするときは，その旨
　　なお，株主の数が千人以上である場合には，これを定めなければならない（会298条2項）。
④　株主総会に出席しない株主が電磁的方法によって議決権を行使することができることとするときは，その旨
⑤　以上のほか，法務省令で定める事項

(4) 招集通知　株主総会を招集するには，公開会社においては会日の2週間前までに，株主に対してその通知を発することを要する。これに対し，非公開会社においては会日の1週間前までに（取締役会非設置会社の場合に，これを下回る期間を定款で定めることができる）株主に対してその通知を発しなければならない（会299条1項）。

招集通知は書面でなされるが（会299条2項），株主の承諾を得て，電磁的方法により通知を発することもできる（会299条3項）。

通知すべき事項は，株主総会の日時及び場所，株主総会の目的である事項などであるが（会299条2項），書面による議決権行使や電磁的方法による議決権行使をできるとした場合には，株主総会参考書類，議決権行使書面などを交付する（会301条1項）。

なお株主の全員の同意があるときは，総会招集の手続を経ることなく開催することができる（会300条）。

(5) 株主提案権　株主は，取締役に対し，当該株主が議決権を行使することができる事項を株主総会の目的とすることを請求することができる（会303条1項）。また，株主は，株主総会において，株主総会の目的である事項につき議案を提出することができる。（会304条）。株主のこの権利を株主提案権といい，株主が総会に積極的に関与し，総会を活性化しようとするものである。ただし提案権の濫用を防止する観点から，提案権者の範囲を限定している。

(6) 総会議事の運営
①　総会の議事運営を主宰する者は議長であり，多くの会社は定款で代表取締役を議長とする規定を設けている。定款に定めのないときは総会で選任することになる。議長の権限は，総会の秩序維持と議事の整理であ

② 取締役等の説明義務

取締役，会計参与，監査役及び執行役は，株主総会において，株主から特定の事項について説明を求められた場合には，必要な説明をしなければならない（会314条本文）。この説明義務は，実質的には株主の質問権を保障するものであるが，次の場合には説明を拒絶することができる（会314条ただし書）。

1. 説明を求められた事項が株主総会の目的である事項に関しないものである場合
2. その説明をすることにより株主の共同の利益を著しく害する場合
3. 株主が説明を求めた事項について説明をするために調査をすることが必要である場合（会規則71条1号）

    この場合，当該株主が株主総会の日より相当の期間前に当該事項を株式会社に対して通知したり，当該事項について説明をするために必要な調査が著しく容易であるときは，説明を拒絶することはできない。

4. 株主が説明を求めた事項について説明をすることにより株式会社その他の者の権利を侵害することとなる場合（会規則71条2号）
5. 株主が当該株主総会において実質的に同一の事項について繰り返して説明を求める場合（会規則71条3号）
6. 株主が説明を求めた事項について説明をしないことにつき正当な理由がある場合（会規則71条4号）

③ 株主総会の決議方法

決議の方法は，特別の制限はなく，挙手，起立，投票などの出席株主に明認しうる方法で，その採決手続によって議案に対する賛成が必要な多数に達したことが明らかになった時に決議が成立したと認められる。

株主総会の決議は，決議要件によって通常決議（普通決議），特別決議および特殊決議に分類される。

    a　通常決議

        通常決議は，議決権を行使することができる株主の議決権の過半数を有する株主が出席し，出席した当該株主の議決権の過半数をもって

行われる決議である（会309条1項）。定足数の要件は定款で加重，軽減，または排除することができる。

　b　特別決議

　　特別決議は，議決権の過半数を有する株主が出席し，出席した当該株主の議決権の3分の2以上に当たる多数をもって行われる決議である（会309条2項）。この決議方法は，通常決議と比べて，採決の要件が厳格であり，定款によって要件を加重はできるが，軽減・排除ができない。

　c　特殊決議

　　特殊決議は，株主総会の決議は，当該株主総会において議決権を行使することができる株主の半数以上であって，当該株主の議決権の3分の2以上に当たる多数をもって行われる決議である（会309条3項）。

（7）議決権　株主は，株主総会に出席し，討議に参加・質問し，動議を提出し，決議に参加する権利を有する。これらの権利は株主の共益権の中で最も重要なものであり，法律で認められた場合を除き，定款または株主総会の決議によって奪うことはできない。

① 1株1議決権の原則

　株主は，1株につき1個の議決権を有する（会308条1項）。単元株式数を定款で定めている場合には，1単元の株式につき1個の議決権を有する（会188条，308条1項）。これを1株1議決権の原則という。

② 1株1議決権原則の例外

　1株1議決権の原則は，株主はその有する株式の数に応じて平等に取扱われるという株主平等の原則のあらわれであるが，しかし，無議決権株式（会108条，115条），自己株式（会308条2項），相互保有株式（会308条1項），単元未満株式（会308条1項ただし書き），株式譲渡等承認請求者の議決権（会140条），基準日以後に発行された株式（会124条4項）などの例外が認められている。

③ 議決権行使方法

　a　代理人による行使

　　株主は，議決権を自ら行使できるだけでなく，代理人によって行使することもできる（会310条1項）。これは，株主の議決権の行使をでき

るだけ容易にするために認められたものである。したがって，代理人の資格を不当に制限することは許されないが，多くの会社は定款により議決権行使の代理人を当該会社の株主に限っている。

　もっとも，法人の代表者，無能力者の法定代理人，または会社に届けられている外国在住株主の常任代理人などは，その権限に基づく株主のための議決権の代理行使を行うのであり，このような制限を受けない。

　株主が代理人によって議決権を行使するには，代理人の代理権を証する書面を会社に差し出す必要がある（会310条1項後段）。このような書面を委任状という。会社の承諾を得て，書面に記載すべき事項を電磁的方法により提供することもできる（会310条3項）。

　なお，会社は，株主総会に出席することができる代理人の数を制限することができる（会310条5項）。

b　書面もしくは電磁的方法による議決権の行使

　総会に出席しない株主は，議決権行使書面に各議案について賛成・反対または棄権の記載をして，これを総会の前日までに会社に提出して議決権を行使する（会311条1項）。書面によって行使された議決権の数は，定足数および決議の成立に必要な多数の計算にあたっては，出席した株主の議決権の数に算入される（会311条2項）。これは，書面による議決権の行使を，出席して議決権を行使したのと同じ取扱いにする旨のあらわれといえる。

　電磁的方法による議決権の行使は，政令で定めるところにより，株式会社の承諾を得て，法務省令で定める時までに議決権行使書面に記載すべき事項を，電磁的方法により当該株式会社に提供して行う（会312条1項）。

c　議決権の不統一行使

　株主は，その有する議決権を統一しないで行使することができる（会313条1項）。

　議決権の不統一行使をする場合には，株主は，株主総会の日の3日前までに，取締役会設置会社に対してその有する議決権を統一しないで行使する旨及びその理由を通知しなければならない（会313条2項）。

なお，議決権不統一行使の通知をしてきた株主が，他人のために株式を有する者でないときは，会社はその有する議決権を統一しないで行使することを拒むことができる（会313条3項）。

4 種類株主総会

（1）種類株主総会とはなにか　種類株主総会とは，種類株式発行会社におけるある種類の株式の株主の総会をいう（会2条14号）。種類株主総会は，この法律に規定する事項及び定款で定めた事項に限り，決議をすることができる（会321条）。

（2）ある種類の種類株主に損害を及ぼすおそれがある場合の種類株主総会

種類株式発行会社の行為が，ある種類の株式の種類株主に損害を及ぼすおそれがあるときは，当該行為は，当該種類の株式の種類株主を構成員とする種類株主総会の決議がなければ，その効力は生じない（会322条本文）。

決議を要するとされるのは，次の場合である。

① 株式の種類の追加，株式の内容の変更，発行可能株式総数又は発行可能種類株式総数の増加についての定款の変更
② 株式の併合または株式の分割
③ 第185条に規定する株式無償割当て
④ 株式を引き受ける者の募集
⑤ 新株予約権を引き受ける者の募集
⑥ 第277条に規定する新株予約権無償割当て
⑦ 合　併
⑧ 吸収分割
⑨ 吸収分割による他の会社がその事業に関して有する権利義務の全部又は一部の承継
⑩ 新設分割
⑪ 株式交換
⑫ 株式交換による他の株式会社の発行済株式全部の取得
⑬ 株式移転

(3) 種類株主総会の決議
① 普通決議事項

種類株主総会の決議は，その種類の株式の総株主の議決権の過半数を有する株主が出席し，出席した当該株主の議決権の過半数をもって行う（会324条1項）。

② 特別決議事項

種類株主総会において議決権を行使することができる株主の議決権の過半数を有する株主が出席し，出席した当該株主の議決権の3分の2以上に当たる多数をもって行われる決議である（会324条2項）。これには，次のものがある。

1. ある種類の株式に全部取得条項付種類株式の定めを新設する定款変更（会111条2項）
2. 譲渡制限種類株式の募集事項の決定又はその授権（会199条4項，200条4項）
3. 譲渡制限種類株式を新株予約権の目的とする場合の新株予約権の募集事項の決定又はその授権（会238条4項・239条4項）
4. ある種類の種類株主に損害を及ぼすおそれがある会社の行為を行う場合（会322条1項）
5. 種類株主総会により選任された監査役の解任（会347条1項・2項）
6. 存続会社等において合併対価が譲渡制限株式等である場合の吸収合併等の承認（会795条4項）

③ 特殊決議事項

次の種類株主総会の決議は，種類株主総会において議決権を行使することができる株主の半数以上であって，当該株主の議決権の3分の2以上に当たる多数をもって行われるものである。

1. 種類の株式に譲渡制限の定めを新設する定款変更（会111条2項）
2. 吸収合併消滅会社等において，合併対価が譲渡制限株式等である場合の吸収合併等の承認（会783条3項），新設合併消滅会社等において譲渡制限株式を株主に交付する場合の新設合併等の承認（会804条3項）。

5　決議の瑕疵

株主総会は会社の最高の意思決定機関であり，会社はその決議に基づいて運営される。株主総会の決議は有効なものでなければならず，その招集，運営，決議という手続が適法に行われ，決議の内容も法令や定款に違反するものであってはならない。そこで，株主総会の決議において瑕疵があった場合には，その効力を否認する必要がある。会社法は，株主総会の決議の瑕疵を攻撃するための手段として，3つの訴訟形態を規定している。つまり，決議取消訴訟・決議無効確認訴訟・決議不存在確認訴訟であり，それぞれは瑕疵の態様に応じて機能すべきものといえる。

（1）決議取消の訴え

① 株主等は，株主総会決議に取消すべき原因がある場合には，株主総会等の決議の日から3か月以内に，訴えをもって当該決議の取消しを請求することができる（会831条）。株主総会決議は，その決議の効力を取り消す旨の判決が確定して，その効力を否定される（会839条）。

取消原因とされるのは，①株主総会等の招集の手続又は決議の方法が法令若しくは定款に違反し，又は著しく不公正なとき，②株主総会等の決議の内容が定款に違反するとき，③株主総会等の決議について特別の利害関係を有する者が議決権を行使したことによって，著しく不当な決議がされたときである（会831条1項）。

② 提訴権者は，株主，取締役，清算人，監査役にかぎられる（会831条）。この訴えの被告は会社である。

③ 裁量棄却

招集の手続または決議の方法が法令または定款に違反するときでも，その違反の事実が重大でなくかつ決議に影響を及ぼすものでないと認められる場合は，裁判所は原告からの請求を棄却することができる（会831条2項）。

④ 判決の効力

決議取消の訴えにおいて，原告が勝訴して決議取消の判決が確定した場合は，その判決は第三者に対してもその効力を有する（会838条）。判決において取り消された行為は，将来に向かってその効力を失う（会839条）。

⑤ 決議取消の登記

決議事項について登記がなされている場合は，決議取消の判決が確定し

たときに，会社の本店および支店の所在地において，その事項に関する登記をしなければならない（会915条，937条1項ト（2））。

（2）決議無効　株主総会等の決議については，決議の内容が法令に違反することを理由として，決議が無効であることの確認を，訴えをもって請求することができる（会830条2項）。

（3）決議不存在　株主総会若しくは種類株主総会又は創立総会若しくは種類創立総会の決議については，決議が存在しないことの確認を，訴えをもって請求することができる（会830条1項）。

6　利益供与禁止規制

（1）利益供与とはなにか　株主の権利の行使に関し，会社は会社又はその子会社の計算において財産上の利益の供与することが禁止される（会120条1項）。この規制はいわゆる総会屋を利用する会社側に対する規制に主眼のあるものである。

ここに財産上の利益の供与とは，金銭に見積ることができる経済上の利益を供与することであり，有償であると無償であると，相当の対価を伴う場合であると否とを問わず，株主の権利の行使に関して行われるときは許されない。株主の権利の行使とは，株主権の行使のことで，株主権の行使に関するかぎり，議決権は共益権にかぎらず，自益権を含むものである。そして，権利の行使は，総会で質問や発言をしないなどの消極的なものも含むものである。

（2）利益供与とされるための要件

① 　会社が特定の株主に対して無償で財産上の利益の供与をしたときは，当該株式会社は，株主の権利の行使に関し，財産上の利益の供与をしたものと推定される（会120条2項前段）。

② 　会社が特定の株主に対して有償で財産上の利益の供与をした場合において，当該株式会社又はその子会社の受けた利益が当該財産上の利益に比して著しく少ないときも，同様とされる（会120条2項後段）。

（3）利益供与禁止規制違反の効果

① 　利益供与禁止規制に違反した場合には，利益の供与を受けた者は，これを当該株式会社又はその子会社に返還しなければならない（会120条3

項）。

当該利益の供与をすることに関与した取締役（委員会設置会社にあっては，執行役を含む）は，会社に対して，連帯して，供与した利益の価額に相当する額を支払う義務を負う。ただし，その者（当該利益の供与をした取締役を除く）がその職務を行うについて注意を怠らなかったことを証明した場合は，この限りではない（会120条4項）。この義務は，総株主の同意がなければ，免除することができない（会120条5項）。

② 利益供与については，刑事罰も科せられる。まず利益供与をした役員等は3年以下の懲役又は300万円以下の罰金に処せられる（会970条1項）。利益の供与を受け，又は第三者にこれを供与させた者も，同項と同様である（会970条2項）。利益を自己又は第三者に供与することを取締役等に要求した者も同様である（会970条3項）。加えてこれらの者が取締役等に威迫の行為をしたときは5年以下の懲役又は500万円以下の罰金に処せられる（会970条4項）。

なお，取締役等が自首したときは，その刑を減軽し，又は免除することができる（会970条6項）。

第7節　取締役

1　取締役の役割

取締役は，株主総会と並んですべての株式会社において必要とされるが，取締役会非設置会社，取締役会設置会社，委員会設置会社とでは，その役割，機能は異なる。

（1）取締役会非設置会社における取締役

① 取締役の意義

取締役は，会社において内部的な業務執行を行うとともに（会348条1項），会社を代表する必要的常設機関である（会349条1項）。取締役が機関とされるのは，取締役会非設置会社が旧有限会社を想定するという立法上の経緯から設けられたということに由来する。

取締役の員数は1名以上あれば足りるが（会326条1項），取締役が2人以上ある場合には，会社の業務は，取締役の過半数をもって決定することに

なる（会349条2項）。代表取締役は定款に定めることで任意に設置できる（会349条3項）。

② 取締役の資格

取締役には，次の者は就任できない。すなわち，法人，成年被後見人，被保佐人，外国の法令上これらと同様に取り扱われている者，会社法などの定める罪を犯して刑の執行を終わった日から2年を経過しない者などは取締役に就任できない（会331条1項）。

なお，会社法は，非公開会社に対して，取締役が株主でなければならない旨を定款で定めることを認めている（会331条2項）。これは，非公開会社が株主相互および株主と取締役間の信頼関係が会社存立の基盤とする特性に由来するものといえる。

③ 取締役の選任

取締役は株主総会において選任される（会329条1項）。非公開会社において，当該種類の株式の種類株主を構成員とする種類株主総会において取締役を選任することとする種類株式を発行している場合には，その種類株主総会で取締役を選任することとなる（会108条1項9号，347条1項）。

④ 取締役の任期

取締役の任期は，選任後2年以内に終了する事業年度のうち最終のものに関する定時株主総会の終結の時までとされる（会332条1項）。ただし，非公開会社では，定款によって選任後10年以内に終了する事業年度のうち最終のものに関する定時株主総会の終結の時まで伸長することを妨げない（会332条2項）。

⑤ 取締役の終任

株式会社と取締役の関係は委任に関する規定に従う（会330条）。したがって，委任の終了事由（民653条）によって終了するほか，任期満了（会332条），欠格事由の発生（会331条），株主総会による解任決議（会341条），裁判所による解任判決（会854条）によって終了する。

⑥ 取締役の欠員

会社は，取締役が欠けた場合などに備えて補欠の取締役を選任しておくことができる（会329条2項）。2人以上の補欠の会社役員を選任するときは，当該補欠の会社役員相互間の優先順位も併せて決定しておく必要がある

（会329条2項，会規則96条2項5号）。補欠取締役の選任に係る決議が効力を有する期間は，定款に別段の定めがある場合や株主総会決議で短縮された場合を除き，決議後最初に開催する定時株主総会の開始の時までとされる（会29条2項，会規則96条3項）。

　補欠取締役が選任されていない状態で，取締役が欠けた場合，法律や定款で定めた取締役の員数が欠けた場合には，任期の満了又は辞任により退任した取締役は，新たに選任された取締役が就任するまでの間，役員としての権利義務を有する（会346条1項）。この場合に，裁判所は，必要があると認めるときは，利害関係人の申立てにより，一時役員の職務を行うべき者を選任することができる（会346条2項）。この取締役を仮取締役という。

　さらに民事保全法（平成1年12月22日法律第91号）に規定する仮処分命令により取締役の職務を代行する者が選任される場合がある（保全56条）。この取締役を職務代行者といい，株式会社の常務に属する行為を行う権限が付与される。

（2）取締役会設置会社における取締役

① 取締役の意義

　取締役会設置会社においては，取締役は業務執行機関である取締役会の構成員となり，必要に応じてその執行にあたる。この場合，取締役の員数は3名以上でなければならない（会331条4項）。

　取締役の資格は，取締役会非設置会社と同様である。

② 取締役の選任

　取締役は株主総会において選任される（会329条1項）。ただし，取締役選任権付種類株を発行しているときは，種類株主総会において選任される。

③ 取締役の任期

　選任後2年以内に終了する事業年度のうち最終のものに関する定時株主総会の終結の時までとされる（会332条1項）。ただし，非公開会社では，定款によって選任後10年以内に終了する事業年度のうち最終のものに関する定時株主総会の終結の時まで伸長することを妨げない（会332条2項）。

④ 取締役の終任

　取締役の終任事由は，取締役会非設置会社と同様である。また，取締役に欠員が生じた場合には，補欠取締役，仮取締役，職務代行者の制度があ

る。

(3) 委員会設置会社における取締役
① 取締役の意義

委員会設置会社においては,取締役には業務執行権がなく(会415条),取締役会の構成員となる。また指名委員会,監査委員会,報酬委員会の3委員会のいずれかの委員に就くこととなる(会400条2項)。

取締役の員数は9名以上でなければならない(会400条1項)。委員会設置会社では指名,監査,報酬の3委員会があり(会2条12号),各委員会は3人以上の取締役によって構成されなければならないからである(会400条1項・2項)。

取締役としての資格については,会社法の定める欠格事由のないことが必要とされるが,加えて,取締役の過半数は社外取締役,つまり当該株式会社又はその子会社の業務執行取締役,執行役,支配人その他の使用人でなく,かつ,過去に当該株式会社又はその子会社の業務執行取締役,執行役,支配人その他の使用人となったことがないものでなければならない(会400条3項,2条15号)。また委員会設置会社の支配人その他の使用人を兼ねることは認められない(会331条3項)。

② 取締役の選任

取締役は株主総会において選任される(会329条1項)。ただし,取締役選任権付種類株を発行しているときは,種類株主総会において選任される。

③ 取締役の任期

委員会設置会社以外の会社の場合と異なり,取締役の任期は,選任後1年以内に終了する事業年度のうち最終のものに関する定時株主総会の終結の時までである(会332条3項)。

④ 取締役の終任

取締役の終任事由は,取締役会非設置会社と同様である。また,取締役に欠員が生じた場合には,補欠取締役,仮取締役,職務代行者の制度がある。

2　取締役はどのような注意義務を負うか
(1) 善管注意義務と忠実義務
① 善管注意義務

　取締役は，会社に対して受任者として善管なる管理者の注意をもって職務を遂行すべき義務を負う（民644条）。この義務を善管注意義務という。これは，取締役一般に期待される程度の注意を払って職務を遂行すべき義務であり，その意味で善管注意義務は客観的なものである。

② 忠実義務

　取締役は法令及び定款並びに株主総会の決議を遵守し，会社のため忠実にその職務を行わなければならない義務を負う（会355条）。この義務を忠実義務という。

　なお，ここでいう法令は，取締役がその職務遂行に際して遵守すべき義務を個別的に定める規定はもとより，会社を名あて人として会社がその業務を行うに際して遵守すべきすべての規定が含まれると一般に解されている。

③ 両者の関係

　善管注意義務と忠実義務との関係については，旧商法の昭和25年改正の経緯から，善管注意義務と別個に取締役に課せられた特別の義務と解する考えも主張されているが，通説・判例は忠実義務は善管注意義を敷衍し明確にしたものにとどまり，別個の高度な義務を規定したものではないと解している（旧商法254条ノ3に関する）。

　以上のように会社法は取締役に対して善管注意義務や忠実義務を課しているが，さらにこれらの義務を具体化した規定を設けている。

(2) 競業取引及び利益相反取引
① 競業取引とは，自己または第三者のために会社の事業の部類に属する取引をすることをいう（会356条1項1号）。また利益相反取引とは，取締役が自己又は第三者のために株式会社と取引をしようとすること，会社が取締役の債務を保証すること，その他取締役以外の者との間において会社と当該取締役との利益が相反する取引をしようとすることをいう（会356条1項2号・3号）。これらの取引はいずれも会社の利益を犠牲にして自己または第三者の利益を図るおそれがあるところから規制されてお

り，したがって，たとえば会社と取締役間の利害の衝突を惹起するおそれのない債務の履行は規制の対象とならないし，取締役がその会社に対し無利息，無担保で金銭を貸し付ける行為は，ここでいう取引に当たらないといえる。

　ここで規制されているのは取引であるところから，たとえば同業他社の役員になることは競業規制の対象にはなならない。しかし，場合によっては善管注意義務・忠実義務違反になりうるものといえる。

② 　競業取引や利益相反取引をした場合には，取締役会非設置会社においては，当該取締役は，株主総会において，取引に関する重要な事実を開示し，その承認を受けることを要する（会356条1項）。取締役会設置会社においては，取引に関する重要な事実を開示し，その承認を受けることを要する（会365条1項）。また，競業取引などをした取締役は，取引後，遅滞なく，当該取引についての重要な事実を取締役会に報告しなければならない（会365条2項）。

③ 　競業規制や利益相反取引規制に違反し会社に損害を与えた場合には，取締役は任務懈怠として会社に賠償責任を負う（会423条1項）。その場合，取締役が得た利益の額が会社の損害の額と推定される（会423条2項）。

　なお，利益相反取引によって会社に損害が生じたときは，その取締役，取引をすることを決定した取締役，取引に関する取締役会の承認の決議に賛成した取締役は，その任務を怠ったものと推定される（会423条3項）。

（3）監視義務

① 　監視義務の意義

　取締役会は，業務執行の決定のほか，取締役の職務執行の監督を職務とする機関である（会362条2項）。したがって，取締役会設置会社においては，取締役はその構成員として他の取締役の職務の執行について監視することになり，また委員会設置会社においては，他の取締役および執行役の職務の執行について監視することになる。取締役会非設置会社では，取締役が2人以上の場合には，取締役は他の取締役の業務執行について監視義務を負っている。

② 　監視義務の範囲

　監視義務の範囲は，取締役会に上程された事項はもちろんであるが，そ

れ以外の事項にも及ぶ。つまり，取締役は当然に取締役会に出席することが義務付けられており，審議を通して代表取締役や他の取締役が法令や定款を遵守し適法かつ適正になされていることを監視する義務を負っている。さらに取締役は必要があれば，取締役会の招集を求め，あるいは自ら招集することが認められており（会366条2項・3項），取締役会を通じてその業務執行が適正に行われるようにする職務があるところから，代表取締役の業務執行一般についても監視義務が及ぶ。

③　報告義務

会社に著しい損害を及ぼすおそれのある事実があることを発見したときは，直ちに，当該事実を株主（監査役設置会社にあっては，監査役）に報告することを要する（会357条1項）。監査役会設置会社にあっては，監査役会に対して，報告すべき義務を負っている（会357条2項）。

（4）内部統制体制整備義務　　取締役会非設置会社においては，取締役は，その職務の執行が法令及び定款に適合することを確保するための体制その他株式会社の業務の適正を確保するために必要な，いわゆる内部統制体制の整備義務を負う（会348条3項4号）。その具体的内容として法務省令は次の事項をあげている（会社則98条1項）。すなわち，①取締役の職務の執行に係る情報の保存及び管理に関する体制　②損失の危険の管理に関する規程その他の体制　③取締役の職務の執行が効率的に行われることを確保するための体制　④使用人の職務の執行が法令及び定款に適合することを確保するための体制　⑤当該株式会社並びにその親会社及び子会社から成る企業集団における業務の適正を確保するための体制の整備である。

取締役会設置会社では取締役会が内部統制体制整備を行うこととされ（会362条4項6号），委員会設置会社でも取締役会がその整備を行うこととされている（会416条1項1号ホ）。

3　取締役の報酬等

（1）報酬等の規制趣旨　　会社と取締役の法律関係については民法の委任に関する規定が適用され（会330条），したがって，取締役の報酬も特約がなければ請求できないということになる（民648条1項）。それを踏まえ，会社法は，取締役に報酬等を支給する場合には，その額などについて定款に

定めていないときは，株主総会の決議を要する（会361条1項柱書）。報酬等について，会社法が定款もしくは株主総会の決議事項としているのは，一般に取締役ないし取締役会によるいわゆるお手盛りの弊害を防止する点にあると解されている。

（2）**報酬等の範囲**　ここでいう報酬等とは，取締役の報酬，賞与その他の職務執行の対価として株式会社から受ける財産上の利益であり，したがって，退職慰労金や死亡した場合に支払われる弔慰金も，職務執行の対価として支払われるものである限り報酬等に含まれる。また必ずしも金銭である必要はなく，ストック・オプションなども含まれる。

（3）**報酬の決定手続**　取締役の報酬等について，定款で定めるか，もしくは株主総会で決定することを要するのは，①報酬等のうち額が確定しているものについては，その額，②報酬等のうち額が確定していないものについては，その具体的な算定方法，③報酬等のうち金銭でないものについては，その具体的な内容となる（会361条1項）。その際，②の報酬等の額の具体的算定方法，③の金銭によらない内容に関する事項を定め，またはこれを改定する議案を株主総会に提出した取締役は，当該株主総会において，当該事項を相当とする理由を説明しなければならない（会361条2項）。

第8節　取締役会

1　取締役会設置会社における取締役会

（1）**取締役会の意義**　取締役会は，すべての取締役で組織され，業務執行の決定，取締役の職務の執行の監督，代表取締役の選定及び解職を行うことを職務とする機関である（会362条1項・2項）。会議体であるところから常時継続して存在するものではなく，招集によって開催される。

（2）**取締役会の権限**　取締役会の第1の権限は，会社の業務執行に関する意思決定である（会362条2項1号）。

これら会社の業務執行について，会社法は重要な業務執行と，そうでない業務執行とに分け，前者については取締役会が自らこれを決定すべきものとし，代表取締役などに委任することは許されない（362条4項）。会社法が重要な業務執行として示しているものは，①重要な財産の処分および譲

受け,②多額の借財,③支配人その他の重要な使用人の選任および解任,④支店その他の重要な組織の設置,変更および廃止,⑤募集社債に関する事項の決定,⑥内部統制体制の整備,⑦役員の責任の免除,⑧その他の重要な業務執行の決定である(会362条4項)。

このほかにも,譲渡制限株式の譲渡による取得承認(会139条1項),株式分割(会183条2項),公開会社における募集株式の募集事項の決定(会201条1項,199条),株主総会招集の決定(会298条4項),取締役の競業取引・自己取引の承認(会365条,356条),計算書類の承認(会436条3項),準備金の資本組入(会448条)など多くの事項が取締役会の決定によるべきものとされている。

なお,大会社においては,⑥の内部統制体制の整備は取締役会の義務として決定しなければならない事項とされている(会362条5項)。

取締役会の第2の権限は,代表取締役および業務執行取締役の職務の執行の監督である(会362条2項2号)。監督は,職務の適法性はもとより妥当性にも及ぶ。また取締役会に上程された事項以外の事項についても監督が及ぶ。

このために取締役は,3月に1回以上,業務の執行の状況を取締役会に報告することを要するとしている(会363条2項)。

(3) 取締役会の招集　　取締役会は,各取締役が招集するが,取締役会を招集する取締役を定款又は取締役会で定めたときは,その取締役が招集する(会366条1項)。

この場合でも,他の取締役は,招集権者に対し,取締役会の目的である事項を示して,取締役会の招集を請求することができるし,請求があった日から5日以内に,その請求があった日から2週間以内の日を取締役会の日とする取締役会の招集の通知が発せられない場合には,その請求をした取締役は,取締役会を招集することができる(会366条2項・3項)。

なお,取締役会設置会社(監査役設置会社及び委員会設置会社を除く。)の株主は,取締役が取締役会設置会社の目的の範囲外の行為その他法令若しくは定款に違反する行為をし,又はこれらの行為をするおそれがあると認めるときは,取締役会の招集を請求することができる(会367条1項)。

招集手続は,取締役会の日の一週間(これを下回る期間を定款で定めた場合に

あっては、その期間）前までに、各取締役（監査役設置会社にあっては、各取締役及び各監査役）に対してその通知を発することを要する（会368条1項）。しかし、取締役（監査役設置会社にあっては、取締役及び監査役）の全員の同意があるときは、招集の手続を経ることなく取締役会の開催を行うことができる（会368条2項）。

（4）**取締役会の決議**　取締役会の決議は、議決に加わることができる取締役の過半数（これを上回る割合を定款で定めた場合にあっては、その割合以上）が出席し、その過半数（これを上回る割合を定款で定めた場合にあっては、その割合以上）をもって行う（会369条1項）。この場合、その決議について特別の利害関係を有する取締役は、議決に加わることができない（会369条2項）。

なお、会社の定款で、議案について取締役全員が書面などにより同意の意思表示をしたとき（監査役設置会社にあっては、監査役が当該提案について異議を述べたときを除く。）は、当該提案を可決する旨の取締役会の決議があったものとみなす旨を定めている場合には、取締役会の決議の省略することが認められる（会370条）。

（5）**議事録等の備置および閲覧**　取締役会設置会社は、取締役会の日から10年間、議事録等を記載し、若しくは記録した書面若しくは電磁的記録をその本店に備え置かなければならない（会371条1項）。

この議事録等については、株主は権利を行使するため必要があるときは、会社の営業時間内は、当該書面および電磁的記録の閲覧又は謄写の請求をすることができる（会371条2項）。また、債権者も、役員又は執行役の責任を追及するため必要があるときは、裁判所の許可を得て、取締役会の議事録等について請求することが認められる（会371条4項）。

2　取締役会非設置会社の業務執行の意思決定

会社の業務執行は、取締役が1人の場合には、定款に別段の定めがある場合を除き、その取締役が意思決定をし、執行する（会348条1項）。

取締役が2人以上ある場合には、株式会社の業務は、定款に別段の定めがある場合を除き、取締役の過半数をもって決定する（会348条2項）。その場合に、次の事項についての決定を各取締役に委任することができない（会348条4項）。すなわち、①支配人の選任及び解任、②支店の設置、移転及び

廃止，③株主総会招集に関する決定事項，内部統制体制の整備，役員の責任の免除である。

第9節　代表取締役

1　会社の代表と代表取締役

　取締役会非設置会社の場合，会社を代表するのは取締役であり（会349条1項），取締役が2人以上ある場合には，取締役は，各自，株式会社を代表する（会349条2項）。ただし，定款，定款の定めに基づく取締役の互選又は株主総会の決議によって，取締役の中から代表取締役を定めることができる（会349条3項）。

　他方，取締役会設置会社の場合，代表取締役は株式会社における必要常設の機関であり，取締役会の決議をもって取締役の中から選任される（会362条3項）。

　代表取締役の員数には制限はなく，1人でも複数でも差し支えない。複数の代表取締役がいる場合，各代表取締役は単独で会社を代表するのが通例である。代表取締役は社長，副社長，専務取締役，常務取締役という名称を用いて代表行為をすることも妨げない。なお，代表取締役の氏名，住所，共同代表については，第三者保護のため登記することを要する（会911条3項14号）。

2　代表取締役の選任，終任，辞任

　（1）**代表取締役の選任**　代表取締役の選任は取締役会においてなされるが（会362条2項3号），この決定は，議決に加わることができる取締役の過半数（これを上回る割合を定款で定めた場合にあっては，その割合以上）が出席し，その過半数（これを上回る割合を定款で定めた場合にあっては，その割合以上）をもって行う（会369条1項）。なお，代表取締役選任の決議につきその候補者たる取締役は，特別利害関係取締役（会369条2項）には該当しないとされている。

　代表取締役の氏名および住所は登記事項であり（会911条3項14号），代表取締役を選定されたときはその登記を要する（会911条3項）。再選に関し

ても同様である。就任による変更登記は，申請書に選任決議に関する取締役会の議事録（商登46条2項）と被選任者の就任承諾書（商登54条2項1号）を添付して代表取締役の申請によりなされる（商登17条2項）。

　（2）代表取締役の任期　　代表取締役の任期については，取締役の任期と同一になるのが通常である。取締役の任期の範囲内であれば代表取締役自体の任期を別に定めることも差し支えない。代表取締役は，任期の満了，辞任，解職などによって退任するが，代表取締役を退任したからといって取締役の地位まで当然に失うものではない。しかし，代表取締役は，取締役であることを前提とするので，取締役を退任したときは当然に代表取締役の地位も失うことになる。

　（3）代表取締役の終任・辞任　　代表取締役は何時でも辞任することができるが（民651条1項），会社に不利益な時期に辞任したときにはこれにより会社に生じた損害を賠償する責任を負うこともある（会330条，民651条2項）。

　会社と取締役間との関係は民法の委任に関する規定に従う（会330条）。代表取締役は取締役であることを前提とするため，会社と代表取締役間もまた同様である。したがって，会社は取締役会の決議をもって何時でも代表取締役を解職でき（会362条2項3号），その効果は取締役会の解職決議によって直ちに生じる。ただし，代表取締役の任期の定めがある場合において，その任期中に会社が正当の事由なくして代表取締役を解職したときは，会社はこれにより生じた損害を賠償する責任がある（会330条，民651条2項）。

　なお，株主総会における取締役解任の決議と異なり，代表取締役の解職に関する取締役会の決議においては，解職の対象となった取締役はいわゆる特別利害関係人（会369条2項）にあたる。代表取締役も会社のための受任者として議決権を行使する義務を負うが，解職されるような場合には，代表取締役個人の利益をはかって行動することもありうるので，取締役会の決議の公正を担保する必要からも決議に参加できないと解するのが妥当とされている。代表取締役の解職があらかじめ議題とされていなかった場合でも，解職決議を行うことができる。

　代表取締役が終任となったときは，退任による変更の登記を要し（会909条），登記の後でなければ会社は上記の事実について第三者に対抗するこ

とができない（会908条1項）。

（4）代表取締役の留任義務・仮代表取締役・職務代行者　代表取締役の任期満了または辞任によって欠員が生じたときは，新任の代表取締役が就任するまでの間，すでに退任した代表取締役が依然として代表取締役の権利義務を持ち続ける（留任義務）（会351条）。その間は，退任の登記はしない。数人が1度に退任し，定員が1名欠けた場合でも，退任代表取締役の全員が同様の義務を負うことになる。しかし，退任が死亡によるか，もしくは退任した代表取締役に権利義務を持たせるのが適当でないと思われる場合は，利害関係人（株主，取締役，監査役，使用人，債権者など）の申請により，裁判所が必要と認めれば仮代表取締役が選任される（会351条2項）。仮代表取締役は代表取締役と同様の権限を持つ。

株主総会における取締役選任決議に瑕疵があったり，あるいは代表取締役選任決議に瑕疵があり場合には，地位が否定される可能性がある。取締役・代表取締役が職務を行うことで，会社にとって不利益な既成事実が作られるおそれがあるため，裁判所は当事者の申立てを受けて代表取締役の職務執行を停止し，代表取締役の職務代行者を選任することができる（民事保全56条）。職務代行者は原則として，裁判所の許可なく常務以外の職務を行うことはできず（会352条1項），これに違反して行った代表取締役の職務を代行する者の行為は，無効とされる（会352条2項）。

3　代表取締役の権限

代表取締役は，対外的に会社を代表し（会349条1項），対内的には会社の業務執行を担当する取締役をいう。つまり，代表取締役は会社の業務に関する一切の裁判上又は裁判外の行為をする権限を有する（会349条4項）。ここにいう「業務」に関する行為とは，事業の目的行為はもとより，事業のためにする行為も含む。事業に関する行為であるか否かは客観的に決定される。次に「裁判上の行為」とは，訴の提起，その遂行，和解，仮処分等の行為をいい，その代理人（弁護士）の選任，解任行為をも含む。また，「裁判外の行為」とは私法上の適法行為をいう。

代表取締役の権限はこのように大きくなるところから，会社はこの権限に制限を加えることができる。しかし，この内部的制限は，制限があるこ

とを知らない第三者（善意の第三者）に対抗することができない（会349条5項）。取引の安全のためといえる。

4　必要な決議を欠く業務執行行為の効力

株主総会や取締役会の決議を要すべき事項について，代表取締役がその決議に違反して，または決議を経ることなく執行行為をした場合の行為の効力が問題となる。たとえば，新株発行を伴わない法定準備金の資本組入れ，支配人の選任，代表取締役選任等の取引の安全とは無関係な会社の内部的行為は当然に無効と解される。それに対して，代表取締役の対外的な取引行為や社債の発行などは，取引保護の要請が大きいので有効とされるが，新株発行に関しては，資金調達の機能面から準取引行為として社債の発行の場合と同様に有効とする立場と，会社の組織に影響する面を重視して無効と解する立場がある。他に株主総会の招集，株式分割などに関しても争いがある。取締役と会社間の取引に関しては，会社の利益保護の要請が取引の安全よりも強いため，相対的無効と解するのが判例・通説の立場である。

5　代表者の行為についての損害賠償責任

会社は，代表取締役その他の代表者がその職務を行うについて第三者に加えた損害を賠償する責任を負う（会350条）。第三者に加えた損害が代表取締役の不法行為によるときは，会社と並んで代表取締役も個人として不法行為責任を負うこともある。

6　表見代表取締役

株式会社は，代表取締役以外の取締役に社長，副社長その他株式会社を代表する権限を有するものと認められる名称を付した場合には，当該取締役がした行為について，善意の第三者に対してその責任を負う（会354条）。

第10節 会計参与

1 会計参与とはなにか

　会計参与は，取締役と共同して，計算書類及びその附属明細書，臨時計算書類並びに連結計算書類を作成する株式会社の任意の機関である（会374条1項）。この制度は，計算書類などの作成に税理士などを関与させることにより，会計の適正さを確保しようとするところに狙いがある。

2 会計参与の資格

　会計参与は公認会計士，監査法人，税理士，税理士法人でなければなければならない（会333条1項）。ただし，次の者は会計参与には就任することはできない。すなわち，①株式会社又はその子会社の取締役，監査役若しくは執行役又は支配人その他の使用人，②業務の停止の処分を受け，その停止の期間を経過しない者　③懲戒処分により，弁護士，外国法事務弁護士，公認会計士，弁理士，司法書士，行政書士若しくは社会保険労務士の業務を停止された場合又は不動産鑑定士の鑑定評価等業務を禁止された場合においては，その処分を受けている税理士，また報酬のある公職に就いている税理士である（会333条3項）。

3 会計参与の選任と終任

　会計参与は，株主総会の決議によって選任される（会329条）。選任された会計参与の任期は，選任後2年以内に終了する事業年度のうち最終のものに関する定時株主総会の終結の時までとされる。ただし，定款又は株主総会の決議によって，その任期を短縮することを妨げられない（会334条，332条）。

　会社と会計参与の関係は委任に関する規定に従うこととされ（会330条），したがって，委任の終了事由（民653条）によって終了するほか，任期満了（会332条），欠格事由の発生（会331条），株主総会による解任決議（会341条），裁判所による解任判決（会854条）によっても終了する。

4 会計参与はどのような権限を有するか

　会計参与は，取締役と共同して，計算書類及びその附属明細書，臨時計算書類並びに連結計算書類を作成し，会計参与報告を作成することを職務としている（会374条1項）。この職務を遂行するに必要とされる次の権限が認められている。

　第1に，会計参与は，いつでも，会計帳簿やこれに関する資料などの閲覧及び謄写をすることができる（会374条2項前段）。

　第2に，会計参与は，取締役及び支配人その他の使用人に対して会計に関する報告を求めることができる（会374条2項後段）。

　第3に，会計参与は，その職務を行うため必要があるときは，子会社に対して会計に関する報告を求めたり，会社若しくはその子会社の業務及び財産の状況の調査をすることができる（会374条3項）。

　第4に，計算書類等の作成に関する事項について会計参与が取締役と意見を異にするときは，会計参与は，株主総会において意見を述べることができる（会377条）。これは，むしろ義務という方が適当といえる。

5 会計参与の義務と責任

　第1に，善管注意義務である。会社と会計参与の関係は委任に関する規定に従うこととされ（会330条），したがって，会計参与は，その職務を行うにあたっては善管注意義務を負う（民644条）。ここでいう善管注意義務の内容は，会計参与一般に期待される程度の注意を払い，法令に準拠して計算書類及びその附属明細書，臨時計算書類並びに連結計算書類を適正に作成することにある。

　第2に，取締役会設置会社の会計参与は，計算書類等の承認を議題とする取締役会（会436条3項，441条3項，444条5項）に出席し，必要があると認めるときは，意見を述べなければならない（会376条1項）。このため，取締役会を招集する者は，会日の一週間（これを下回る期間を定款で定めた場合にあっては，その期間）前までに，各会計参与に対してその通知を発することを要する（会376条2項）。この手続は，会計参与全員の同意を得ないかぎり省略することは許されないとされている（会376条3項）。

　第3に，会計参与の報告義務である。すなわち，会計参与は，その職務

を行うに際して取締役の職務の執行に関し不正の行為又は法令若しくは定款に違反する重大な事実があることを発見したときは、遅滞なく、これを株主に報告すべき義務を負う（会375条1項）。監査役設置会社にあっては、監査役に報告しなければならないし（会375条1項）、監査役会設置会社にあっては、監査役会に報告しなければならない（会375条2項）。さらに委員会設置会社にあっては、執行役又は取締役の職務の執行に関し不正の行為又は法令若しくは定款に違反する重大な事実があることを発見したときは、遅滞なく、これを監査委員会に報告しなければならない（会375条3項）。

第4に、計算書類等の備置き、閲覧・謄写等の義務である。会計参与は、計算書類等を、一定期間、会計参与が定めた場所に備え置かなければならない。すなわち、①各事業年度に係る計算書類及びその附属明細書並びに会計参与報告は定時株主総会の日の1週間（取締役会設置会社にあっては、2週間）前の日から5年間　②臨時計算書類及び会計参与報告は臨時計算書類を作成した日から5年間である（会378条1項）。

次に会計参与は、会計参与設置会社の株主及び債権者より、会計参与設置会社の営業時間内に、計算書類等の書面または電磁的記録の閲覧・謄写の請求があった場合には、それに応じる必要がある（会378条2項）。ただし、この場合には、相応の費用を請求することができる。

6　会計参与の報酬等

会計参与の報酬等は、定款にその額を定めていないときは、株主総会の決議によって定める（会379条1項）。会計参与が2人以上ある場合には、報酬等について定款の定め又は株主総会の決議がないときは、その報酬等の範囲内において、会計参与の協議によって定められる（会379条2項）。

会計参与がその職務の執行について費用などを要する場合、会計参与設置会社に対して費用などを請求することができる（会380条）。すなわち、費用の前払の請求、支出した費用及び支出の日以後におけるその利息の償還の請求、負担した債務の債権者に対する弁済である。

第 11 節　監査役・監査役会・会計監査人・検査役

1　監査役

（1）監査役とはなにか　　監査役は，株主総会で選任され（会 329 条 1 項），取締役の業務執行一般にわたって監査を行うことを職務とする任意の機関である（会 326 条 2 項）。監査役監査には，帳簿や書類などを主な資料として行なう会計監査と，取締役等の職務を対象とする業務監査があるが，監査役は任意の機関であることから，監査役を設置しなくても差し支えないが，定款で会計監査のみを職務とする監査役を設置することもできる。

他方，会社法は，会計監査と業務監査の両者を職務とする監査役を置く会社，および会社法によって監査役を置かなければならない会社を監査役設置会社とし（会 2 条 9 号），取締役会設置会社および会計監査人設置会社に対して監査役設置会社となることを義務付けている（会 327 条 2 項，3 項）。もとより取締役会設置会社および会計監査人設置会社以外の会社が定款で会計監査・業務監査双方を職務とする監査役を設置した場合には，監査役設置会社とされる。

なお，委員会設置会社は会社法によって監査役を設置することができない（会 327 条 4 項）。これは，監査委員会及び会計監査人による監査を前提とするからである。

（2）監査役の員数・資格・任期

① 　監査役の員数

監査役の員数には原則として 1 人以上いれば足りる。しかし，大会社（非公開会社および委員会設置会社を除く）は監査役会を設置しなければならないことから（会 328 条 1 項），3 人以上の監査役を置くことが必要とされる（会 335 条 3 項）。

監査役会設置会社では，監査役の半数以上が社外監査役あることが必要とされる（会 335 条 3 項）。社外監査役とは，過去に会社及び子会社の取締役・執行役・会計参与（会計参与が法人の場合の社員を含む）・使用人でないことが必要とされる（会 2 条 16 号）。

なお，監査役の欠員などに備え，あらかじめ補欠監査役を定めることができる（会 329 条 2 項）。

② 監査役の資格

監査役の資格については，次の規制がある。

第1に，法人，成年被後見人・被保佐人，会社法などの法令違反を犯した者などは監査役になることはできない（会335条1項，331条1項）。

第2に，非公開会社においては，定款で監査役を株主に限定することができる（会335条1項，331条2項）。

第3に，監査役は会社の取締役や使用人，子会社の取締役・執行役・会計参与（会計参与が法人の場合の社員含む）・使用人を兼任することができない（会335条2項）。

③ 監査役の任期

監査役の任期は，選任後4年以内に終了する事業年度のうち最終のものに関する定時株主総会の終結の時までである（会336条1項）。ただし，非公開会社の場合には，定款で10年まで伸長することができる（会336条2項）。また，補欠監査役については，定款により前任者の任期までとすることができる（会336条3項）。

なお，次にあげる定款の変更をした場合は，監査役の任期は，定款変更の効力が生じた時に満了する（会336条4項）。すなわち，①監査役を置く旨の定款の定めを廃止する定款の変更，②委員会を置く旨の定款の変更，③監査役の監査の範囲を会計に関するものに限定する旨の定款の定めを廃止する定款の変更，④株式の譲渡制限を定めた定款を変更する場合である。

(3) 監査役の職務と権限

① 監査役の職務

監査役の職務は，取締役の職務の執行を監査し，法務省令で定めるところにより，監査報告を作成することである（会381条1項）。また会計参与設置会社にあっては，取締役及び会計参与職務の執行を監査することを職務とする。

監査は業務監査と会計監査とに分けられるが，非公開会社であり，かつ監査役会・会計監査人を設置していない会社においては，監査役の職務を会計監査に限定することができる（会389条1項）。

② 監査役の権限

監査役は職務遂行のために様々な権限を有している。それらの権限を整

理すると，常時監査のための権限，事前監査のための権限，事後監査のための権限とがある。

まず常時監査のための権限には，調査・報告請求権がある。これにより，監査役は，いつでも，取締役及び会計参与並びに支配人その他の使用人に対して事業の報告を求め，又は監査役設置会社の業務及び財産の状況の調査をすることができる（会381条2項）。また，必要があるときは，監査役設置会社の子会社に対して事業の報告を求め，又はその子会社の業務及び財産の状況の調査をすることができる（会381条3項）。

次に事前監査とは，取締役の違法な業務の執行を未然に防止する機能を担う監査をいう。これには取締役会への出席権があり，取締役会に出席し，必要があると認めるときは，意見を述べることが認められる（会383条1項）。併せて，必要があると認めるときは，取締役会の招集を請求することができる（会383条2項・3項）。

さらに監査役は，取締役が不正の行為をし，若しくは当該行為をするおそれがあると認めるとき，又は法令若しくは定款に違反する事実若しくは著しく不当な事実があると認めるときは，遅滞なく，その旨を取締役（取締役会設置会社にあっては，取締役会）に報告することができ（会382条），また違法行為等の差止め請求（会385条），株主総会へ提出する議案について法令・定款違反や著しく不当な事項があると認めた場合の報告（会384条），監査報告書への記載なども認められている（会438条，444条7項）。これらは義務でもある。

最後に事後監査（監督是正）である。これは，取締役の業務執行後にその違法な執行を是正する機能を担う権限を意味し，これには，会社と取締役間の訴の会社代表権（会386条），各種会社訴提起権，整理開始，特別清算，その他の各種申立権がある。

③　監査の観点—適法性監査か妥当性監査か

監査役は，いかなる観点から監査をなすべきか，つまり取締役の職務執行の適法性の有無という観点からのみ監査をなすべきかが問題となる。これをめぐっては，適法性監査に限られるとする考え（適法性監査限定説），「著しく不当である」旨を指摘する限度で妥当性監査をなしうるとする考え，消極的かつ防止的監査妥当性監査を含み，制約されないとする考え（無限定

説）があるが，取締役会と監査役の機能分担およびその前提として取締役会の業務監督の実態を勘案すると，一定事項が不当かどうかをチェックする消極的・防止的妥当性監査まで及ぶと解すべきものといえよう。
④ 監査に要した費用の請求
　監査役が職務を遂行するにあたって費用を生じることがある。このため，会社法は監査役が職務の執行について，監査費用の前払い，立替払をした監査費用とその利息の償還，監査で負担した債務の弁済および債務が弁済期にないときは相当の担保の提供を請求したときは，会社はその費用または債務が監査役の職務の執行に必要でないことを証明しない限り，これらの請求を拒絶することはできない（会388条）。

　（4）監査役の報酬　監査役の報酬は1次的には定款の定めにより，定款にその額を定めていないときは，株主総会の決議によりこれを決定する（会387条1項）。監査役が2人以上いる場合に，各監査役が受けるべき報酬の額は定款の定めまたは株主総会の決議で定めるが，実際には，監査役全体で報酬総額が決定されるのが通例である。このような場合にはその範囲内で監査役の協議でこれを定める（会387条2項）。
　なお，株主総会において監査役の報酬を決定する際，監査役は，その報酬について意見を述べることができる（会387条3項）。

2 監査役会

　（1）監査役会の意義　監査役会は，監査役全員で構成される機関である（会390条）。規模の大きい会社への組織監査の導入にその趣旨がある。しかし，独任制の原則を変更するものではない。会社法は，監査役会を置く株式会社又は会社法の規定により監査役会を置かなければならない会社のことを監査役会設置会社として規律する（会2条10号）。

　（2）監査役会の運営　監査役会は，各監査役が招集することができ（会391条），原則として会日より1週間前に通知しなければならない（会392条1項）。監査役会の決議は，監査役の過半数をもって決する（会393条1項）。ただし，会計監査人の解任は全会一致であることを要する（会340条2項）。
　なお，監査役会の決議に参加した監査役であって，議事録に異議をとどめないものは，その決議に賛成したものと推定される（会393条4項）。

監査役会の議事については，議事録を書面または電磁的記録をもって作成し（会393条2項，3項），監査役会の日から10年間，本店に備え置かなければならない（会394条）。

なお，監査役会は，監査役の中から常勤の監査役を選定しなければならない（会390条3項）。

（3）監査役会の権限

① 監査役会は，監査報告の作成，常勤の監査役の選定及び解職，監査の方針，監査役会設置会社の業務及び財産の状況の調査の方法その他の監査役の職務の執行に関する事項の決定を行う（会390条2項）。

　　a 監査報告の作成

　　　監査役会の監査結果は監査報告書に表され，その中で会計監査人の監査報告書を相当であるとした場合には，貸借対照表及び損益計算書は定時総会の承認を得ないで確定する（会439条，計算規163条）。

　　b 常勤の監査役の選定及び解職

　　　常勤監査役とは，会社の営業時間内に監査業務を常時行う監査役であるが，これにより常勤監査役を中心に組織監査をより効率的に行うことが可能になるといえる。

　　c 監査役会はその決議をもって監査の方針，会社の業務及び財産の状況の調査の方法その他の監査役の職務の執行に関する事項を定めることができる（会390条2項3号）。組織監査の導入であり，これにより監査役が分担して監査を行うことができる。ただし，個々の監査役の権限の行使を妨げることはできず（会390条2項ただし書），この限りでは独任制を維持しつつ組織監査の手法を導入したといえる。もっとも，監査役会の求めがあるときは，監査役はその職務の執行の状況を監査役会に報告することを要する（会390条4項）。

② 以上のほか，会社法が監査役会の権限として定めるものには次のものがある。すなわち，a. 監査役の選任議案提出同意権（会343条1項）　b. 会計監査人の選任・解任・不再任議案提出同意権（会344条1項）　c. 会計監査人の選任・解任・不再任議案提出請求権（会344条2項）　d. 一時会計監査人の選任権（会346条4項），常勤監査役の選任権（会390条3項）　e. 取締役や会計監査人から報告を受ける権限（会357条，397条）　f. 取締役

または清算人から計算書類等を受ける権限（会436条，495条）　g．会計監査人から監査報告書を受領する権限（会397条）等である。

3　会計監査人

（1）会計監査人の意義　　会計監査人は，株式会社の計算書類及びその附属明細書，臨時計算書類並びに連結計算書類を監査し，会計監査報告を作成する機関である（会396条1項，326条2項）。会社法は，会計監査人を置くかどうかは定款自治に委ねているが（会326条2項，ただし整備法17条参照），資本の規模が5億円以上または負債総額が200億円以上の大会社については，会計監査人を置かなければならないとされている（会328条）。また委員会設置会社についても会計監査人を置くことが義務付けられている（会327条5項）。会社法は，こうした会計監査人を置く会社又は会社法により会計監査人設置を義務付けられている会社を会計監査人設置会社として規律している（会2条11号）。これは，公認会計士もしくは監査法人という厳格かつ中立の立場にある専門家による監査を受けることによって取締役等による不正を防止するとともに，株主総会による不適正な計算書類の承認を回避し，もって会社の社会的信頼を確保しようとするところに制度上の趣旨がある。

（2）会計監査人の選任・員数・資格・任期

① 会計監査人の選任

会計監査人は，株主総会の決議によって選任される（会329条1項）。員数は特に制限はなく，1人以上であれば足りる。

② 会計監査人の資格

会計監査人は，公認会計士又は監査法人でなければならない（会337条1項）。会計監査人が監査法人であるときは，その社員の中から会計監査人の職務を行うべき者を選定し，会社に通知する（会337条2項）。

なお，次の者は会計監査人となることができない。すなわち，①公認会計士法の規定により，計算書類について監査をすることができない者，②株式会社の子会社若しくはその取締役，会計参与，監査役若しくは執行役から公認会計士若しくは監査法人の業務以外の業務により継続的な報酬を受けている者又はその配偶者，③監査法人でその社員の半数以上が②に掲

げる者である場合である（会337条3項）。
③　会計監査人の任期

　会計監査人の任期は，選任後一年以内に終了する事業年度のうち最終のものに関する定時株主総会の終結の時までとする（会338条1項）。会計監査人は，この定時株主総会において別段の決議がされなかったときは，当該定時株主総会において再任されたものとみなされる（会338条2項）。

　会計監査人設置会社が会計監査人を置く旨の定款の定めを廃止する定款の変更をした場合には，会計監査人の任期は，当該定款の変更の効力が生じた時に満了する（会338条3項）。

④　会計監査人の解任

　会計監査人は何時でも株主総会の決議をもって解任することができる（会339条1項）。ただし，取締役会が解任の議題を総会に提出するには，監査役の過半数の同意，監査役会設置会社では監査役会の同意を要する（会344条1項，3項）。この場合，解任された会計監査人は会社に対して損害賠償を請求でき（会339条2項），会社がその責任を免れるためには解任が正当な理由に因るものであることを証明しなければならない。ただし，会計監査人に職務上の義務違反や任務懈怠その他非行・心身の故障など職務遂行に支障があり，耐えることのできないときは，監査役全員の同意をもって解任することができる（会340条1項）。

　（3）会計監査人の職務と権限　　会計監査人は，株式会社の計算書類及びその附属明細書，臨時計算書類並びに連結計算書類を監査し，その結果についての会計監査報告を作成することが職務とされる（会396条1項）。この職務を遂行するために，次の権限が認められる。

①　調査，報告請求

　会計監査人は，いつでも，会計帳簿などの閲覧及び謄写をし，又は取締役及び会計参与並びに支配人その他の使用人に対し，会計に関する報告を求めることができる（会396条2項）。また，職務を行うため必要があるときは，子会社に対して会計に関する報告を求め，会計監査人設置会社若しくはその子会社の業務及び財産の状況の調査をすることができる（会396条3項）。

② 監査役に対する報告
　会計監査人は，その職務を行うに際して取締役の職務の執行に関し不正の行為又は法令若しくは定款に違反する重大な事実があることを発見したときは，遅滞なく，これを監査役に報告すべき義務を負っている（会397条1項）。
③ 定時株主総会における会計監査人の意見陳述
　計算書類などの書類が法令又は定款に適合するかどうかについて会計監査人が監査役と意見を異にするときは，会計監査人は定時株主総会に出席して意見を述べることができる（会398条）。

4　検査役

（1）**検査役とはなにか**　　検査役は，会社の設立手続や会社の業務および財産状況の調査，あるいは株主総会の招集手続・決議方法に関して調査することを職務とする臨時の機関である。員数や資格については特に制限はないが，職務の性質上，取締役，監査役，使用人，会計監査人は検査役にはなりえない。

（2）**検査役の選任**　　検査役の選任には裁判所が行う場合と株主総会が行う場合とがある。前者については，さらに会社の請求による場合と少数株主の請求による場合，裁判所の職権による場合とがある。具体的には，設立手続調査のために取締役または発起人の請求があった場合（会33条），業務執行について重大な不正行為または違法行為の疑いがあり少数株主の請求があった場合（会358条），職権による場合（会522条）などである。
　次に株主総会が選任する場合には，設立手続を調査する場合（会94条），少数株主による総会招集請求に基づく総会における会社の業務および財産の状況を調査する場合（会316条），取締役または清算人の総会提出の書類及び監査報告書の調査する場合（会316条，478条）などがある。

（3）**検査役の終任**　　検査役の終任は，総会が選任した検査役については，会社との関係が準委任（民656条）であるところから，何時でも解任の決議ができる。これに対して裁判所選任による検査役については，裁判所が解任権を有しており，辞任や解任などの終任事由が生じない限り，任務が終了するまで継続することになる。

第12節　委員会設置会社

1　委員会設置会社とはなにか

　委員会設置会社とは，指名委員会，監査委員会及び報酬委員会（以下，単に委員会とする）を置く株式会社をいう（会2条12号）。
　この会社は，他の会社の機関構造とは異なり，取締役会，委員会，執行役，会計監査人から構成されている。すなわち，会社業務を執行しない取締役（会415条）によって構成される取締役会は，経営の基本方針などの委員会設置会社の業務執行の決定および執行役等の職務の執行の監督を行い（会416条），執行役は，取締役会の決議によって委任を受けた委員会設置会社の業務の執行の決定および委員会設置会社の業務の執行（会418条）を行うところに特徴がみられる。つまり執行役が業務執行を担当し，取締役会は執行役の業務執行の監督に徹するという形態といえる。

2　委員会

　（1）委員会の構成　　委員会設置会社には，指名委員会，監査委員会及び報酬委員会（以下，単に委員会とする。）が設置され（2条12号），各委員会は3人以上の委員で組織され（会400条1項），委員は，取締役の中から，取締役会の決議によって選定される（会400条2項）。各委員会の委員の過半数は社外取締役でなければならない（会400条3項）。

　（2）委員会の権限

① 指名委員会

　指名委員会は，株主総会に提出する取締役（会計参与設置会社にあっては，取締役及び会計参与）の選任及び解任に関する議案の内容を決定する（会404条1項）。

② 監査委員会

　監査委員会は，執行役及び取締役，会計参与設置会社にあっては，執行役，取締役及び会計参与の職務の執行の監査及び監査報告の作成，および株主総会に提出する会計監査人の選任及び解任並びに会計監査人を再任しないことに関する議案の内容の決定をする（会404条2項）。

第1章　株式会社　247

③　報酬委員会
　報酬委員会は，執行役等の個人別の報酬等の内容を決定する。執行役が委員会設置会社の支配人その他の使用人を兼ねているときは，当該支配人その他の使用人の報酬等の内容についても，同様とする（会404条3項）。

3　執行役
（1）執行役の選任・員数・資格・任期・終任
①　執行役は，取締役会の決議によって選任する（会402条2項）。執行役の員数は1人以上であればよく，上限はない（会402条1項）。
②　執行役の資格については，取締役の資格に関する規定（会331条1項）が準用される（会402条4項）。また，執行役は取締役を兼ねることができる（会402条6項）。なお，公開会社でない委員会設置会社については，株主でなければならない旨を定款で定めることができる（会402条5項）。
③　執行役の任期は，選任後1年以内に終了する事業年度のうち最終のものに関する定時株主総会の終結後最初に招集される取締役会の終結の時までとされる。ただし，定款によって，その任期を短縮することは妨げられない（会402条7項）。また，委員会設置会社が委員会を置く旨の定款の定めを廃止する定款の変更をした場合には，執行役の任期は，当該定款の変更の効力が生じた時に満了することになる（会402条8項）。
④　執行役は，いつでも，取締役会の決議によって解任することができる（会403条1項）。

　（2）執行役の権限　　執行役は，取締役会の決議によって委任を受けた委員会設置会社の業務の執行の決定，および委員会設置会社の業務の執行を行う（会418条）。

　（3）代表執行役　　委員会設置会社において執行役から選任され，会社を代表する権限を有する機関である（会420条）。

第13節　会社役員等の責任

1　会社役員等の会社に対する責任
（1）任務懈怠責任
① 取締役，執行役は，その任務を怠ったときは，会社に対し，これによって生じた損害を賠償する責任を負う（会423条1項）。「任務を怠った」とは，善管注意義務や忠実義務，その具体化というべき競業避止義務や利益相反取引規制に違反し，その任務を怠ることをいう。

　任務懈怠責任を負うのは任務を怠った取締役・執行役であるが，利益相反取引規制違反については，当該取締役，執行役に加えて，会社が当該取引をすることを決定した取締役又は執行役，当該取引に関する取締役会の承認の決議に賛成した取締役はその任務を怠ったものと推定される（会423条3項柱書）。したがって，これらの取締役・執行役が責任を免れるためには，当該取引の決定や，取締役会承認決議の賛成の際に過失のなかったことの立証が必要となる。

　次に会社に賠償するのは任務懈怠によって会社が被った損害であるが，競業の場合には会社の被った損害を立証するのは困難であるところから，競業避止義務に違反した場合の会社の被った損害額について，当該取引によって取締役，執行役又は第三者が得た利益の額が損害の額と推定し，会社の立証責任の軽減を図っている（会423条2項）。

② 経営判断の原則（Business Judgement Rule）
　会社の取締役の経営判断が結果として会社に損害を生じさせた場合においても，その判断が誠実性と合理性を有する一定の要件のもとで行なわれたときは，取締役の責任を問うべきではないという法理である。具体的には，次の諸点を考慮すべきとされることが多いといえる。
　　a　事前に十分な調査研究及び情報の収集を行ったこと
　　b　当該経営判断をするに際して，取締役会等で十分な論議と検討を行ったこと
　　c　通常の経営者として合理性のある判断を行ったこと

（2）利益供与責任
会社は，何人に対しても，株主の権利の行使に関し，財産上の利益の供与をしてはならず（会120条1項），供与に関与した取

締役・執行役等は会社に対し，連帯して供与した利益の価額に相当する額を支払う義務を負う（会120条4項本文）。ただし，当該利益を供与した取締役を除く取締役等はその職務を行うについて注意を怠らなかったことを証明した場合は，責任を免れることができる（会120条4項ただし書）。この義務は，総株主の同意がなければ，免除することができない（会120条5項）。

（3）財産価額てん補責任　　募集株式の株主が給付した現物出資財産の価額が募集事項として決定された現物出資財産の価額に著しく不足する場合には，取締役等は当該不足額について会社に支払うべき責任を負う（会213条1項）。

　ここでいう取締役等とは次の者をいう。すなわち，①現物出資財産の価額の決定に関する職務を行った取締役及び執行役（会213条1項1号，会社則44条1号），②現物出資財産の価額の決定に関する株主総会の決議があったときは，当該株主総会において当該現物出資財産の価額に関する事項について説明をした取締役及び執行役（会213条1項1号，会社則44条2号），③現物出資財産の価額の決定に関する取締役会の決議があったときは，当該取締役会の決議に賛成した取締役である（会213条1項1号，会社則44条3号）。ただし，現物出資財産の価額について検査役の調査を経た場合，あるいは当該取締役等がその職務を行うについて注意を怠らなかったことを証明した場合には，取締役等は，現物出資財産について支払い責任を負わない（会213条2項）。

　なお，現物出資の財産価額がについてその相当性の証明が，弁護士，弁護士法人，公認会計士，監査法人，税理士又は税理士法人（現物出資財産が不動産である場合にあっては不動産鑑定士）によるときは，会社に対し不足額を支払う義務を負う。ただし，当該証明者が当該証明をするについて注意を怠らなかったことを証明したときは，この限りではない。

（4）剰余金配当に関する責任
①　会社は分配可能額を超えて剰余金の配当を行うことはできない。これに反して行った剰余金の配当は違法な剰余金の分配として無効とされたり（会461条1項），刑事罰の対象となる（会963条5項2号）。さらに，当該行為に関する職務を行った業務執行者等は，当該行為により金銭等の交付を受けた者と並んで，会社に対し，連帯して，交付を受けた者が交付

を受けた金銭等の帳簿価額に相当する金銭を支払う義務を負う（会462条1項）。

② 責任を負う者は，当該行為に関する職務を行った業務執行取締役，委員会設置会社にあっては，執行役とされている（会462条1項柱書）。このほか，株主総会議案提案取締役（会462条1項1号イ），取締役会議案提案取締役が責任を負うことになる（462条1項1号ロ）。

ただし業務執行者及などが，その職務を行うについて注意を怠らなかったことを証明したときは，剰余金配当に関する責任を負わない（会462条1項2号）。

③ 株主に対して交付した金銭等の帳簿価額の総額が当該行為がその効力を生じた日における分配可能額を超えることにつき善意の株主は，当該株主が交付を受けた金銭等について，剰余金の配当に関して金銭を支払った業務執行者等からの求償の請求に応ずる義務を負わない（会463条1項）。

④ 第462条第1項に規定する場合には，株式会社の債権者は，同項の規定により義務を負う株主に対し，その交付を受けた金銭等の帳簿価額（当該額が当該債権者の株式会社に対して有する債権額を超える場合にあっては，当該債権額）に相当する金銭を支払わせることができる（会463条2項）。

（5）買取請求に応じて株式を取得した場合の責任　会社が反対株主の株式買取請求に応じて株式を取得する場合において，当該請求をした株主に対して支払った金銭の額が当該支払の日における分配可能額を超えるときは，当該株式の取得に関する職務を行った業務執行者は，株式会社に対し，連帯して，その超過額を支払う義務を負う（会464条1項本文）。

ただし，その者がその職務を行うについて注意を怠らなかったことを証明した場合は，この限りではない（会464条1項ただし書）。

なお，この責任は，総株主の同意がなければ，免除することができない（会464条2項）。

（6）欠損が生じた場合の責任　会社が以下の①から⑩の行為をした場合に，その行為をした日の属する事業年度に係る計算書類につき，定時株主総会の承認を受けた時における自己株式の帳簿価額，最終事業年度の末日後に自己株式を処分した場合における当該自己株式の対価の額，その他

法務省令で定める各勘定科目に計上した額の合計額の合計額が剰余金の額を超えるときは，その行為に関する職務を行った業務執行者は，会社に対し，連帯して，その超過額を支払う義務を負う。ただし，業務執行者がその職務を行うについて注意を怠らなかったことを証明した場合は，責任は免れる（会 465 条 1 項）。

① 株式の譲渡承認請求（会 138 条 1 号ハ又は 2 号ハ）に応じて行う当該株式会社の株式の買取り

当該株式の買取りにより株主に対して交付した金銭等の帳簿価額の総額

② 第 156 条第 1 項の規定による決定に基づく当該株式会社の株式の取得
（第 163 条に規定する場合又は第 165 条第 1 項に規定する場合における当該株式会社による株式の取得に限る）

当該株式の取得により株主に対して交付した金銭等の帳簿価額の総額

③ 第 157 条第 1 項の規定による決定に基づく当該株式会社の株式の取得

当該株式の取得により株主に対して交付した金銭等の帳簿価額の総額

④ 第 167 条第 1 項の規定による当該株式会社の株式の取得

当該株式の取得により株主に対して交付した金銭等の帳簿価額の総額

⑤ 第 170 条第 1 項の規定による当該株式会社の株式の取得

当該株式の取得により株主に対して交付した金銭等の帳簿価額の総額

⑥ 第 173 条第 1 項の規定による当該株式会社の株式の取得

当該株式の取得により株主に対して交付した金銭等の帳簿価額の総額

⑦ 第 176 条第 1 項の規定による請求に基づく当該株式会社の株式の買取り

当該株式の買取りにより株主に対して交付した金銭等の帳簿価額の総額

⑧ 第 197 条第 3 項の規定による当該株式会社の株式の買取り

当該株式の買取りにより株主に対して交付した金銭等の帳簿価額の総額

⑨ 次のイ又はロに掲げる規定による当該株式会社の株式の買取り

当該株式の買取りにより当該イ又はロに定める者に対して交付した金銭等の帳簿価額の総額

イ 第 234 条第 4 項……同条第 1 項各号に定める者

ロ 第 235 条第 2 項において準用する第 234 条第 4 項……株主

⑩ 剰余金の配当（次のイからハまでに掲げるものを除く。）

当該剰余金の配当についての第446条第6号イからハまでに掲げる額の合計額

　イ　定時株主総会（第439条前段に規定する場合にあっては，定時株主総会又は第436条第3項の取締役会）において第454条第1項各号に掲げる事項を定める場合における剰余金の配当

　ロ　第447条第1項各号に掲げる事項を定めるための株主総会において第454条第1項各号に掲げる事項を定める場合（同項第1号の額（第456条の規定により基準未満株式の株主に支払う金銭があるときは，その額を合算した額）が第447条第1項第1号の額を超えない場合であって，同項第2号に掲げる事項についての定めがない場合に限る）における剰余金の配当

　ハ　第448条第1項各号に掲げる事項を定めるための株主総会において第454条第1項各号に掲げる事項を定める場合（同項第1号の額（第456条の規定により基準未満株式の株主に支払う金銭があるときは，その額を合算した額）が第448条第1項第1号の額を超えない場合であって，同項第2号に掲げる事項についての定めがない場合に限る）における剰余金の配当

　　　欠損が生じた場合の責任は，総株主の同意がなければ，免除することができない（会465条2項）。

2　株主代表訴訟

（1）株主代表訴訟の異議　6か月前よりの株主が，会社に代って，取締役等の会社に対する責任を追及する損害賠償請求訴訟をいう（会847条1項）。

（2）要　件

① 原告は，6か月前より引続き株式を有する株主であること（会847条1項）

　非公開会社の場合には株主である期間の要件はない（会847条2項）。

② 取締役が会社に対して責任を負う任務懈怠があること（会423条1項）。

③ 会社に損害が発生したこと

④ ②と③との間の因果関係が存在すること

　なお，責任追及等の訴えが当該株主若しくは第三者の不正な利益を図り，または当該株式会社に損害を加えることを目的とする場合には請求できな

い（会847条1項ただし書）。

（3）手　続

① 株主は，先ず会社（監査役又は取締役会が定める者）に対して書面にて取締役の責任を追及する訴訟の提起を請求する。会社が株主の請求より60日以内に訴訟を提起しないときは，株主代表訴訟を提起することができる（会847条3項）。

② 株主代表訴訟の提起が悪意に基づくときは，取締役の請求により裁判所は相応の金額の担保提供命令を下すことができる（会847条7項，8項）。

③ 株主は会社に対して訴訟告知をし，会社はその旨を公告し株主に通知するものとし，又，会社は訴訟参加することも認められる（会849条）。

3　会社役員等の責任の減免

（1）**株主総会決議による責任の軽減**　　会社は，株主総会決議によって取締役等の責任の一部免除ができる（会425条）。役員等の任務懈怠責任は，非常に広い範囲の責任であるにもかかわらず，総株主の同意がなければそのすべてを免除することはできない（会424条）。そこで，会社法は，別に一部免除の規定を置いている。すなわち，役員等が職務を行うにつき善意でかつ重大な過失がないときは，賠償の責任を負う額から最低責任限度額を控除して得た額を限度として，株主総会の決議により免除することができるとしている（会425条1項）。この場合の立証責任は当該役員等が負う。

最低責任限度額は，役員等がその在職中に株式会社から職務執行の対価として受け，または受けるべき財産上の利益の1年間当たりの額に相当する額として法務省令（会社則113条）で定める方法により算定される額に，役員の区分に応じ定められた額，すなわち①代表取締役・代表執行役の場合は6，②代表権のない社内取締役・代表権のない執行役の場合は4，③社外取締役・会計参与・監査役・会計監査人の場合は2，を乗じて得た額（会425条1項1号）に，当該役員等が当該株式会社の新株予約権を金銭の払込みを要しないか特に有利な価格で引き受けた場合（会238条3項）における当該新株予約権に関する財産上の利益に相当する額として法務省令（会規114条）で定める方法により算定される額（425条1項2号）を加えた額とされている。

（2）定款規定による責任の一部免除　取締役が2人以上いる監査役設置会社および委員会設置会社は，この任務懈怠責任について，当該役員等が善意でかつ重大な過失がない場合において，責任の原因となった事実の内容，当該役員等が職務の執行の状況その他の事情を勘案して特に必要と認めるときは，会社法425条1項の規定による最低責任限度額を限度として取締役（当該責任を負う取締役を除く）の過半数の同意，取締役会設置会社においては取締役会の決議によって免除ができる旨を定款で定めることができる（会426条1項）。

また，実際に定款の規定に基づいて役員等の責任を免除する旨の，取締役会非設置会社においては取締役の過半数の同意，取締役会設置会社においては取締役会決議が行われたときは，取締役は，遅滞なくその内容及び異議がある場合には一定の期間内に異議を述べる旨を公告または株主に対する通知をしなければならない（会426条3項，4項）。

（3）社外取締役・社外監査役・会計参与・会計監査人との責任限定契約

会社は，社外取締役・社外監査役・会計参与・会計監査人の任務懈怠責任について，社外取締役等が職務を行うにつき善意でかつ重過失がないときは，責任限定契約を社外取締役等と締結することを定款で定めることができる（会427条1項）。責任限定契約とは，定款で定めた額の範囲内で予め会社が定めた額と最低責任限度額とのいずれか高い方の額を限度とするの旨の契約をいう。

（4）取締役が自己のためにした取引に関する特則　利益相反取引をした取締役・執行役の任務懈怠責任は，任務を怠ったことが取締役・執行役の責めに帰することができない事由によるものであることをもって免れることはできない（会428条1項）。つまりこの責任は無過失責任とされている。また，全部免除・一部免除（会425条，426条，427条）の規定は，この場合には適用されない（会428条2項）。

4　会社役員等の第三者に対する責任

（1）悪意又は重大な過失による職務に基づく責任

① 責任の意義

取締役・執行役は，その職務を行うについて悪意又は重大な過失があっ

たときは，これによって第三者に生じた損害を賠償する責任を負う（会429条1項）。本来，取締役・執行役が会社の機関として行った行為について第三者に直接に個人責任を負うことはないはずであり，その意味で取締役等の第三者に対する責任は第三者保護のための法定責任といえる。判例も，第三者保護の立場から，取締役が悪意または重大な過失により会社に対する義務に違反し，よって第三者に損害を被らせたときは，取締役の任務懈怠の行為と第三者の損害との間に相当の因果関係がある限り，会社が右任務懈怠の行為によって損害を被った結果，ひいて第三者に損害を生じた場合であると，直接第三者が損害を被った場合であるとを問うことなく，当該取締役が直接第三者に対し損害賠償の責めに任ずべきことを定めたものとしている。

なお，取締役がその職務を行うにつき故意または過失により直接第三者に損害を加えた場合に，民法の一般不法行為規定との競合が問題となるが，判例は，その損害を賠償する義務を妨げるものではないとしている。

② 責任を負う役員の範囲

取締役・執行役が責任主体となるが，これまで実務上問題となったのは，名目的取締役などである。まず名目的取締役については，非常勤のいわゆる社外重役として名目的に取締役に就任したものであっても，同会社の代表取締役の業務執行を全く監視せず，取締役会の招集を求めたりすることもなく，同人の独断専行に任せ，取引先に損害を与えた場合には責任があるとした事案や，取締役にはなっていなかったものの，対外的にも対内的にも重要事項についての決定権を有する実質的経営者については，責任が認められるとした事案がある。

③ 悪意・重過失

取締役・執行役の責任が生じるためには任務懈怠が悪意重過失に基づくものであることが必要とされるが，「悪意」とは，故意と同視できる心理状態を指し，また「重過失」とは，注意を著しく欠く心理状態をいう。判例では，代表取締役が，他の代表取締役その他の者に会社業務の一切を任せきりにし，その業務執行に何ら意を用いないで，ついにはそれらの者の不正行為ないし任務違反を看過するに至るような場合には，自らもまた悪意または重過失により任務を怠ったものと解すべきとしたり，代表取締役が

事業拡張による収益増加により約束手形金の支払いが可能であると軽率に考え，約束手形を振り出して金融を受け，調査不十分な事業に多額の投資をして会社の破綻を招いたのは著しく放漫なやり方であって，右手形の振出しに関し，職務上重大な過失があるとされている。

④　第三者の範囲

　第三者とは会社および取締役以外の者を指し，したがって会社債権者がその典型といえるが，株主が含まれるかどうかについては旧法時代より，いわゆる間接損害の賠償との関係で理解に争いがあった。実務上問題とされたのは，会社財産の減少による損害や株主の持分価値の低下であるが，判例では，株主の請求を認容する事例が多く見られ，したがって，第三者の範囲に株主も含まれることを前提としたものといえよう。

（2）不実情報記載・記録・開示による責任　　取締役・執行役が，次の行為をしたときも，これによって第三者に生じた損害を賠償する責任を負う（会429条2項）。

① 株式，新株予約権，社債若しくは新株予約権付社債を引き受ける者の募集をする際に通知しなければならない重要な事項についての虚偽の通知又は当該募集のための当該株式会社の事業その他の事項に関する説明に用いた資料についての虚偽の記載若しくは記録
② 計算書類及び事業報告並びにこれらの附属明細書並びに臨時計算書類に記載し，又は記録すべき重要な事項についての虚偽の記載又は記録
③ 虚偽の登記
④ 虚偽の公告（会社法440条3項に規定する措置を含む）

　ただし，その者が当該行為をすることについて注意を怠らなかったことを証明したときは，この限りではない。

第14節　募集株式の発行等

1　募集株式の発行と法規制

　会社は，事業を行うに際して多額の資金を必要とする。会社設立時には，事業に必要な資金はすべて外部から集められる。これらの資金に対しては株式が発行され，資本を形成する。会社成立後は，会社内部の資金（利益の

内部留保や利益準備金など)を,必要となった資金に振り向けることもできるし,金融機関などからの借入金,さらに募集株式の発行や社債発行などによって資金が調達されることになる。このように株式会社の資金調達は必要とされる資金の使途,性質(金額の大小や期間の長短)や資金調達に伴うコストなどを総合的に検討してその方法を決定することになる。

ここでは,募集に応じて株式の引受けの申込みをした者に対して割り当てる募集株式について検討することとする(会199条1項)。ここに募集株式とは,会社が新たに発行する株式および会社が保有する自己株式(金庫株)のことをいう。また,募集株式の発行等といった場合,会社が新たに株式を発行することや会社が保有する自己株式を処分することをいう(会199条~213条)。

2 募集株式の発行にはどのような方法があるか

募集株式の発行方法には,株主割当て,公募,第三者割当ての3つの形態がある。

(1) 株主割当による発行 株主割当による募集株式の発行は,既存の株主に株式の割当を受ける権利を与え,持株数に応じた新株の割当てを行う方法である。定款にその旨の定めがある会社の株主は,この割当を受ける権利が保障される(会202条1項,2項)。

株主割当による募集株式の発行は,株主の持株数に比例して株式が割り当てられるため,株主が割当を受ける権利を行使するかぎり,募集株式の発行の前後を通じて株主の持株比率に変更が生じることはない。そのために,募集株式の発行によって既存の株主が不利益を被るおそれはない。発行価額にはとくに制限がなく,上場会社の場合は,市場価格よりは低い金額による例が少なくない。

(2) 第三者割当による新株発行 特定の第三者に株式を割り当てる方法を第三者割当という。特定の第三者の範囲については制限がなく株主でも差支えない。ただしこの場合は,株主割当のように持株数に比例して新株を割り当てるのでなく,持株数とは無関係に割り当てることになる。

第三者割当で問題となるのは発行価額である。発行価額によっては,既存の株主は自己の保有する株の価値が下がる可能性があり,経済的損失を

被るおそれがあるからである。この点について会社法は，第三者に対し特に有利なる発行価額で新株発行をする場合には，株主総会において，取締役は，その払込金額で募集することの理由を説明したうえ，決議を経る必要があるとしている（会199条2項）。既存株主の利益の保護に対し配慮しているものある。しかし，「特に有利な金額」の判断について絶対基準は存在せず，上場会社の場合には，時価より多少安い価額（10%くらいのディスカウント率）で発行すれば，「特に有利な金額」にはあたらないと考えられている。また，新株発行差止の事件では，とくに有利な発行価額によらない第三者割当の発行価額について「取締役会決議の直前日の終値または直前日を最終とし，これより遡る6ヵ月以内の任意の日を初日とする期間の終値平均に，0.9を乗じた価額以上」とする証券業界の自主ルールが，発行価額の基準として認められており，今後もこれが判断の際の基準となると思われる。なお，株式譲渡制限のある会社が第三者割当により新株発行を行おうとする場合には，株主総会の特別決議が必要となる。

（3）**公募による発行**　株主または特定の第三者に対し株式の割り当てを受ける権利を与えず，広く一般投資家から株式の引受けを募集して行う募集株式の発行を，公募による発行という。公募は時価による発行が一般的である。

この公募でも問題となるのは，第三者割当と同じく株式の発行価額である。時価より安く発行する場合には，既存の株主が経済的損失を被る可能性があるが，新株の発行により市場の需要と供給のバランスが崩れるので株価は一般的に下がることになる。したがって，値下がりの予想される時価では，公募に応じて株式を引き受けようとする者がいなくなる。そこで，ある程度の値引き（ディスカウント）を行う必要が出てくる。どの程度の値引率であれば，株主総会の特別決議を必要とする「特に有利な金額」にあたらないかは，第三者割当と同様に問題であるが，市場価格の5%以下が平均的な値引率とされている。

3　募集株式の決定等

（1）**募集事項の決定**　既述のように募集株式とは，会社が発行する株式または保有する自己株式の引受けの募集に応じて，引受けの申込みをし

た者に対して割り当てる株式をいう。

　会社は，その発行する株式またはその処分する自己株式を引き受ける者の募集をしようとするときは，その都度，募集株式について株主総会決議により，公開会社にあっては有利発行の場合を除き取締役会により，次の事項を決定しなければならない（会199条1項・2項，201条1項）。
① 　募集株式の数（種類株式発行会社にあっては，募集株式の種類および数）
② 　募集株式の払込金額（募集株式1株と引換えに払い込む金銭または給付する金銭以外の財産の額）またはその算定方法
③ 　金銭以外の財産を出資の目的とするときは，その旨ならびに当該財産の内容および価額
④ 　募集株式と引換えにする金銭の払込みまたは前号の財産の給付の期日またはその期間
⑤ 　株式を発行するときは，増加する資本金および資本準備金に関する事項
　募集事項は，募集ごとに均等に定めなければならない（会199条5項）。
　なお，払込金額が募集株式を引き受ける者に特に有利な金額である場合には，取締役はその株主総会において，当該払込金額でその者の募集をすることを必要とする理由を説明しなければならない（会199条3項，募集株式の有利発行）。

　（2）募集事項の決定の委任　　募集事項の決定は，取締役会設置会社にあっては，株主総会決議によって，取締役に委任することができる。取締役会設置会社にあっては，取締役会に委任することができる。この場合，その委任により募集事項の決定ができる募集株式数の上限および払込金額の下限をあらかじめ定めておかなければならない（会200条1項，201条1項）。払込金額の下限が募集株式を引き受ける者に特に有利な金額である場合には，取締役はその株主総会において，当該払込金額でその者の募集をすることを必要とする理由を説明する必要がある（会200条2項）。この決議の効力は1年とされる（会200条3項）。

　会社が種類株式を発行する会社にあっては，募集株式の種類が譲渡制限株式であるときは，当該種類の株式に関する募集事項の決定の委任は，当該種類の株式について当該種類の株式の種類株主を構成員とする種類株主

総会の決議がなければ，その効力を生じないことに留意する必要がある（会200条4項）。ただし，当該種類株主総会において議決権を行使することができる種類株主が存しない場合は，この限りではない（会200条4項ただし書）。

（3）公開会社における募集事項の決定の特則　公開会社においては，既述の(1)に列挙した募集株式の募集事項について，有利発行の場合を除き，取締役会の決議によって決定されなければならない（会201条1項）。

市場価格のある株式を引き受ける者の募集をするときは，募集株式の払込・給付する金銭等の額またはその算定方法の決定に代えて，公正な価額による払込みを実現するために適当な払込金額の決定の方法を定めることができる（会201条2項）。

公開会社が取締役会決議によって募集事項を定めたときは，募集株式と引換えにする金銭等の払込・給付の期日またはその期間の初日の2週間前までに，株主に対し，募集事項の通知をする（会201条3項）。通知は公告をもってこれに代えることができる（会201条4項）。

なお，会社が期日までに金融商品取引法4条1項から3項までの届出をしている場合その他の株主の保護に欠けるおそれがない場合には，通知・公告は要しない（会201条5項，会社則40条）。すなわち，通知・公告は要しない場合とはここにいう金融商品取引法4条1項から3項までの届出をしている場合であり，すなわち，有価証券届出書（金商5条1項），発行登録書（金商23条の3第1項）及び発行登録追補書類（金商23条の8第1項），有価証券報告書（金商24条1項），半期報告書（金商24条の5第1項），臨時報告書（金商24条の5第4項）を届出又は提出をしている場合（当該書類に記載すべき事項を金融商品取引法の規定に基づき電磁的方法により提供している場合を含む）である。

（4）株主に株式の割当てを受ける権利を与える場合　会社は募集株式の引受人の募集において，株主に株式の割当てを受ける権利を与えることができる。この場合においては，募集事項の他，株主に対し，申込みをすることにより会社の募集株式の権利を与える旨，募集株式の引受けの申込期日，を定めなければならない（会202条1項）。種類株式発行会社にあっては，当該株主の有する種類の株式と同一の種類のものを与える旨などを定めなければならない（会202条1項括弧書）。

会社が株主に株式の割当てを受ける権利を与える場合には，株主はその

有する株式の数に応じて募集株式の割当てを受ける権利を有する（会202条2項）。ただし，当該株主が割当てを受ける募集株式の数に1株に満たない端数があるときにはこれは切り捨てられることになる。

　この決定は，定款で取締役決定による旨の定めがある場合には，取締役の決定による（会202条3項1号）。会社が公開会社である場合，および定款で募集事項等を取締役会決議によって定めることができる旨の定めがある場合には，取締役会決議によって行われる（会202条3項2号・3号）。その他の場合は株主総会決議によることになる（会202条3項4号）。ただし，株主割当ての場合には，会社法199条2項〜4項・200条・201条の規定は適用されないとされている（会202条5項）。

　会社は，以上の事項を定めた場合には，募集株式の引受けの申込期日の2週間前までに，割当てを受ける株主に対し，①募集事項，②当該株主が割当てを受ける募集株式数，③募集株式の引受けの申込期日，を通知することになる（会202条4項）。

4　募集株式の割当て

① 　会社は，募集に応じて募集株式の引受けの申込みをしようとする者に対し，株式会社の商号，募集事項，金銭の払込みをすべきときは払込取扱場所，その他法務省令で定める事項（会社則41条）を通知しなければならない（会203条1項・6項・7項）。ただし，会社がこれらの事項を記載した目論見書（金商2条10項）を申込みをしようとする者に対して交付している場合，募集株式の申込みをしようとしている者に対し保護に欠けるおそれがないものとして法務省令（会社則42条）で定める場合には通知の必要はないとされている（会203条4項）。

② 　株式会社は，申込者の中から募集株式の割当てを受ける者を定め，かつ，その者に割り当てる募集株式の数を定めなければならない。この場合に，株式会社は申込数よりも減少した割当てをすることができる（会204条1項）。

　募集株式が譲渡制限株式である場合には，割当ての決定は，定款に別段の定めがある場合を除き，株主総会（取締役会設置会社にあっては取締役会）決議によらなければならない（会204条2項）。

③　会社は，募集株式と引換えにする金銭等の払込・給付の期日またはその期間の初日の前日までに，申込者に割当数を通知しなければならない（会204条3項）。株主が払込等の期日またはその期間中に書面または許可を得た場合の電磁的記録の申込みをしないときは，当該株主は割当てを受ける権利を失う（会204条4項）。

　前述の募集株式の申込みおよび割当てに関する規定は，募集株式を引受けようとする者がその総数の引受けを行う契約を締結する場合には，適用されない（会205条）。

　申込者は株式会社の割当てた募集株式の数の，前述の募集株式の総数を引受けた者はその者が引受けた募集株式の数の，募集株式の引受人になる（会206条）。

5　金銭以外の財産の出費

（1）検査役の調査　会社は，募集株式の引受けの対価として，金銭以外の財産の出資を定めたときは，募集事項の決定後遅滞なく，これらの現物出資財産の価値を調査させるため，裁判所に対し，検査役の選任を申立てることを要する（会207条1項）。

　選任された検査役は必要な調査を行い，調査の結果を記載・記録した書面・電磁的記録を裁判所に提供して報告する（会207条4項，会社則228条，229条）。検査役は会社に対しても調査の結果を記載・記録した書面・電磁的記録を提供しなければならない（会207条6項，会社則228条，229条）。

　裁判所が当該現物出資財産の価額を不当と認めたときは，これを変更する決定をすることになる（会207条7項）。この決定により当該現物出資財産の価額の全部または一部の価額が変更された場合には，募集株式の引受人は，1週間以内に限り，募集株式の引受けの申込みまたは総数の引受け（会205条）の意思表示を取消すことができる（会207条8項）。

（2）検査役の調査を要しない場合　会社法は現物出資財産について，次の場合には検査役の調査を要しないとされている（会207条9項1号・2号・5号）。

①　募集株式の引受人に割当てる株式の総数が発行済株式総数の10分の1を超えない場合

② 現物出資財産の総額が 500 万円を超えない場合
③ 当該現物出資財産が弁済期の到来している株式会社に対する金銭債権であって，当該現物出資財産について定められた価額が当該金銭債権に係る負債の帳簿価格を超えていない場合
④ 現物出資財産が市場価格のある有価証券である場合（会 207 条 9 項 3 号，会社則 43 条）。
⑤ 当該現物出資財産について定められた価額が相当であることについて，弁護士・弁護士法人・公認会計士・監査法人・税理士・税理士法人の証明（不動産については別に不動産鑑定士の鑑定評価が必要）を受けた場合（会 207 条 9 項 4 号）。

6　出資の履行等

　金銭等の出資をする募集株式の引受人は，募集株式と引換えにする金銭の払込期日またはその期間内に，株式会社が定めた銀行等の払込取扱場所において，それぞれ募集株式の払込金額の全額を払い込むことを要する（会 208 条 1 項）。
　また，現物出資者は，期日またはその期間内に，払込金額の全額に相当する現物出資財産を給付しなければならない（会 208 条 2 項）。
　募集株式の引受人は，期日または期間中の出資の履行した日に募集株式の株主となる（会 209 条）。
　募集株式の引受人が期日または期間内に出資の履行をしないときは，当該出資の履行により募集株式の株主となる権利を失う（会 208 条 5 項）。

7　募集株式の発行等をやめることの請求

　当該株式の発行または自己株式の処分が法令または定款に違反する場合や，当該株式の発行または自己株式の処分が著しく不公正な方法で行われる場合には，株主は，株式会社に対し，株式の発行または自己株式の処分をやめることを請求することができる（会 210 条）。

8　募集に係る責任等

（1）不公正な払込金額で株式を引き受けた者等の責任　募集株式の引受

人は，次の場合には会社に対し責任を負わなければならない。すなわち，①取締役・執行役と通じて著しく不公正な払込金額で募集株式を引き受けた場合には，当該払込金額と当該募集株式の公正な価額との差額に相当する額を支払うべき責任を負う（会212条1項）。また②募集株式の株主となった時における給付した現物出資財産の価額が，これについて定められた払込・給付価額に著しく不足する場合には不足額，を支払う義務を負う。もっとも募集株式の引受人が善意でかつ重大な過失がないときは，募集株式の申込みまたは募集株式の総数の引受けを行う契約に係る意思表示を取消すことが認められている（会212条2項）。

（2）出資された財産等の価額が不足する場合の取締役等の責任（財産価格てん補責任）　募集株式の株主となった時における給付した現物出資財産の価額が，これについて定められた払込・給付価額に著しく不足する場合がある（会212条1項2号）。この場合には，当該募集株式の引受人の募集に関する職務を行った業務執行取締役（委員会設置会社にあっては執行役）その他当該業務執行取締役・執行役の行う業務の執行に職務上関与した者として法務省令で定める者が責任負担者になる（会213条1項，会社則44条～46条）。

ただし，①現物出資財産について検査役の調査を受けた場合，②当該取締役等がその職務を行うについて注意を怠らなかったことを証明した場合には，取締役等は現物出資財産について前述の責任を負うことはない（過失責任，会213条2項1号・2号）。

また，現物出資等の財産価格の証明者は，現物出資財産の価額がこれについて定められた払込・給付価額に著しく不足する場合には，株式会社に対し，その不足額を支払う義務を負う。ただし，当該証明者が証明をするについて注意を怠らなかったことを証明したときは，責任を負うことはない（過失責任，会213条3項）。

これら取締役等の責任負担者，証明者が当該現物出資財産について前述の責任を負う場合には，これらの者は連帯債務者となる（会213条4項）。

第15節　新株予約権

1　総説

(1) **新株予約権とはなにか**　新株予約権とは，予約権者が会社に対して予約権を行使することにより，会社の株式の交付を受けることができる権利をいう（会2条21号）。これは，会社の新株予約権の発行と予約権行使の間には時間差があり，したがって新株予約権は権利行使までは株式ではなく，それまでは資本金の額も増加しないというところに1つの特徴がある。

こうした特徴を持つ新株予約権は，多様な目的で利用される。主要なものをあげると，まずインセンティブ報酬としての利用である。経営者や従業員に付与した場合には，自らの努力により会社の業績を向上させればそれに伴い株価を上がるため，モチベーションを高める効果が期待できる。そこで，報酬としてこれを与えるストック・オプションという使われ方をすることもある。

つぎに敵対的企業買収に対する防衛手段としての利用である。経営陣に友好的な者に新株予約権を付与し，非常時に予約権を行使させることによって，買収者の持ち株比率を引き下げるという効果が期待できるものである（ライツプラン）。

(2) **新株予約権の内容**　会社が新株予約権を発行するときは，新株予約権の内容として次の事項を定めておかなければならない（会236条）。すなわち，①新株予約権の目的である株式の数（種類株式発行会社にあっては，株式の種類及び種類ごとの数）又はその数の算定方法，②新株予約権の行使に際して出資される財産の価額又はその算定方法，③金銭以外の財産を当該新株予約権の行使に際してする出資の目的とするときは，その旨並びに当該財産の内容及び価額，④新株予約権を行使することができる期間，⑤新株予約権の行使により株式を発行する場合における増加する資本金及び資本準備金に関する事項，⑥譲渡による新株予約権の取得について会社の承認を要することとするときは，その旨，⑦新株予約権について，会社が一定の事由が生じたことを条件としてこれを取得することができることとする事項，⑧会社が一定の行為をする場合において，新株予約権者に新株予約

権を交付することとするときは，その旨及びその条件，⑨新株予約権を行使した新株予約権者に交付する株式の数に一株に満たない端数がある場合において，これを切り捨てるものとするときは，その旨，⑩新株予約権（新株予約権付社債に付されたものを除く）に係る新株予約権証券を発行することとするときは，その旨，⑪先の⑩を規定する場合において，新株予約権者が第290条の規定による請求の全部又は一部をすることができないこととするときは，その旨について定めておく必要がある。

なお，新株予約権付社債に付された新株予約権の数は，当該新株予約権付社債についての社債の金額ごとに，均等に定めなければならない。

2　新株予約権の発行

（1）新株予約権の発行

① 募集事項の決定

会社は，その発行する新株予約権を引き受ける者の募集をしようとするときは，発行の都度，募集新株予約権の募集事項について，株主総会で定めなければならない（会238条1項）。ここにいう募集新株予約権とは，当該募集に応じて当該新株予約権の引受けの申込みをした者に対して割り当てる新株予約権をいう（会238条1項）。

募集事項の決定は，株主総会で行われるが（会238条2項），取締役会非設置会社では取締役に，取締役会設置会社では取締役会に委任することができる（会239条1項）。公開会社にあっては，有利発行の場合を除き固有の権限として取締役会が決定することとなる（会240条）。

② 募集事項

決定すべき募集事項は，①募集新株予約権の内容および数，②募集新株予約権と引換えに金銭の払込みを要しないこととする場合には，その旨または給付する金銭以外の財産の額またはその算定方法，③前号に規定する場合以外の場合には，募集新株予約権の払込金額またはその算定方法，④募集新株予約権の割当日，⑤募集新株予約権と引換えにする金銭の払込期日を定めるときは，その期日，⑥募集新株予約権が新株予約権付社債に付されたものである場合には，会社法676条各号に掲げる事項（募集社債に関する事項），⑦⑥に規定する場合において，同号新株予約権付社債に付され

た募集新株予約権についての会社法118条1項，777条1項，787条1項，808条1項の規定による請求の方法により別段の定めをするときは，その定めである（会238条1項・2項，240条1項）。

募集事項は，募集ごとに均等に定めなければならない（会238条5項）。

なお，②の金銭の払込みを要しないとすることが募集新株予約権を引き受ける者に特に有利な条件である場合，または③の払込金額が募集新株予約権を引き受ける者に特に有利な金額である場合には，取締役はその株主総会において，条件または払込金額でその募集をすることを必要とする理由を説明する必要がある（会238条3項1号・2号）。

会社は，以上の事項を定めた場合には，募集新株予約権引受けの申込期日の2週間前までに，割当てを受ける株主に対し，①募集事項，②当該株主が割当てを受ける募集新株予約権数，③募集新株予約権の引受けの申込期日，を通知しなければならない（会241条4項）。

③　株主に新株予約権の割当てを受ける権利を与える場合

会社は，募集新株予約権の引受人の募集するにあたって，株主に対して募集新株予約権の割当てを受ける権利を与えることを認めている（会241条1項）。この場合には，割当てを受けた株主は，その有する株式の数に応じて募集新株予約権の割当てを受ける権利を有することになる（会241条2項）。

（2）募集新株予約権の割当てと払込み

①　募集新株予約権の割当て

会社は，申込者の中から募集新株予約権の割当てを受ける者を定め，その者に割り当てる募集新株予約権の数を定める。この場合，株式会社は申込数よりも減少した割当てをしても差し支えない（会243条1項）。

申込者は会社の割当てた募集新株予約権の引受人になる（会245条1項）。募集新株予約権が新株予約権付社債に付されたものである場合には，募集新株予約権の新株予約権者となる者は，当該募集新株予約権を付した新株予約権付社債についての社債の社債権者となる（会245条）。

②　募集新株予約権に係る払込み

募集新株予約権の引受人は，募集新株予約権と引換えにする金銭の払込期日に，株式会社が定めた銀行等の払込取扱場所において，それぞれ募集

新株予約権の払込金額の全額を払い込む（会246条1項）。新株予約権者は，募集新株予約権についての払込期日までに募集新株予約権の払込金額の全額の払込みをしないときは，当該新株予約権を行使することができない（会246条3項）。

③ 募集新株予約権の発行等をやめることの請求

当該新株予約権の発行が法令または定款に違反する場合や，当該新株予約権の発行が著しく不公正な方法で行われる場合には，株主は，株式会社に対し，新株予約権の発行をやめることを請求することができる（会247条）。

（3）新株予約権原簿

① 新株予約権原簿

会社は，新株予約権を発行した日後遅滞なく，書面または電磁的記録による新株予約権原簿を作成し，新株予約権原簿記載事項を記載または記録しなければならない（会249条1号〜3号）。これには，新株予約権の区分，新株予約権証券の番号・数量，新株予約権者の氏名又は名称及び住所などが記載される。

② 新株予約権原簿記載事項を記載・記録した書面等の交付等

無記名式の新株予約権証券および無記名式の新株予約権付社債券が発行されていない新株予約権の株予約権者は，会社に対し，当該新株予約権について新株予約権原簿に記載または記録されている新株予約権原簿記載事項を記載した書面または電磁的記録の提供を請求することができる（会250条1項・4項），書面には代表取締役または代表執行役の署名または記名押印が，電磁的記録には電子署名が必要とされる（会250条2項・3項，会社則225条）。

③ 新株予約権原簿の管理

会社が新株予約権を発行している場合に，株主名簿管理人を置いている場合には，新株予約権原簿の事務の委託も併せて委託することができる（会251条）。

④ 新株予約権原簿の備置きおよび閲覧等

会社は，新株予約権原簿をその本店に，株主名簿管理人がある場合にはその営業所に，備え置き（会252条1項）。株主および債権者は，会社の営業時間内は，いつでも，請求の理由を明らかにすればその閲覧・謄写等の請

求をすることができる（会252条2項1号・2号）。

また，会社の親会社社員は，その権利を行使するために必要があるときは，請求の理由を明らかにし，裁判所の許可を得て，上記の請求をすることができる（会225条4項）。

3　新株予約権の譲渡等
（1）新株予約権の譲渡
① 新株予約権の譲渡

新株予約権者は，その有する新株予約権を譲渡することができる（会254条1項）。ただし，新株予約権付社債に付された新株予約権は，社債が消滅したときを除き，新株予約権のみを譲渡することはできない（会254条2項）。また，新株予約権付社債の社債のみの譲渡も，新株予約権が消滅したときを除き，社債のみを譲渡することはできない（254条3項）。

② 証券発行新株予約権の譲渡

証券発行新株予約権の譲渡は，当該証券発行新株予約権に係る新株予約権証券を交付しなければ効力を生じない（会255条1項）。また，証券発行新株予約権付社債に付された新株予約権の譲渡は，当該証券発行新株予約権付社債に係る新株予約権付社債券を交付しなければ効力を生じない（会255条2項）。

③ 自己新株予約権の処分に関する特則

会社は，証券発行新株予約権（付社債）の自己新株予約権を処分した日以後遅滞なく，当該自己新株予約権を取得した者に対し，新株予約権（付社債券）を交付しなければならない（会256条1項・3項）。ただし，取得者から請求がある時までは，新株予約権証券は交付しないことができる（会256条2項）。

④ 新株予約権の譲渡の対抗要件

新株予約権の譲渡は，その新株予約権を取得した者の氏名または名称および住所を新株予約権原簿に記載または記録しなければ会社その他第三者に対抗することはできない（会257条1項）。ただし，無記名新株予約権および無記名新株予約権付社債に付された新株予約権の譲渡はこの限りではない（会257条3項）。

記名式の新株予約権証券が発行されている証券発行新株予約権，および記名式の新株予約権付社債券が発行されている証券発行新株予約権付社債に付された新株予約権の譲渡は，その新株予約権を取得した者の氏名または名称および住所を新株予約権原簿に記載または記録しなければ会社に対抗することはできない（会257条2項）。

⑤ 権利の推定等

新株予約権証券の占有者は，当該新株予約権証券に係る証券発行新株予約権についての権利を適法に有するものと推定され，新株予約権証券の交付を受けた者は，当該証券発行新株予約権についての権利を取得する（会258条1項・2項）。また新株予約権付社債券の占有者についても，当該新株予約権付社債券に係る証券発行新株予約権付社債についての権利を適法に有するものと推定され，新株予約権付社債券の交付を受けた者は，当該証券発行新株予約権付社債に付された新株予約権についての権利を取得する（会258条3項・4項）。

⑥ 新株予約権原簿の書換え

会社は，当該株式会社の新株予約権を取得した場合，自己新株予約権を処分した場合には，これらの新株予約権の新株予約権者に係る新株予約権原簿記載事項を新株予約権原簿に記載・記録しなければならない（会259条1項1号・2号）。ただし，新株予約権原簿に記載されない無記名新株予約権および無記名新株予約権付社債に付された新株予約権の譲渡はこの限りではない（会259条2項）。

新株予約権を当該新株予約権発行会社以外の者から取得した者は，当該会社に対し，取得した新株予約権に係る新株予約権原簿記載事項を新株予約権原簿に記載・記録することを請求することができる（会260条1項）。ただし，新株予約権原簿に記載されない無記名新株予約権および無記名新株予約権付社債に付された新株予約権の譲渡については会社法260条1項2項の規定は適用されない（会260条3項）。また，新株予約権取得者が取得した新株予約権が譲渡制限新株予約権である場合にも，会社法260条の規定は適用されない（会261条）。

（2）新株予約権の譲渡の制限　譲渡制限新株予約権の新株予約権が，その有する譲渡制限新株予約権を他人に譲り渡そうとするときは，当該会

社に対し，他人がその新株予約権を取得することについて承認をするか否かの決定を請求することができる（会262条）。また譲渡制限新株予約権を取得した新株予約権取得者も，株式会社に対し，当該譲渡制限新株予約権を取得したことについて，承認を求めることができる（会263条1項）。

　株式会社が譲渡承認の是非の決定をするには，取締役会非設置会社にあっては株主総会，取締役会設置会社にあっては取締役会の決議による（会265条1項）。

　株式会社が是非の決定をしたときは，譲渡等承認請求者に対し，決定の内容を通知しなければならない（会265条2項）。

　株式会社が譲渡等承認請求の日から2週間（これを下回る期間を定款で定めた場合にあっては，その期間）以内に譲渡承認是非の決定の通知をしなかった場合には，会社法262条または263条の承認をしたものとみなされる（会266条）。

4　会社による自己の新株予約権の取得
（1）募集事項の定めに基づく新株予約権の取得
① 　取得する日の決定

　取得条項付新株予約権とは，一定の事由が生じたことを条件として会社が取得することができる新株予約権をいう（会236条1項7号）。

　一定の事由が生じた日に会社がその新株予約権を取得する旨についての定めがある場合には，会社は，取得日を株主総会（取締役会設置会社においては取締役会）の決議によって定めなければならない（会273条1項）。取得日を定めた場合には，会社は，取得条項付新株予約権の新株予約権（会236条1項7号ハに掲げる事項（一部取得）についての定めがある場合にあっては，会社法274条1項の規定により決定した取得条項付新株予約権の新株予約権者）および登録新株予約権質権者に対し，取得日の2週間前までに取得日を通知しなければならない（会273条2項）。ただし，公告をもってこれに代えることができる（会273条3項）。

② 　取得する新株予約権の決定等

　定款に一定の事由が生じた日に当該株式会社がその株式の一部を取得する旨の定めがある場合に，会社が取得条項付新株予約権を取得しようとす

るときは，株式会社は定款に別段の定めがある場合を除き，株主総会（取締役会設置会社においては取締役会）の決議によって取得条項付新株予約権を決定する必要がある（会274条1項，2項）。会社は，取得が決定した取得条項付新株予約権の新株予約権者および登録株式質権者に対し，直ちに，当該取得条項付新株予約権を取得する旨を通知しなければならない（会274条3項）。ただし，公告をもってこれに代えることができる（会274条4項）。

③ 効力の発生等

会社は，取得の事由が生じた日，一部取得の場合には，取得の事由が生じた日または通知・公告の日から2週間を経過した日のいずれか遅い日に取得条項付新株予約権を取得する。またこの規定により株式会社が取得する取得条項付新株予約権が新株予約権付社債に付されたものである場合には，株式会社は，取得の事由が生じた日に，当該新株予約権付社債についての社債を取得する。

会社は取得日後遅滞なく取得条項付新株予約権の新株予約権者（一部取得の場合は決定した取得条項付新株予約権の新株予約権者）およびその登録新株予約権質権者に当該事由が生じた旨を通知または公告しなければならない（会275条4項）。

取得条項付新株予約権者は，会社法236条1項7号イの事由が生じた日に，同号に定める事項についての定めに従い，①当該株式会社の株主（種類株主），②社債権者，③新株予約権者，④新株予約権付社債の新株予約権者および社債権者，のいずれかになる（会275条3項）。

（2）新株予約権の消却　会社は自己新株予約権を消却することができる。この場合においては，消却する自己新株予約権の内容および数を定めなければならない（会276条1項）。取締役会設置会社においてはこの決定は取締役会決議による（会276条2項）。

5　新株予約権無償割当て

（1）新株予約権無償割当て　会社は，株主（種類株式発行会社にあってはある種類の種類株主）に対して新たに払込みをさせないで，当該株式会社の新株予約権の割当て（新株予約権無償割当て）をすることができる（会277条）。

（2）新株予約権無償割当てに関する事項の決定　会社が新株予約権無償

割当てをするときは，定款に別段の定めがある場合を除いて，株主総会決議によって，取締役会設置会社においては取締役会決議によって，その都度，①株主に割り当てる新株予約権の内容および数またはその算定方法，②前号の新株予約権が新株予約権付社債に付されたものであるときは，当該新株予約権付社債についての社債の種類および各社債の合計額またはその算定方法，③効力発生日，④種類株式発行会社においては，当該新株予約権無償割当てを受ける株主の有する株式の種類，を定めなければならない（会278条1項・3項）。なお，この新株予約権・新株予約権付社債の無償割当ては，対象となる株主の株式保有数の割合に応じて割り当てなければならない（会278条2項）。

（3）新株予約権無償割当ての効力の発生等　新株予約権無償割当てを受けた株主は，効力発生日に新株予約権者に，新株予約権付社債の無償割当てを受けた株主は，効力発生日に当該新株予約権付社債の新株予約権者および社債権者になる（会279条1項）。

6　新株予約権の行使

（1）新株予約権はどのように行使するのか

① 新株予約権の行使

新株予約権の行使は，その行使に係る新株予約権の内容および数，そして，新株予約権を行使する日を明らかにして行わなければならない（会280条1項）。

証券発行新株予約権の新株予約権者が，新株予約権を行使しようとするときは，当該証券発行新株予約権に係る新株予約権証券を株式会社に提出しなければならない（会280条2項）。

また，証券発行新株予約権付社債の新株予約権者が，新株予約権を行使しようとするときは，当該証券発行新株予約権付社債券を株式会社に提示しなければならない。この場合において，当該株式会社は，当該新株予約権付社債券に新株予約権が消滅した旨を記載する（会280条3項）。ただし，当該新株予約権の行使により，証券発行新株予約権付社債の社債が消滅するときは，証券発行新株予約権付社債の新株予約権者は，当該証券発行新株予約権付社債券を株式会社に提出する必要がある（会280条3項）。

なお，証券発行新株予約権付社債についての社債の償還後に当該証券発行新株予約権付社債に付された新株予約権を行使しようとする場合には，証券発行新株予約権付社債の新株予約権者は，当該証券発行新株予約権付社債券を株式会社に提出しなければならない（会280条4項）。

② 新株予約権の行使に際しての払込み

金銭を新株予約権の行使に際してする出資の目的とするときは，新株予約権者は，新株予約権の行使日に，株式会社が定めた銀行等の払込取扱場所において，その行使に係る新株予約権行使価額の全額を払い込む（会281条1項）。

また，金銭以外の財産を新株予約権の行使に際してする出資の目的とするときは，新株予約権者は，新株予約権の行使日に，行使価額の全額に相当する財産を給付しなければならない。この場合に財産の価額が，行使価額に足りないときは，株式会社が定めた銀行等の払込取扱場所において，その差額に相当する金銭を払い込まねばならない（会281条2項）。

③ 株主となる時期

新株予約権の行使した新株予約権者は，当該新株予約権の行使日に，当該新株予約権の目的である株式の株主になる（会282条）。

（2） 金銭以外の財産の出費

① 検査役の調査

会社は，金銭以外の財産を新株予約権の行使に際してする出資の目的とする定めがある新株予約権が行使された場合には，その給付後遅滞なく，これらの現物出資財産の価値を調査させるため，裁判所に対し，検査役選任の申立をする（会284条1項）。

選任された検査役は必要な調査を行い，調査の結果を記載・記録した書面・電磁的記録を裁判所に提供して報告する（会284条4項，会社則228条，229条）。検査役は会社に対しても調査の結果を記載・記録した書面・電磁的記録を提供しなければならない（会284条6項，会社則228条，229条）。

裁判所が当該現物出資財産の価額を不当と認めたときは，これを変更する決定をする（会284条7項）。この決定により当該現物出資財産の価額の全部または一部の価額が変更された場合には，この新株予約権の新株予約権者は，1週間以内に限り，その新株予約権の行使に係る意思表示を取消

すことができる（会284条8項）。

② 検査役の調査を要しない場合

現物出資財産が，①行使された新株予約権の新株予約権者が交付を受ける株式の総数が発行済株式総数の10分の1を超えない場合，②現物出資財産の総額が500万円を超えない場合，③当該現物出資財産が弁済期の到来している株式会社に対する金銭債権であって，これらの当該現物出資財産について定められた価額が当該金銭債権に係る負債の帳簿価格を超えていない場合には，検査役の調査は不要となる（会284条9項1号，2号，5号）。

また，④現物出資財産が市場価格のある有価証券である場合には，当該市場価格のある有価証券については，検査役の調査を要しない（会284条9項3号，会社則59条）。

なお，当該現物出資財産について定められた価額が相当であることについて，弁護士・弁護士法人・公認会計士・監査法人・税理士・税理士法人の証明（不動産については別に不動産鑑定士の鑑定評価が必要）を受けた場合には，検査役の調査を要しない（会284条9項4号）。

（3）違法な新株予約権の発行と責任

① 不公正な払込金額で新株予約権を引受けた者等の責任

新株予約権を行使した新株予約権者は，会社に対し，①取締役・執行役と通じて，募集新株予約権につき金銭の払込みを要しないとすることが著しく不公正な条件であるときは，当該新株予約権の公正な価額，②取締役・執行役と通じて著しく不公正な払込金額で新株予約権を引受けた場合には，当該払込金額と当該新株予約権の公正な価額との差額に相当する金額，③新株予約権の行使により株主となった時における給付した現物出資財産の価額が，これについて定められた払込・給付価額に著しく不足する場合には当該不足額，を支払う義務を負う（ただし，③については，現物出資財産を給付した新株予約権者が善意でかつ重大な過失がないときは，新株予約権の行使に係る意思表示を取消すことができる（会285条1項，2項））。

② 出資された財産等の価額が不足する場合の取締役等の責任（財産価格てん補責任）

前述③の新株予約権の行使の際に給付した現物出資財産の価額が，これについて定められた払込・給付価額に著しく不足する場合には，当該新株

予約権の募集に関する職務を行った業務執行取締役・執行役等は，不足額を支払う義務を負う（会286条1項1号～3号，会社則60条～62条）。ここでいう取締役・執行役等とは，①現物出資財産の価額の決定に関する職務を行った取締役・執行役，②現物出資財産の価額の決定に関する株主総会の決議があったときは，当該株主総会において現物出資財産の価格に関する事項について説明をした取締役・執行役・議案を提案した取締役・執行役および取締役会非設置会社においては議案の提案の決定に同意した取締役，③現物出資財産の価額の決定に関する取締役会の決議があったときは，議案を提案した取締役・執行役および当該取締役決議に賛成した取締役である。

ただし，①現物出資財産について検査役の調査を受けた場合，②当該取締役等がその職務を行うについて注意を怠らなかったことを証明した場合には，取締役等は現物出資財産について前述の責任を負うことはない（会286条2項1号，2号）。

また，現物出資等の財産価格の証明者は，現物出資財産の価額がこれについて定められた払込・給付価額に著しく不足する場合には，株式会社に対し，その不足額を支払う義務を負う。ただし，当該証明者が証明をするについて注意を怠らなかったことを証明したときはこの限りではない（会286条3項）。

これら取締役等の責任負担者，証明者が当該現物出資財産について前述の責任を負う場合には，これらの者は連帯債務者となる（会286条4項）。

7　新株予約権に係る証券

（1）新株予約権証券

① 新株予約権証券の発行

会社は，証券発行新株予約権を発行した日後遅滞なく，当該証券発行新株予約権に係る新株予約権証券を発行しなければならない（会288条1項）。ただし，会社は，新株予約権者から請求がある時まで，これらの新株予約権証券を発行しないことができる（会288条2項）。

② 新株予約権証券の喪失

新株予約権証券は，非訟事件手続法100条に規定する公示催告手続により無効とすることができる。そして，非訟事件手続法106条1項に規定す

る除権判決を得た後でなければその再発行を請求することができない（会291条1項，2項）。

（2）**新株予約権付社債券**　証券発行新株予約権付社債に係る新株予約権付社債券には，社債の記載事項（会社法697条の規定により記載すべき事項）のほか，当該証券発行新株予約権付社債に付された新株予約権の内容および数を記載しなければならない（会292条1項）。

証券発行新株予約権付社債についての社債の償還をする場合において，当該証券発行新株予約権付社債に付された新株予約権が消滅していないときは，新株予約権付社債券と引換えに社債の償還をすることができない。この場合には，株式会社は，当該新株予約権付社債券の提示を求め，これに社債の償還をした旨を記載することができる（会292条2項）。

第16節　社　債

1　社債とはなにか

社債は，会社にとっては重要な資金調達手段として，投資家にとっては証券投資の対象として資本主義経済社会に重要な役割を果たしている。株式会社のみが利用できた旧商法と異なり，会社法は株式会社のみならず持分会社にも利用を認めている。

会社法は，社債について次の定義を定めている。すなわち，会社が行う割当てにより発生する当該会社を債務者とする金銭債権であり，676条各号に掲げる事項についての定めに従い償還されるものをいう（会2条23号）。

2　募集社債の発行

（1）**募集社債発行の決定**　株式会社が社債を発行するためには，取締役会設置会社においては取締役会の決定が必要となる（会362条4項5号）。取締役会非設置会社においては，取締役が業務執行として行い（会348条1項），委員会設置会社においては，取締役会が決定するが（会416条1項1号），取締役会の委任がある場合には，執行役が社債発行の決定を行うことができる（会418条1号，416条4項本文）。他方，持分会社では，社員が決定することになる（会590条）。

（２）募集社債に関する事項の決定　会社は，その発行する社債を引き受ける者の募集をしようとするときは，その都度，募集社債，すなわち当該募集に応じて当該社債の引受けの申込みをした者に対して割り当てる社債について次の事項を定める必要がある（会676条）。

① 募集社債の総額
② 各募集社債の金額
③ 募集社債の利率
④ 募集社債の償還の方法及び期限
⑤ 利息支払の方法及び期限
⑥ 社債券を発行するときは，その旨
⑦ 社債権者が第698条の規定による請求の全部又は一部をすることができないこととするときは，その旨
⑧ 社債管理者が社債権者集会の決議によらずに第706条1項2号に掲げる行為をすることができることとするときは，その旨
⑨ 各募集社債の払込金額（各募集社債と引換えに払い込む金銭の額）若しくはその最低金額又はこれらの算定方法
⑩ 募集社債と引換えにする金銭の払込みの期日
⑪ 一定の日までに募集社債の総額について割当てを受ける者を定めていない場合において，募集社債の全部を発行しないこととするときは，その旨及びその一定の日
⑫ その他法務省令で定める事項

（３）募集社債の申込み　会社は，募集に応じて募集社債の引受けの申込みをしようとする者に対して，会社の商号，募集社債に関する事項などについて通知をしなければならない（会677条1項）。この通知は，会社が金融商品取引法2条10項に規定する目論見書を交付している場合は不要となる（会677条4項）。

他方，募集社債の引受けの申込みをする者は，申込みをする者の氏名又は名称及び住所，引き受けようとする募集社債の金額及び金額ごとの数，会社が最低金額を定めたときは，希望する払込金額を記載した書面を会社に交付しなければならない（会677条2項）。申込みをする者は書面に代えて，会社の承諾を得て電磁的方法により提供することもできる（会677条3項）。

これらの通知又は催告は，その通知又は催告が通常到達すべきであった時に，到達したものとみなされる（会677条7項）。

　（4）募集社債の割当て　会社は，申込者の中から募集社債の割当てを受ける者を定め，かつ，その者に割り当てる募集社債の金額及び金額ごとの数を定める必要がある。この場合，会社は，当該申込者に割り当てる募集社債の金額ごとの数を申込み数より減少することができる（会678条）。

　ただし，募集社債の総額引受けを行う契約を締結する場合には，適用されない（会679条）。

　（5）社債の発行方法　募集社債の発行方法には，社債引受者を広く募集する公募（会676条）と，これを必要としない総額引受（会679条）の2方法がみられる。これに加えて，一定期間を定め，その期間内に一般大衆に対して個別的に売り出だす，売り出し発行（長期信用銀行法11条2項など）がある。

　公募発行は，公衆から社債引受者を募集する方法であり，会社が直接募集する方法と，第三者を利用して発行する委託募集に大きく分けられる。

　総額引受とは，特定人が発行会社との契約によって社債総額を包括的に引受ける方法である。発行会社は，発行手続きを簡略化できるほか，直ちに必要な資金を入手できる利点がある。引受人は，後日，自らの責任で社債を売却することになる。この引受人は，金融商品取引法により原則として金融商品取引業者に限定される（金商36条の4第2項，同2条6項）。

　（6）社債の成立　募集社債は申込者に対して会社が募集社債を割り当てると，申込者は募集社債の社債権者となる（会680条1号）。募集社債の総額引き受けの場合には，その者が募集社債を引き受けると，募集社債の社債権者となる（会680条2号）。

　なお，募集社債の総額に応募額が達しない場合であっても，募集事項で定められた一定の日に募集社債の総額について社債は成立することになる（会676条11号）。

3　社債権者の権利―社債の償還・利息

　社債発行によって会社は，集団的大量的な債務を負担し，かつ社債権者が一般公衆であるところから，一般の借入金返済とは異なる規定がおかれ

ている。

　社債権者は募集社債に関する事項として決定された募集社債の償還の方法及び期限に従って償還を受けることになる（会676条4号）。同様に利息についても，募集社債に関する事項として決定されたところに従い，利息の支払いを受けることになる（会676条5号）。

4　社債原簿

　（1）社債原簿の作成　　会社は，社債を発行した日以後遅滞なく，社債原簿記載事項を記載・記録した社債原簿を作成しなければならない（会681条）。

　社債原簿記載事項は，社債金額や利率など社債の種類（内容）に関する事項，社債の償還に関する事項，社債権者の氏名・住所など社債権者に関する事項，社債券の番号・発行の日など社債券に関する事項がある。このほか，会社が自社発行の社債を取得した場合や自己の社債を処分した場合（会690条1項），社債を会社以外の者から取得した者も記載・記録され（会691条），社債に質権が設定された場合には社債原簿の記載・記録される（会694条）。

　（2）社債原簿の備置き，閲覧，書面の交付　　社債発行会社は，社債原簿をその本店（社債原簿管理人がある場合にあっては，その営業所）に備え置き（会684条1項），社債権者など請求がある場合には，会社の営業時間内は閲覧・謄写させることとなる（会684条2項）。

　閲覧請求のできる者は，社債権者のほか，社債発行会社の債権者，株主，社員であるが（会684条2項，会社則167条），これらの者から閲覧・謄写請求があった場合には，会社は正当な理由がない限りその請求を拒むことができない（会684条3項）。社債発行会社の親会社社員は，裁判所の許可を得て社債原簿の閲覧・謄写をすることができる（会684条4項）。

　さらに社債権者（無記名社債の社債権者を除く）は，社債発行会社に対し，社債権者についての社債原簿に記載され，若しくは記録された社債原簿記載事項を記載した書面の交付又は当該社債原簿記載事項を記録した電磁的記録の提供を請求することもできる（会682条）。

　（3）社債原簿記載・記録の効力　　社債の譲渡は，その社債を取得した者

の氏名又は名称及び住所を社債原簿に記載し，又は記録しなければ，社債発行会社その他の第三者に対抗することができない（会688条1項）。また社債券を発行する旨の定めがある場合には，名義書換えをしないと社債発行会社に対抗することはできない（会688条2項）。

なお，会社が社債権者に対して通知又は催告をなす場合は，社債原簿に記載・記録された住所にあてて発すれば足りる（会685条1項）。

5 社債の譲渡・担保

（1）社債券が発行されていない場合 会社法は，社債については，社債券を発行していないことを原則とし（会676条6号），また「社債，株式等の振替に関する法律」の適用を受けるとする社債については，社債券を発行することができないとされている（振替67条）。

そのため，社債券が発行されていない場合の社債の譲渡は，意思表示のみ効力が生じ，さらにその社債を取得した者の氏名又は名称及び住所を社債原簿に記載又は記録をしなければ，社債発行会社その他の第三者に対抗することができない（会688条1項）。つまり，意思表示のみで社債譲渡の効力が生じるが，会社その他の第三者に対して譲渡を主張するためには社債原簿への記載・記録が必要となる。社債の質入についても同様とされる（会693条1項）。

（2）社債券が発行されている場合
① 社債の譲渡・質入

社債券を発行する旨の定めがある社債の譲渡は，意思表示に加え社債券の交付がなければ，その効力は生じない（会687条）。社債券を発行する場合の社債の質入れも同様である（会692条）。ただし，会社その他の第三者に対する対抗要件については，記名社債と無記名社債とでは扱いが異なる。記名社債の場合には，社債を取得した者の氏名又は名称及び住所を社債原簿に記載・記録することによって，社債発行会社その他の第三者に対抗することができる（会688条2項）。無記名社債の場合には，社債券の占有移転によって譲渡がなされるところから，社債発行会社その他の第三者に対する対抗力についても，継続して占有することが必要とされる（会693条2項）。
② 社債の流通

社債券が発行されている場合，社債券の占有者は，社債についての権利を適法に有するものと推定され（会689条1項），社債券の交付を受けた者は，社債券に係る社債についての権利を取得する（会689条2項）。ただし，その者に悪意又は重大な過失があるときは，この限りではない。

社債券を喪失した者は，非訟事件手続法100条に規定する公示催告手続によって無効とすることができる（会699条1項）。そして非訟事件手続法第106条第1項に規定する除権決定を得た場合には，その再発行を請求することができる（会699条2項）。

6　社債管理者

（1）社債管理者の設置　社債は，多数の一般公衆に対する会社の債務であり，ときには利益を共通する社債権者が団体的行動をとることが必要となる。そこで社債権者のために弁済の受領，債権の保全その他の社債の管理を行うために設けられた制度の1つが社債管理者である（会702条本文）。

社債管理者は，社債発行会社が定め，社債管理を委託する（会702条本文）。社債管理者として委託できるのは，銀行，信託会社などに限られる（会703条，会社則170条）。2つ以上の社債管理者に委託しても差し支えない（会709条）。

なお，各社債の金額が1億円以上である場合，その他社債権者の保護に欠けるおそれがない場合は，この限りではない（会702条ただし書，会社則169条）。

（2）社債管理者の権限　会社法上，社債管理者は，社債権者のために債権の弁済（償還および利息の支払い）を受け，又は社債に係る債権の実現を保全するために必要な一切の裁判上又は裁判外の行為をする権限を有する（会705条1項）。この権限行使のため必要なときは，社債管理者は，裁判所の許可を得て，社債発行会社の業務及び財産の状況を調査することができる（会705条4項）。

また社債権者集会の決議により，社債管理者は，①当該社債の全部についてするその支払の猶予，その債務の不履行によって生じた責任の免除又は和解，②当該社債の全部についてする訴訟行為又は破産手続，再生手続，

更生手続若しくは特別清算に関する手続に属する行為を行うことができる。社債管理者は、管理の委託を受けた社債につき①および②の行為をするために必要があるときは、裁判所の許可を得て、社債発行会社の業務及び財産の状況を調査することができる（会706条4項）。

なお、②については、募集社債に関する事項の中で、社債管理者が社債権者集会の決議によらずにすることができると定められているときは、社債管理者の判断で行うことができる（会706条1項）。この場合、遅滞なくその旨を公告し、知れている社債権者には、各別にこれを通知する必要がある（会706条2項・3項）。

以上の権限のほか、社債管理者には、社債権者集会の招集権（会717条2項）、社債権者集会出席権および意見陳述権（会729条）、社債権者集会議事録の閲覧・謄写請求権（会731条）などが認められる。

（3）社債管理者の義務と責任　社債管理者は、社債権者のために公平・誠実に社債の管理を行う義務（会704条1項）と、善良な管理者の注意をもって社債の管理を行う義務を負う（会704条2項）。公平・誠実義務は、社債管理者の契約の相手方ではなく、第三者である社債権者に対する義務であり、善管注意義務は、社債発行会社に対して負うのはもちろんであるが（民644条）、社債権者に対しての義務としてもこれを負うものと規定したものである。

社債管理者は、このような義務を負うと同時に、会社法や社債権者集会決議に違反し、これによって社債権者に損害を与えた場合には、損害賠償責任を負担する（会710条1項）。また、社債管理者は、社債発行会社が社債の償還若しくは利息の支払を怠り、若しくは社債発行会社について支払の停止があった後又はその前3か月以内に、次の行為をしたときは、社債権者に対して損害賠償責任を負う（会710条2項）。

① 社債管理者の債権に係る債務について社債発行会社から担保の供与又は債務の消滅に関する行為を受けること。
② 社債管理者と特別の関係がある者に対して社債管理者の債権を譲り渡すこと。
③ 社債管理者が社債発行会社に対する債権を有する場合において、契約によって負担する債務を専ら当該債権をもってする相殺に供する目的で

社債発行会社の財産の処分を内容とする契約を社債発行会社との間で締結し，又は社債発行会社に対して債務を負担する者の債務を引き受けることを内容とする契約を締結し，かつ，これにより社債発行会社に対し負担した債務と当該債権とを相殺すること。
④ 社債管理者が社債発行会社に対して債務を負担する場合において，社債発行会社に対する債権を譲り受け，かつ，当該債務と当該債権とを相殺すること。

ただし，社債管理者に社債の管理を怠らなかったこと，又は損害が当該行為によって生じたものでないことを証明した場合には責任を負うことはない（会710条2項ただし書）。

（4）社債管理者の辞任・解任等　社債管理者は，社債発行会社及び社債権者集会の同意を得た場合，委託に係る契約に定めた事由がある場合，裁判所の許可がある場合に辞任することができる（会711条）。

社債管理者がその義務に違反したとき，その事務処理に不適任であるときその他正当な理由があるときは，裁判所は，社債発行会社又は社債権者集会の申立てにより，当該社債管理者を解任することができる（会713条）。

社債管理者が辞任や解任等により不在になった場合には，社債発行会社は，事務を承継する社債管理者を定め，社債権者のために，社債の管理を行うことを委託しなければならない。この場合においては，社債発行会社は，社債権者集会の同意を得るため，遅滞なく，これを招集し，かつ，その同意を得ることができなかったときは，その同意に代わる裁判所の許可の申立てをしなければならない（会714条）。

7　社債権者集会

（1）社債権者集会の意義と構成　社債権者集会は，社債の種類ごとに社債権者によって組織される臨時の機構であり（会715条），会社法に規定する事項及び社債権者の利害に関する事項について決議をすることができるが（会716条），社債権者集会の目的である事項以外の事項については，決議することはできない（会724条3項）。

（2）社債権者集会の招集　社債権者集会は，社債発行会社又は社債管理者が必要のある場合には，いつでも，招集することができる（会717条）。

この他，社債権者は社債発行会社又は社債管理者に対して招集の請求でき（会718条1項），裁判所の許可を得て，社債権者集会を招集することもできる（会718条3項）。

社債権者集会を招集する者は，社債権者集会を招集する場合には，社債権者集会の日時及び場所，目的である事項などを定め（会719条），社債権者集会参考書類及び議決権行使書面の交付等を，社債権者集会の日の2週間前までに，知れている社債権者及び社債発行会社並びに社債管理者がある場合にあっては社債管理者に対して，書面または電磁的方法をもってその通知を発しなければならない（会720条1項・2項，721条，722条）。

なお，無記名式の社債券を発行している場合には，社債権者集会の日の3週間前までに公告しなければならないし，招集者が社債発行会社以外の者である場合には，その方法が電子公告であるときは，その公告は官報に掲載する方法でしなければならない（会720条3項，4項）。

（3）社債権者集会の決議　社債権者集会での決議，出席した議決権者の議決権の総額の2分の1を超える議決権を有する者の同意によって行われる（会724条1項）。

ただし，債務不履行責任の免除など会社法706条第1項各号に掲げる行為に関する事項，会社法706条第1項，736条第1項，737条第1項ただし書及び738条の規定により社債権者集会の決議を必要とする事項については，議決権者の議決権の総額の5分の1以上で，かつ，出席した議決権者の議決権の総額の3分の2以上の議決権を有する者の同意が必要とされる（会724条2項）。

（4）議決権の行使

① 議決権の額

社債権者は，その有する当該種類の社債の金額の合計額に応じて，議決権を有する（会723条1項）。ただし，社債発行会社はその有する自己の社債については，議決権を有しない（会723条2項）。

議決権を行使しようとする無記名社債の社債権者は，社債権者集会の日の1週間前までに，その社債券を招集者に提示しなければならない（会723条3項）。

② 議決権の代理行使

社債権者は，代理人によってその議決権を行使することができる。この場合，社債権者又は代理人は代理権を証明する書面を招集者に提出しなければならない（会725条1項）。この代理権の授与は社債権者集会ごとになされる（会725条2項）。

③　書面や電磁的方法による議決権の行使

社債権者は，書面や電磁的方法によって議決権を行使することができる（会726条1項，727条）。これらの方法によって行使された議決権の額は出席した議決権者の議決権の額に算入される。

④　議決権の不統一行使

社債権者は，その有する議決権を統一しないで行使することができる（会728条1項）。なお，招集者は，社債権者が他人のために社債を有する者でないときは，その有する議決権を統一しないで行使することを拒むことができる（会728条2項）。

（5）社債発行会社の代表者の出席等　社債発行会社又は社債管理者は，その代表者若しくは代理人を社債権者集会に出席させ，又は書面により意見を述べることができる。ただし，社債管理者にあっては，その社債権者集会が特別代理人の選任について招集されたものであるときは，この限りでない。

また社債権者集会又は招集者は，必要があると認めるときは，社債発行会社に対し，その代表者又は代理人の出席を求めることができる。この場合，社債権者集会にあっては，これをする旨の決議を経なければならない（会729条）。

（6）議事録の作成と閲覧・謄写請求　社債権者集会の議事については，招集者は，議事録を作成し（会731条1項），社債発行会社は，社債権者集会の日から10年間，議事録をその本店に備え置くことが義務付けられている（会731条2項）。社債管理者及び社債権者は，社債発行会社の営業時間内は，いつでも，議事録の閲覧・謄写を請求することができる（会731条3項）。

（7）社債権者集会の決議の効力　社債権者集会の決議がなされると，その日から1週間以内に，招集者は，裁判所に対し，当該決議の認可の申立てる必要がある（会732条）。社債権者集会の決議は，裁判所の認可を経て効力を生じ，その場合，当該種類の社債を有するすべての社債権者に対し

てその効力を有する（会734条）。しかし，社債権者集会の招集の手続や決議方法に法令違反等があった場合には，裁判所は社債権者集会の決議の認可をすることができない（会733条）。

なお，社債発行会社は，社債権者集会の決議の認可又は不認可の決定があった場合には，遅滞なく，その旨を公告しなければならないとされている（会735条）。

（8）社債権者集会決議の執行　社債権者集会の決議によって社債権者集会の決議執行者を定めたときは，この決議執行者が行う（会737条2項）。決議執行者がない場合には，社債権者集会の決議を執行するのは社債管理者が，社債管理者がないときは代表社債権者が執行する（会737条1項）。

社債権者集会においては，その決議によって，いつでも，代表社債権者若しくは決議執行者を解任し，又はこれらの者に委任した事項を変更することができる（会738条）。

社債発行会社が社債の利息の支払を怠ったとき，又は定期に社債の一部を償還しなければならない場合においてその償還を怠ったときは，社債権者集会の決議に基づき，当該社債の総額について期限の利益を喪失させることができる（会739条）。

8　新株予約権付社債

（1）新株予約権付社債とは　新株予約権付社債は新株予約権を付した社債をいう（会2条22号）。つまり，社債発行会社の株式を一定価格で買い取る権利が付いている社債である。

（2）新株予約権付社債の発行　新株予約権付社債の募集については，社債に関する規定ではなく，新株予約権についての規制に従うとされている（会248条）。したがって，発行手続はおおむね新株予約権の発行手続きに準じて行われることとなる。

まず募集新株予約権が付された新株予約権付社債を発行しようとする場合，新株予約権付社債の募集事項を株主総会で決定する（会238条1項・2項）。公開会社では，取締役会決議で行う（会240条）。

この募集事項の中には，会社676条各号に定める社債の募集事項も入る（会238条1項6号，309条2項6号）。

（3）新株予約権付社債の申込・割当 　募集に応じて新株予約権付社債の引受けの申込みをしようとする者に対し，会社は，商号，募集事項，新株予約権の行使に際して金銭の払込みをすべきときは，払込みの取扱いの場所などについて通知をする（会242条1項）。

募集に応じて募集新株予約権の引受けの申込みをする者は，申込みをする者の氏名又は名称及び住所，引き受けようとする新株予約権付社債の数を記載した書面を株式会社に交付する（会242条2項）。

会社は，申込者の中から募集新株予約権の割当てを受ける者を定め，かつ，その者に割り当てる募集新株予約権および社債の数を定める（会243条）。この結果，割り当てを受けた申込者は，割当日に募集新株予約権の新株予約権者となり，募集新株予約権を付した新株予約権付社債についての社債の社債権者となる（会245条1項，2項）。

なお，新株予約権者は，新株予約権を行使することができる期間の初日の前日までに，会社が定めた銀行等の払込みの取扱いの場所において，それぞれの募集新株予約権の払込金額の全額を払い込みを行う（会246条1項）。

（4）新株予約権付社債の譲渡・質入れ
① 譲渡方法

新株予約権付社債の譲渡は意思表示によって行われる。この場合，新株予約権付社債は一体として譲渡することが原則とされている。すなわち，新株予約権付社債についての社債が消滅したとき以外は，新株予約権付社債に付された新株予約権のみを譲渡することはできない（会254条2項）。また新株予約権付社債に付された新株予約権が消滅したとき以外は，新株予約権付社債についての社債のみを譲渡することはできない（会254条3項）。

② 対抗要件

新株予約権付社債の譲渡は，その新株予約権付社債を取得した者の氏名又は名称及び住所を新株予約権付社債原簿に記載し，又は記録しなければ，株式会社その他の第三者に対抗することができない（会257条）。新株予約権付社債を質入れする場合も同様に扱われる（会26条2項，3項）。

証券発行新株予約権付社債に付された新株予約権についても，株予約権付社債を取得した者の氏名又は名称及び住所を新株予約権付社債原簿に記載し，又は記録しなければ，会社に対抗できない（会257条2項）。

なお，新株予約権付社債券の占有者は，当該新株予約権付社債券に係る証券発行新株予約権付社債に付された新株予約権についての権利を適法に有するものと推定され（会258条3項），したがって，新株予約権付社債券の交付を受けた者は，当該新株予約権付社債券に係る証券発行新株予約権付社債に付された新株予約権についての権利を取得することになる（会258条4項）。

（5）**新株予約権の行使**　新株予約権付社債に付された新株予約権の行使は，新株予約権の行使方法による（会280条1項）。

証券発行新株予約権付社債に付された新株予約権を行使しようとする場合には，新株予約権者は，新株予約権を付した新株予約権付社債に係る新株予約権付社債券を会社に提示して行う（会280条3項前段）。この場合，会社は，新株予約権付社債券に証券発行新株予約権付社債に付された新株予約権が消滅した旨を記載しなければならないとされている（会280条3項後段）。

新株予約権付社債に付された新株予約権を行使した新株予約権付社債権者は，新株予約権を行使した日に新株予約権の目的である株式の株主となる（会282条）。

9　担保付社債

（1）**担保付社債とは**　物上担保を付して発行される社債を担保付社債という。担保付社債は，社債権者が多数で，各社債の金額は少額，しかもその移転が頻繁であるために，各社債権者に対して個別的な担保権を設定することは実際上困難となる。そこで，担保付社債信託法は，社債発行会社と社債権者の間に信託会社を置いたうえ，一方で発行会社は信託会社との間の信託契約に従わなければならないとし（担信2条1項），他方で，信託会社は，社債権者のために社債の管理をしなければならないとする仕組みを設けた（担信2条2項）。これにより，煩雑さを回避するとともに，信託会社に社債権者の保護を図らせようとしたものである。

（2）**物上担保の設定**　担保付社債の法律関係の当事者は，信託の委託者である発行会社（担信2条1項後段），受託者である信託会社，社債権者の三者である。担保の目的である財産を有する者が発行会社以外の者である

ときは，発行会社の同意がなければ，信託契約は効力を生じない（担信2条1項後段）。

まず委託者と受託者間で信託契約が結ばれるが，その場合，信託証書でしなければ，その効力を生じない（担信18条1項）。これにより，受託者は担保権を取得するとともに，信託会社は，社債権者のために社債の管理をし（担信2条2項），それにあたっては社債管理者と同一の権限を有し，義務を負う（担信35条）。また総社債権者のために，信託契約による担保権を保存し，かつ，実行する義務を負う（担信36条）。

社債権者は，その債権額に応じて，平等に担保の利益を享受することになる（担信37条1項）。

第17節　会社の計算

1　計算規定の目的と原則

（1）**計算規定の意義**　会社法は，第2編第5章（会431条から465条まで）において，株式会社の会計について規定する。すなわち，会計の原則，会計帳簿等，資本金の額等，剰余金の配当，剰余金の配当を決定する機関の特則，剰余金の配当等に関する責任について規制する。その詳細については，会社計算規則（平成18年2月7日法務省令第13号）に委ねている。これは，会計に関する国際的な会計基準や慣行の変化に機動的に対応できるようにするためとされている。

（2）**会計規制の目的**　会社法が，株式会社の会計について規制するのは，第1に，株主や債権者などの利害関係者に対して会社の経営状態に関する情報を提供するためである。第2は，会社債権者との利害調整という観点から，株主に対する剰余金の分配可能額を計算するためである。

（3）**会計の原則**　会社の会計は，一般に公正妥当と認められる企業会計の慣行に従うものとされる（会431条，614条，会社計算3条）。ここでいう「一般に公正妥当と認められる企業会計の慣行」としては，企業会計審議会が定めた企業会計原則その他の会計基準があげられる。

2 計算書類等の作成と承認
(1) 会計帳簿
① 総　説

　会計帳簿とは，いわゆる日記帳・元帳・仕訳帳など会社の財産および取引に影響を及ぼすべき事項を記録する帳簿をいう。会社は，法務省令で定めるところにより，適時に，正確な会計帳簿を作成しなければならない（会432条1項）。また，会計帳簿およびその事業に関する重要な資料は，その閉鎖の時から10年間，保存すべきことが義務付けられている（同2項，裁判所による提出命令について，会434条）。

② 株主の会計帳簿閲覧権

　会計帳簿は，会社の財産および取引に影響を及ぼすべき事項の記録であり，その時々の会社の経営状態を反映する情報である。この情報は，たとえば代表訴訟提起権（会847条）などの監督是正権を有する株主にとって有益なものであるが，しかし，その濫用も懸念される。そこで，会社法は，株主に対して会計帳簿閲覧権を次の要件のもとに認めることとした。

　第1に，会計帳簿閲覧権を少数株主権とし，総株主の議決権の100分の3（定款で軽減可能）以上の議決権を有する株主，または発行済株式（自己株式を除く）の100分の3（定款で軽減可能）以上の数の株式を有する株主について認めることとした。この要件を満たした株主は，会社の営業時間内は，いつでも，会計帳簿またはこれに関する資料の閲覧・謄写を請求することができる（会433条1項前段）。ただし，請求の理由を明らかにしなければならない（会433条1項後段）。

　第2に，閲覧の目的が閲覧拒絶事由に該当しないことである。つまり，株主による請求が閲覧拒絶事由（会433条2項）に該当する場合には，会社は会計帳簿の閲覧を拒絶することができるとした。閲覧拒絶事由とされるのは次の場合である。

　　a　請求する株主（請求者）がその権利の確保または行使に関する調査以外の目的で請求を行ったとき
　　b　請求者が会社の業務の遂行を妨げ，株主の共同の利益を害する目的で請求を行ったとき
　　c　請求者が会社の業務と実質的に競争関係にある事業を営み，または

これに従事するものであるとき
- d 請求者が会計帳簿またはこれに関する資料の閲覧または謄写によって知り得た事実を利益を得て第三者に通報するために請求したとき
- e 請求者が，過去2年以内に，会計帳簿またはこれに関する資料の閲覧または謄写によって知り得た事実を利益を得て第三者に通報したことがあるものであるとき

3 計算書類等の作成

（1）計算書類等　会社は，法務省令で定めるところにより，各事業年度にかかる計算書類および事業報告ならびにこれらの附属明細書を作成しなければならない（会435条2項）。これらは，電磁的記録をもって作成することもできる（会435条3項）。この計算書類およびその附属明細書は作成した時から10年間保存しなければならない（会435条4項）。

　作成を要するのは，計算書類，事業報告，附属明細書である。ここにいう計算書類には，貸借対照表，損益計算書，株主資本等変動計算書および個別注記表（会435条2項，会社計算2条3項2号，91条1項）がある。

① 計算書類
- a 貸借対照表とは，一定の時点（事業年度の末日等）における会社の財産状態を表す一覧表である。資産の部，負債の部，純資産の部からなる（会社計算72条以下）。資産等の区分およびその評価方法は，計算規則において原則が定められ，具体的には，一般に公正妥当と認められる企業会計の慣行たる各種の会計基準に従う（会431条）。
- b 損益計算書とは，特定の営業年度におけるすべての収益と，これに対応する費用・損失を明らかにするものである。これにより，会社の一定期間の経営成績を明らかにするものである（会社計算87条以下）。
- c 株主資本等変動計算書とは，事業年度における資本金や準備金などの変動の明細を表す表である（会社計算96条参照）。
- d キャッシュフロー計算書
　会社の営業活動、投資活動、財務活動などによる収入から支出を差し引いて手元に残る資金の流れのことをキャッシュ・フローといい、

それを表した財務諸表をキャッシュ・フロー計算書という（財務諸表等の用語、様式及び作成方法に関する規則110条参照）。
　　e　個別注記表とは、継続企業の前提に関する注記や、重要な会計方針に係る注記など、計算書類の作成にあたって注記されるものを一覧表としてまとめたもので、以下のものがある（会社計算97条以下）。
② 事業報告
　事業報告とは、会社の状況に関する重要な事項（計算書類およびその附属明細書ならびに連結計算書類の内容を除く）、および内部統制体制（会348条3項4号、362条4項6号、416条1項1号ロ、ホ）の整備についての決定又は決議があるときは、その決定又は決議の内容の概要である（会社則118条）。
③ 附属明細書
　附属明細書とは、計算書類および事業報告の記載を補足する重要な事項の詳細を表示したものである（会社計算145条・会社則128条）。
　(2) 臨時計算書類　　会社は、最終事業年度の直後の事業年度に属する一定の日（臨時決算日）における当該会社の財産の状況を把握するため、法務省令で定めるところにより、臨時計算書類を作成することができる（会441条1項）。
① 臨時決算日における貸借対照表
② 臨時決算日の属する事業年度の初日から臨時決算日までの期間にかかる損益計算書
　(3) 連結計算書類　　会計監査人設置会社は、各事業年度にかかる連結計算書類を作成することができる（会444条1項）。連結計算書類とは、連結貸借対照表、連結損益計算書、連結株主資本等変動計算書、および連結注記表をいう（会社計算93条）。事業年度の末日において大会社であって金商法上の有価証券報告書提出会社（金商24条1項）は、事業年度にかかる連結計算書類を作成しなければならない（会444条3項）。

4　計算書類等の監査・取締役会での承認

　(1) 監査　　監査役設置会社（監査役の監査の範囲を会計に関するものに限定する旨の定款の定めがある株式会社を含み、会計監査人設置会社を除く）では、計算書類および事業報告ならびにこれらの附属明細書について、監査役の監査

を受けなければならない（会436条1項，会社則117条・129条〜132条，会社計算149条〜151条）。

　会計監査人設置会社では，①計算書類およびその附属明細書は，監査役（委員会設置会社にあっては監査委員）および会計監査人による監査を，②事業報告およびその附属明細書は，監査役（委員会設置会社にあっては監査委員）の監査を受けなければならない（会436条2項，会社則117条，会社計算153条〜160条）。

　（2）取締役会の承認　　取締役会設置会社では，計算書類および事業報告ならびにこれらの附属明細書は，取締役会の承認を受けなければならない（会436条3項）。監査役設置会社では，監査役の監査を受けたものでなければ，承認することができない（会436条1項）。臨時計算書類および連結計算書類についても同様である（会441条3項，444条5項）。

5　計算書類等の開示・株主総会への提出・承認
（1）事前開示
① 　招集通知に際する提供

　取締役会設置会社においては，取締役は，定時株主総会の招集の通知に際して，法務省令（会社則117条，123条，会社計算161条）で定めるところにより，株主に対し，取締役会の承認を受けた計算書類および事業報告を提供しなければならない（会437条，会社計算161条参照）。連結計算書類も同様に提供されるが（会444条6項，会社計算162条），監査報告，会計監査報告は原則として提供しなくてよい（会社が自主的に提供することはできる：同2項参照）。

② 　計算書類等の備置きと株主等の閲覧請求権

　会社は，定時株主総会の1週間前（取締役会設置会社では2週間前）の日から，5年間，各事業年度にかかる計算書類および事業報告ならびにこれらの附属明細書（監査報告および会計監査報告を含む）を本店に備え置かなければならない（会442条1項1号，支店においても原則3年，442条2項1号）。臨時計算書類も同様である（会442条1項2号・2項2号・3項）。

　上記の書類等については，株主および債権者は，会社の営業時間内は，いつでも，その閲覧し，謄本・抄本の交付等を求めることができる。閲覧以外の場合は，会社が定めた費用を支払わなければならない（会442条3項）。

親会社社員も裁判所の許可を得れば，権利行使に必要な範囲で閲覧請求等を行うことができる。

(2) 計算書類等の定時株主総会への提出および承認

① 原　則

　計算書類等を作成した取締役はこれらを定時株主総会に提出し承認を得なければならず（会438条2項），また事業報告の内容を報告しなければならない（会438条3項）。これらの提出にあたっては，その前に次の手続きをしなければならない。すなわち，（イ）取締役会非設置会社であり監査役設置会社である会社においては，監査役監査（会436条1項）を，（ロ）取締役会非設置会社であり会計監査人設置会社である会社においては，会計監査人監査を，（ハ）取締役会設置会社においては，取締役会の承認（会436条3項）を，（ニ）これら以外の会社においては，会社法435条2項の計算書類および事業報告，を定時株主総会に提出または提供しなければならない（会438条1項1号～4号）。

② 会計監査人設置会社の特則

　会計監査人設置会社については，取締役会の承認（会436条3項）を受けた計算書類が法令および定款に従い株式会社の財産および損益の状況を正しく表示しているものとして法務省令（会社計算163条）で定める要件に該当する場合には，計算書類および事業報告の株主への提供（会437条），計算書類および事業報告の定時株主総会への提出・提供（会438条）の規定は適用しない。この場合においては，取締役は，当該計算書類の内容を定時株主総会に報告しなければならない（会439条）。

(3) 計算書類の公告（事後開示）

　会社は，法務省令（会社計算164条）で定めるところにより，定時株主総会の終結後遅滞なく，貸借対照表（大会社では貸借対照表および損益計算書）を公告しなければならない（会440条1項）。ただし，金融証券取引法による有価証券報告書提出会社（金商24条1項）は，この義務を免除される（会440条4項）。

　決算公告は，官報または日刊新聞紙を公告の方法とする会社の場合には，その要旨を公告する（会440条2項）。また電磁的公開によって公告することもできる（同3項）。

　なお，電子公告の方法を定めている会社（電子公告会社，会939条1項3号）

の場合には要旨では足りず，全文を公告しなければならず，定時株主総会の終結の日後5年を経過する日までの間，継続して電磁的方法により不特定多数の者が提供を受けることができる状態に置く必要がある。

6 資本金・準備金の額の変動

（1）総説　資本金は，株主が払込みまたは給付した財産のうち，会社が確保すべき財産の基準額であり，原則として株主への払い戻しは許されない。この資本金は，貸借対照表上にその額が記載され，また，登記簿にもその額が登記される（会911条3項5号）。このようなところから，表示資本とも呼ばれる。なお，資本金の額は大会社の基準としても利用される（会2条6号イ）。

準備金は資本準備金および利益準備金からなり，ともに資本の欠損に備えられる。

（2）資本金の額および準備金の額

① 資本金の額

資本金の額は，会社の設立または株式の発行に際して株主となる者が会社に対して払込みまたは給付をした財産の額となる（会445条1項）。

② 準備金の額

会社は，株主となる者の払込みまたは給付に係る額の2分の1を超えない額を，資本金として計上しないことができる（会445条2項）。この資本金として計上しなかった額を払込剰余金といい，資本準備金として計上される（会445条3項）。さらに，株主へ剰余金の配当をする場合には，会社は，法務省令（会社計算45条）で定めるところにより，剰余金の配当により減少する剰余金の額に10分の1を乗じて得た額を資本準備金または利益準備金（以下，準備金として総称）として計上することを要する（会445条4項）。

なお，合併・吸収分割・新設分割・株式交換・株式移転に際して資本金または準備金として計上すべき額については，法務省令（会社計算58条～69条，71条～74条，76条～83条）において定められている（会445条5項）。

（3）剰余金の額　会社の剰余金の額は，**表1**（①から④まで）の合計額から**表2**（⑤から⑦）の額の合計額を減じた額をいう。

表 1

①	最終事業年度の末日におけるイおよびロの合計額からハからホの額の合計額を減じて得た額 　イ　資産の額　　　　　　　　　　ハ　負債の額 　ロ　自己株式の帳簿価額の合計額　－　ニ　資本金および準備金の額の合計額 　　　　　　　　　　　　　　　　　ホ　法務省令で定める額
②	最終事業年度の末日後に自己株式の処分をした場合における当該自己株式の対価から当該自己株式の帳簿価格を控除して得た額
③	最終事業年度の末日後に資本金の額を減少した場合における当該減少額（会447条1項2号の額を除く）
④	最終事業年度の末日後に準備金の額を減少した場合における当該減少額（会448条1項2号の額を除く）

表 2

⑤	最終事業年度の末日後に会社法718条1項の規定により自己株式の消却をした場合における当該自己株式の帳簿価格
⑥	最終事業年度の末日後に剰余金の配当をした場合における次の額の合計額 　イ　会社法454条1項1号の配当財産の帳簿価額の総額（同条4項1号に規定する金銭分配請求権を行使した株主に割り当てた当該配当財産の帳簿価額を除く） 　ロ　会社法454条4項1号に規定する金銭分配請求権を行使した株主に交付した金銭の合計額 　ハ　会社法456条に規定する基準未満株式の株主に支払った金銭の額の合計額
⑦	⑤⑥のほか，法務省令（会社計算177条・178条）で定める各勘定科目に計上した額の合計額

剰余金の額＝（①＋②＋③＋④）－（⑤＋⑥＋⑦）

（4）資本金の額の減少

① 資本金の額の減少とは

　会社は，資本金の額を減少させることができる。ここでいう減少は，貸借対照表上の数字を減少させるが，会社財産それ自体を減少させるものではない。資本金の額を減少させることによって，拘束される財産額を減少させることを意味する。これにより，配当が行われやすくなるの利点もあるが，事業規模の縮小という部分もある。

② 資本金の額の減少手続き

　資本金の額を減少させるには，株主総会の決議によって，(イ)減少する

資本金の額，(ロ) 減少する資本金の額の全部または一部を準備金とするときは，その旨および準備金とする額，(ハ) 資本金額の減少の効力発生日を定めなければならない（会447条1項1号～3号）。この場合，(イ) の額は，(ハ)の効力発生日における資本金の額を超えることは許されない（会447条2項）。

資本金を減少させる株主総会決議は特別決議である（会447条1項・309条2項9号）。ただし，定時株主総会において欠損の額を超えない範囲で資本金の額を減少する場合は，普通決議でも足りる（会447条1項，309条2項9号イロ，会社計算179条）。

さらに，株式の発行と同時に資本金の額を減少させる場合には，株式の発行により増加する資本金の額の範囲内で資本金の額を減少させる場合には，取締役の決定（取締役会設置会社では取締役会の決議）で足りる（会447条3項）。資本金の額は減少していないからである。

③　債権者の異議

会社が資本金の額を減少する場合には，会社の債権者は，会社に対して異議を述べることができる（会449条1項）。このために，会社は，資本金等の額の減少の内容や債権者が一定の期間内（一定の期間は1か月以上でなければならない）に異議を述べることができる旨などを官報に公告し，かつ，知れている債権者には各別にこれを催告しなければならない（会449条2項）。なお，会社が，定款規定により，時事に関する日刊新聞紙または電子公告によってするときは，各別の催告は要しない（会449条3項）。

債権者がこの一定の期間に異議を述べなかったときは，債権者は，資本金等の額の減少について承認をしたものとみなされる（会449条4項）。債権者がこの一定の期間内に異議を述べたときは，会社は，債権者に対し，弁済し，もしくは相当の担保を提供し，または当該債権者に弁済を受けさせることを目的として信託会社等に相当の財産を信託しなければならない（会449条5項）。

④　資本金額減少の効力発生時期

資本金の額の減少は，それぞれその効力発生日（会447条1項3号，448条1項3号）に効力が生じる（会449条6項1号・2号）。なお，会社は，効力発生日前であれば，いつでも効力発生日を変更することができる（会449条7項）。

なお，資本金の額の変更は，登記事項である（会911条3項5号）。

⑤　資本金額減少無効の訴え

　資本金の額の減少の手続または内容に瑕疵がある場合は，資本金額減少無効の訴えをもって資本金の額の減少を無効とすることができる。提訴期間は効力発生日から6か月以内で（会828条1項5号），提訴権者は，株主・取締役・監査役設置会社の監査役・執行役・清算人・破産管財人・資本金額減少を承認しなかった債権者に限定される（会828条2項1号・5号）。

　（5）準備金の額の減少　　会社は準備金の額を減少することができる。この場合には，株主総会の決議によって，①減少する準備金の額，②減少する準備金の額の全部または一部を資本金とするときは，その旨および資本金とする額，③準備金額の減少の効力発生日，を定めなければならない（会448条1項1号〜3号）。①の額は，③の効力発生日における準備金の額を超えることはできない（会448条2項）。

　準備金の減少した額は原則としてその他剰余金となる（会446条4号）が，資本金に組み入れることもできる。

　準備金を減少して剰余金を増加させる場合は資本金の減少の場合と同様の債権者保護手続が必要とされる。ただし，定時株主総会決議において欠損の額を超えない範囲で準備金の額のみを減少する場合には，債権者保護手続を要しない（会449条1項ただし書）。

　（6）資本金・準備金の額の増加　　会社は，株主総会の決議により，剰余金の額を減少して，資本金の額を増加することができる。この場合，減少する剰余金の額および資本金の額の増加の効力発生日を定めなければならない（会450条1項・2項）。なお，減少する剰余金の額は，効力発生日における剰余金の額を超えてはならない（会450条3項）。

　会社は，剰余金の額を減少して，準備金の額を増加することもできる。この場合には，株主総会の決議により，減少する剰余金の額および準備金の額の増加の効力発生日を定めなければならない（会451条1項，2項）。

　（7）剰余金についてのその他の処分　　会社は，損失の処理，任意積立金の積立てその他の剰余金の処分で定める事項を定めなければならない（会452条）。これは，株主総会の決議によってなされるが，剰余金の配当等を取締役会が決定する旨の定款の定めのある会社では，取締役会の決議で行うことができる（会459条1項3号）。

第 18 節　株主への剰余金の分配

1　剰余金の分配規制

　会社は株主へ利益を分配することを目的として設立されたものであり，したがって事業活動から利益が生じた場合には，株主へ分配する必要がある。株主にとっても，会社経営への関心の有無はともあれ，会社からの利益の分配を期待して出資しているという点では共通しているといってよく，その意味で会社法が認める剰余金配当請求権（会 105 条 1 項 1 号）をはじめとする自益権は株主の固有の権利といえる。ただし，この権利は抽象的なもので，定時株主総会において剰余金処分案が可決承認されると，株主ははじめて具体的な剰余金配当請求権などを取得することになる。

　他方，株式会社の債権者にとって引き当てとなるのは会社財産のみであり，剰余金の配当等を理由として会社財産が流失した場合には，債権者の利益が害されてしまう。そこで，会社法は，剰余金の配当を含む会社財産の流失のおそれのあるものについて財源規制をしている。

2　剰余金配当の手続き

　（1）株主総会の決議　会社は，株主に対し，剰余金の配当をすることができるが（会 453 条 1 項），その都度，株主総会の決議によって，①配当財産の種類および帳簿価格の総額，②株主に対する配当財産の割当てに関する事項，③当該剰余金の配当の効力発生日を定めることが必要とされる（会 454 条 1 項）。

　このうち，①の配当財産については，会社の発行する株式，新株予約権，社債は除かれる。したがってそれ以外の財産であれば配当として可能であるが，その場合には，株主総会で，配当財産に代えて金銭を交付することを会社に請求することができるとする金銭分配請求権を与えるときは，その旨及び行使期間，また保有する株式数が一定数未満である株主に対して配当財産の割当てをしないこととすることを定めることができる（会 454 条 4 項）。

　②の配当財産の割当てについては，株主平等の原則の要請から，株主の有する株式の数に応じて配当財産を割り当てることを内容とするものでな

第1章　株式会社　　301

ければならない（会454条3項）。

　　（2）取締役会への授権　　会計監査人設置会社のうち，取締役の任期を1年とする監査役会設置会社は，剰余金の配当を取締役会が定めることができる旨を定款で定めることができる（会459条1項）。

　　ただし，この定款の定めは，最終事業年度に係る計算書類が法令及び定款に従い株式会社の財産及び損益の状況を正しく表示しているものとして法務省令で定める要件に該当する場合に限り，その効力を有するとされている（会459条2項）。すなわち，①会計監査報告の「計算関係書類が当該株式会社の財産及び損益の状況をすべての重要な点において適正に表示しているかどうかについての意見」が無限定適正意見であること（計規155条1号），②会計監査報告に係る監査役会又は監査委員会の監査報告の内容として会計監査人の監査の方法又は結果を相当でないと認める意見がないこと（計規155条2号），③計算規則128条2項後段又は129条1項後段の規定により①の会計監査報告に係る監査役会又は監査委員会の監査報告に付記された内容が②の意見でないこと（計規155条3号），④監査役が監査報告の内容の通知をすべき日までに通知をしなかったことにより，通知をすべき日に監査を受けたものとみなされたものでないことが必要とされる（計規132条3項）。

　　（3）中間配当　　（2）で述べた取締役の任期を1年とする監査役会設置会社でなくても，取締役会設置会社であれば，定款で一事業年度の途中において1回に限り取締役会の決議によって剰余金の配当をすることができる旨を定款で定めることができる（会454条5項）。これを中間配当というが，配当財産が金銭であるものに限定される。

3　剰余金配当の要件

　　会社が剰余金の配当をするためには，会社の純資産額が300万円を超えていることが必要とされる（会458条）。また配当額が配当の効力を生ずる日の分配可能額を超えていないことが必要とされる（会461条）。ここでは分配可能額規制を中心に概観してみよう。

　　（1）純資産額規制　　純資産額が300万円未満の場合には，剰余金を配当することはできない（会458条）。これは，設立規制としての最低資本金

制度を撤廃し，債権者保護を目的として剰余金配当規制として形を変えたものといえる。

（2）分配可能額規制　分配可能額は，自己株式取得規制と同一の基準で算出される。すなわち，剰余金の額から自己株式の帳簿価額及び最終の事業年度の末日後に処分した自己株式の処分対価の額，法務省令で定める各勘定科目に計上した額の合計額を控除した額として算定される（会461条2項）。

臨時計算書類を作成している場合には，剰余金の額および臨時計算書類につき株主総会の承認を受けた額（臨時決済日までの期間の利益の額として計上した額の合計額およびその期間内に処分した自己株式の対価の額）の合計額から，自己株式の帳簿価額，最終事業年度の末日後に自己株式を処分した場合における当該自己株式の対価の額，その期間の損失の額として各勘定科目に計上した額の合計額，その他法務省令で定める各勘定科目に計上した額の合計額を控除した額として算定される。

なお，分配可能額の算定において，剰余金の額から控除される「法務省令で定める各勘定科目に計上した額の合計額」とは，次に掲げる①から⑧の合計額から⑨と⑩の合計額を控除された額である（会社計算158条）。

① 最終事業年度の末日におけるのれん等調整額が最終事業年度の末日における資本金の額及び準備金の額の合計額を超える場合における一定額
② 最終事業年度の末日における貸借対照表のその他有価証券評価差額金の項目に計上した額がゼロである場合における絶対値の額
③ 最終事業年度の末日における貸借対照表の土地再評価差額金の項目に計上した額がゼロである場合における絶対値の額
④ 株式会社が連結配当規制適用会社であるときは，最終の事業年度の末日における株主資本の額（その他有価証券評価差額金及び土地再評価差額金がゼロの場合にはその額を加え，のれん等調整額がある場合にはその額を控除した額）から最終事業年度の末日における連結貸借対照表の株主資本の額を控除した額
⑤ 最終事業年度の末日後に2以上の臨時計算書類を作成した場合における最終の臨時計算書類以外の臨時計算書類に係る利益の額と処分した自己株式の処分対価の額の合計額から最終の臨時計算書類以外の臨時計算

書類に係る損失の額を控除した額
⑥　300万円に相当する額から，資本金の額，準備金の額・新株予約権の額及び最終の事業年度の末日における貸借対照表の評価・換算差額等の各項目に計上した額の合計額を控除した額（その額がゼロ未満である場合にあっては，ゼロ）
⑦　最終事業年度の末日後に株式会社が吸収型再編受入行為又は特定募集に際して処分する自己株式に係る処分対価の額
⑧　最終事業年度の末日後に不公正な払込金額で株式を引き受けたものがその支払義務を履行したことなどにより増加したその他資本剰余金の額
⑨　最終事業年度の末日後に株式会社が当該株式会社の株式を取得した場合における当該取得した株式の帳簿価額から次に掲げる額の合計額を減じて得た額
　　イ　当該取得に際して当該取得した株式の株主に交付する当該株式会社の株式以外の財産の帳簿価額
　　ロ　当該取得に際して当該取得した株式の株主に交付する当該株式会社の社債等に付すべき帳簿価額
⑩　最終事業年度の末日後に株式会社が吸収型再編受入行為又は特定募集に際して処分する自己株式を処分した場合における当該自己株式の対価の額

4　違法配当の効力

（1）違法配当を受け取った株主の責任　違法配当は無効であり，違法配当を受けとる理由がないところから，株主は，配当として受け取った財産の帳簿価額に相当する額の金銭を会社に対して返還すべき義務を負う（会462条1項）。この株主の負う責任は無過失責任であり，かつ業務執行者等との連帯責任である。

　さらに会社債権者に対しても責任を負うとされている。つまり会社債権者は，株主が会社に対して支払うべき額を支払うべきことを請求できるとされている（会463条2項）。株主が責任を負う額は，違法配当額が当該債権者の会社に対して有する債権の額を超えている場合には，その債権額を限度とされる。

（2）取締役等の責任

① まず違法な剰余金の配当の決定に関わった取締役等が責任を負うが，会社法は具体的にその関わりを示している。

　イ　違法な剰余金配当議案を株主総会に提案した取締役（会463条1項6号イ）

　ロ　当該配当を決定した株主総会において，剰余金の配当に関する事項について説明をした取締役及び執行役（会462条1項柱書，会社計算187条8項）

　ハ　当該配当を決定した取締役会決議を取締役会に提案した取締役（会463条1項6号）

　ニ　当該配当を決定した取締役会において剰余金の配当に賛成した取締役（会462条1項本文，会社計算187条8号）

　ホ　分配可能額の計算に関する報告を監査役又は会計監査人が請求したときに，当該請求に応じて報告をした取締役及び執行役（会462条1項柱書，会社計算187条8項2号）

② 違法配当を行った次の者も責任を負う。

　イ　業務執行取締役（委員会設置会社においては，執行役（会462条1項本文））

　ロ　剰余金の配当による金銭等の交付に関する職務を行った取締役及び執行役（会462条1項本文，会社計算187条8項イ）

（3）取締役等の責任と免除など

① 違法配当責任の性質

　違法な剰余金の決定に関わった者および実際に行った者の責任は過失責任とされている。したがって職務を行うについて注意を怠らなかったことが証明した場合には責任を負わない（会462条2項）。さらに，違法配当が業務執行者等の悪意又は重過失によって行われた場合には，業務執行者等はそれによって第三者に生じた損害を賠償する責任を負う（会429条1項）。

② 業務執行者等の責任の免除

　違法配当が行われた時点において存在した分配可能額までは，総株主の同意があれば免除が可能である（会462条3項ただし書）。しかし，分配可能額を超える部分は本来債権者のために留保されるべき部分であるから，総株主の同意によっても業務執行者等の責任を免除できない（会462条3項本

③　業務執行者等から株主への求償の制限

　業務執行等が会社に対し違法配当額を支払った場合であっても，当該配当が違法配当であったことについて善意であった株主には求償を請求できない（会463条1項）。

5　欠損が生じた場合の責任

　会社が剰余金の配当をした場合において，その事業年度に係る計算書類につき配当額が分配可能額を超過し，欠損が生じた場合には，その職務を行った業務執行者は，会社に対して連帯してその超過額を支払う義務を負う（会465条1項）。ただし，業務執行者がその職務を行うについて注意を怠らなかったことを証明した場合は，この限りではない。なお，この義務は，総株主の同意がなければ，免除することができない（会465条2項）。

第19節　定款変更・解散・清算

1　定款変更

（1）定款の変更の意義　　定款は株式会社の組織や管理・運営に関する根本規則である。会社は，必要に応じて定款に新たな内容を盛り込んだり，修正したり，削除することができる。この手続を定款の変更という。

（2）定款の変更手続

①　定款の変更手続の原則

　定款は，株主総会決議によって変更することができる（会466条）。定款の変更は，原則として株主総会の特別決議が必要となる。すなわち，議決権を行使できる株主の議決権の過半数にあたる株主が出席し，その3分の2以上の多数をもってなされる決議である（会309条2項11号）。ただし，定足数について，定款が3分の1以上の割合を定めている場合には，その割合を充足すれば足りる（会309条2項本文括弧書）。

②　定款の変更手続の特則

　　a　株主総会の特殊決議（会309条3項）の決議を要するもの

　　　株主総会において，議決権を行使できる株主の半数以上の賛成と，

当該株主の議決権の3分の2以上の賛成をもって決議することをいう。例えば，その発行する全部の株式の内容として譲渡による当該株式の取得について当該株式会社の承認を要する旨の定めを設ける定款の変更を行う場合である。

 b 株主総会の特殊決議（会309条4項）の決議を要するもの

  株主総会において，総株主の半数以上の賛成と，総株主の議決権の4分の3以上の賛成をもって決議することをいう。これには，剰余金の配当を受ける権利，残余財産の分配を受ける権利，株主総会における議決権に関する事項について，株主ごとに異なる取扱いを受ける旨の定款を変更する場合がある。

 c 株主全員の同意を要するもの

  会社の成立前においては，発起人全員の同意による発行可能株式総数の変更などがある（会37条2項）。

  会社成立後においては，取得条項付株式とする定款変更手続の特則（会110条），ある種類株式について取得条項（強制償還の定めなど）を設ける場合（会111条1項），売り主追加請求権を排除する定款の定め（会164条2項），ある種類の種類株主に損害を及ぼすおそれがある場合の種類株主総会（会322条4項）などがある。

 d 株主総会の決議を要しない定款の変更

  取締役会設置会社にあっては取締役の決定，取締役会設置会社にあっては，取締役会の決議によって定款変更を行うことができる場合がある。株式の分割時に分割比率に応じた発行可能株式総数内で増加する定款の変更（会184条2項），株式の分割に伴う単元株式数の増加による定款変更（会191条），単元株式数の減少，又は単元株式数についての定款の廃止（会195条1項）などがある。

（3）定款変更の効力 定款変更の効力は，株主総会の決議が成立すると生じる。変更された定款は，書面や電磁的記録に記載・記録されるが，これは定款変更の効力発生の要件ではない。また商号の変更のように登記を要するものがあるが，これも，効力発生要件ではない。

 なお，会社設立の場合は，公証人による定款の認証を必要とするが，定款変更については公証人の認証を受ける必要はない。

2 会社の解散

(1) 会社の解散とはなにか　会社の解散とは，会社の法人格を消滅させる原因となる法律事実をいう。解散によって法人格が直ちに消滅するのではなく，その後の清算手続の結了により法人格は消滅する。

(2) どのような原因で解散するのか　会社は，①存立時期の満了　②定款に定めた解散事由の発生　③株主総会の解散決議　④会社の合併（合併により当該株式会社が消滅する場合に限る。），⑤破産手続開始の決定　⑥解散を命ずる裁判などの事由が発生した場合には，解散する（会471条）。③の解散は，株主総会の特別決議によって行わなければならない（会309条2項11号）。

なお，休眠会社，すなわち役員変更等の会社に関する登記を12年間していない会社は，法務大臣の官報による公告から2か月以内に，営業継続中である旨の届出をしないと，解散したものとみなされる（会473条）。

(3) 解散判決　会社の解散を命ずる裁判には，解散判決と解散命令がある。解散判決は，株主の損害防止のためになされる。すなわち，株主総会での解散決議が成立しない場合でも，会社の業務の執行上著しい難局に遭遇し，営業を継続すると会社に回復不能の損害が生じるおそれがあるときや，会社財産の管理・処分が著しく失当で会社の存立が危険に瀕しているときには，発行済株式総数の10分の1以上の株式を有する株主は裁判所に解散判決を求めることができる（会471条6号）。

(4) 解散命令　解散命令は公益目的によるものである（会824条1項）。すなわち，①会社の設立が不法な目的に基づいてされたとき　②会社が正当な理由がないのにその成立の日から1年以内にその事業を開始せず，又は引き続き1年以上その事業を休止したとき　③業務執行取締役などが法務大臣から書面による警告を受けたにもかかわらず，なお違法行為を継続的しているときは，裁判所は，法務大臣又は株主，社員，債権者その他の利害関係人の申立てにより，会社の解散を命ずることができる。

(5) 会社の継続　解散した会社も，株主総会の特別決議によって会社を継続することができる（会473条）。ただし自治的に解散した場合に限られるところから，株主総会の決議による解散の場合と，存立時期の満了など定款に定めた事由の発生により解散した場合に限られる。休眠会社が解

散したものとみなされた後も3年間だけは株主総会の特別決議により会社を継続することができる(会473条)。

3 会社の清算

(1) 清算の意義と原因　会社の清算とは，解散した会社の法人格を消滅させるための法律関係を処理し，残余財産があった場合にはその分配をすることをいう。

清算の開始原因には，①解散した場合　②設立の無効の訴えに係る請求を認容する判決が確定した場合　③株式移転の無効の訴えに係る請求を認容する判決が確定した場合がある(会475条)。

(2) 通常清算

① 清算株式会社

清算をする株式会社を清算株式会社という。清算株式会社は，清算の目的の範囲内において，清算が結了するまではなお存続するとみなされる(会476条)。

② 株主総会以外の機関の設置

清算株式会社には，1人または2人以上の清算人を置かなければならないが(会477条1項)，定款の定めによって，清算人会，監査役または監査役会を置くこともできる(会477条2項)。

これに対し，監査役会を置く旨の定款の定めがある清算株式会社は清算人会を置かなければならない(会477条3項)。また公開会社または大会社であった清算株式会社は，監査役を置かなければならない(会477条4項)。

③ 清算人

清算人には，取締役，定款で定める者，株主総会決議によって選任された者が就任するのが原則であるが(会478条1項)，清算人となる者がないときは，裁判所は，利害関係人の申立てにより，清算人を選任する(会478条2項～4項)。

清算人は，この職務を行うために清算人会設置会社を除く清算株式会社の業務を執行する(会482条1項)。清算人が2人以上ある場合には，清算株式会社の業務は，定款に別段の定めがある場合を除き，清算人の過半数をもって決定する(会482条2項)。

④　清算人の職務

　清算人の職務には，現務の結了，債権の取立て及び債務の弁済，残余財産の分配の3つがある（会481条1号～3号）。

(3) 特別清算

① 意　義

　清算の遂行に著しい支障をきたすような事情などがあるとき，あるいは債務超過の疑いがあるときは，清算事務を清算人に任せておくことが適当でない場合もある。たとえば，会社が債務超過の場合には全財産を換価して弁済にあてても不足するため，債権者が平等に弁済を受けることができないような場合である。そこで，このような場合に裁判所の監督のもとに清算事務を行うのが特別清算手続である。

② 開始原因

　裁判所は，清算会社に，①清算の遂行に著しい支障を来たすべき事情があること，②債務超過の疑いがあることがあると認めるときは，申立てにより，清算会社に対し，特別清算の開始を命ずることができる（会510条1号・2号）。

③ 清算人

　解散時の清算人がそのまま特別清算手続でも清算人を務めるのが原則であるが，裁判所は重要な事由があるときは清算人を解任して新たに選任することができる（会524条）。清算人は会社，株主および債権者に対し公平かつ誠実に清算事務を処理する義務を負う（会523条）。

④ 清算の実行

　特別清算手続きは通常清算手続きと異なり，裁判所の監督にもとに行われる（会519条～522条）。

⑤ 清算の終了

　協定の実行が完了すると清算が結了し，裁判所によって特別清算終結決定がなされる（会573条1項）。債務超過のないことが明らかになった場合は，特別清算の必要がなくなったとして手続を終結し（会573条2項），通常清算に移行してもよいが，残余財産を株主に分配して特別清算手続のままで終結決定をしても差し支えない。逆に，協定可決の見込みがない場合や，協定が成立しても実効の見込みがないときは，裁判所は職権で破産宣告をす

ることになる(会574条)。

第2章　企業の組織再編──事業譲渡，組織変更，合併，会社分割，株式交換および株式移転

総　説

　設立された会社が時間の経過とともに変化する環境に対応して会社経営の効率化を図り，統治の実効性を高める必要がある。ときには企業組織の柔軟かつ迅速な再編を図る必要性が生じることがある。たとえば合同会社形態で設立された会社を，効率的な資金調達の観点から株式会社に変更する必要が生じる場合（組織変更）や，余剰の店舗を売却したり，他の会社から工場設備を買い受けるなど既存の事業の全部または重要な一部を他の会社に譲り渡したり，譲り受ける必要が生じる場合がある（事業譲渡）。競争力を得るために業界下位の会社同士が合体する必要がある場合も考えられる。さらに会社の不採算事業の部門を会社として独立させ，その株式を他の会社や投資家に譲渡する場合もありえる。こうした会社組織の合理化の要請に対応して，会社法は，組織変更，事業譲渡，合併，会社分割，完全親子会社などの手法・手続きについて規制している。

第1節　事業譲渡等

1　事業譲渡等の意義

　譲渡等の対象となる事業とは，一定の目的のために組織化され，有機的一体として機能する財産という意味と解されている。この事業の全部または重要な一部を譲渡することを事業譲渡といい，また事業の全部の賃貸や，経営の委任，損益共通契約なども事業譲渡と同様に会社の事業の再編に有益であるところから，会社法は，会社がこれらの契約の締結，変更又は解約を行うことを包括的に認めている（会467条1項）。

　ここにいう「事業の全部の譲渡」とは，一定の営業目的のため組織化され，有機的一体として機能する財産の全部を譲渡」するものである。また「事業の重要な一部の譲渡」とは，事業譲渡により譲り渡す資産の帳簿価額

が当該株式会社の総資産額の5分の1を超えるものである（会467条1項）。

次に「事業の賃貸借」とは，たとえば工場や店舗の賃貸借のように，一定の営業目的により組織化された機能的財産たる営業の全部または一部を他人に賃貸する契約をいう。賃借人は，その名義と計算において経営することになる。

「経営委任」とは，企業の経営を他人に委任する契約をいう。この経営委任については，営業経営の損益が受任者に帰属する狭義の経営委任と，委任者に帰属する経営管理契約とに分けられるが，事業の名義は委任者となる。

「他人と事業上の損益の全部を共通にする契約」とは，いわゆる損益共通契約であり，契約の当事会社が損益について共同計算，つまり一定の割合に従って利益と損失を負担し合う契約のことをいう。

2　株主総会の承認

事業の全部譲渡などの行為については，効力発生日の前日までに株主総会の決議による承認が必要とされる。この場合の承認は，株主総会の特別決議とされている（会309条2項11号）。

3　株主総会の承認を要しない場合

ただし次の場合には，株主総会の承認を得る必要はないとされている（会468条）。すなわち，

① 事業譲渡等の相手方が事業譲渡等をする会社の特別支配会社（総株主の議決権の10分の9以上を有する株式会社）である場合（会468条1項）

② 他の会社の事業の全部譲受けについて，その事業の全部の対価として交付する財産の帳簿価額の合計額が，当該株式会社の純資産額として算定される額に対する割合が5分の1を超えないとき（会468条2項）

この場合，一定割合の株主が反対の通知をしたときは株主総会の決議によって，契約の承認を受ける必要がある（会468条3項，会社則138条）。

4　反対株主の株式買取請求権

事業譲渡等に反対する株主は，会社に対し自己の有する株式を公正な価

格で買い取ることを請求することができる（会469条1項本文）。ここでいう反対株主とは，①株主総会に先立って当該事業譲渡等に反対する旨を当該株式会社に対し通知し，かつ，当該株主総会において当該事業譲渡等に反対した株主　②当該株主総会において議決権を行使することができない株主　③これら以外のすべての株主である（会469条2項）。

　事業譲渡等をしようとする会社は，効力発生日の20日前までに，その株主に対し，事業譲渡等をする旨を通知しなければならない（会469条3項）。ただし，事業譲渡等をする会社が公開会社である場合や，総会の承認を受けた場合には，公告をもって通知に代えることができる（会469条4項）。

　なお，反対株主の株式買取請求は，効力発生日の20日前の日から効力発生日の前日までの間に，その株式買取請求に係る株式の数（種類株式発行会社にあっては，株式の種類及び種類ごとの数）を明らかにする必要がある（会469条5項）。

5　株式の価格の決定

　反対株主から株式買取請求があった場合，株式の価格について，株主と会社との協議が調ったときは，会社は効力発生日から60日以内にその支払をしなければならないが（会470条1項），効力発生日から30日以内に協議が調わないときは，株主又は前項の株式会社は，その期間の満了の日後30日以内に，裁判所に対し，価格の決定の申立てをすることができる（会470条2項）。

第2節　組織変更

1　組織変更とはなにか

　株式会社がその組織を変更することにより，合名会社・合資会社・合同会社になること，および合名会社・合資会社・合同会社がその組織を変更することにより，株式会社になることを組織変更という（会2条26号）。

2　株式会社の他の会社への組織変更の手続き

　（1）組織変更計画の作成　　会社が組織変更する場合には，まず組織変

更計画を作成しなければならない（会743条）。計画では次の事項を定める必要がある。
① 組織変更後の持分会社が合名会社，合資会社又は合同会社のいずれであるかの別
② 組織変更後持分会社の目的，商号及び本店の所在地
③ 組織変更後持分会社の社員についての次に掲げる事項
　イ 当該社員の氏名又は名称及び住所
　ロ 当該社員が無限責任社員又は有限責任社員のいずれであるかの別
　ハ 当該社員の出資の価額
④ 組織変更後持分会社の定款で定める事項
⑤ 組織変更後持分会社が組織変更に際して組織変更をする株式会社の株主に対してその株式に代わる金銭等を交付するときは，当該金銭等についての次に掲げる事項
　イ 当該金銭等が組織変更後持分会社の社債であるときは，当該社債の種類及び種類ごとの各社債の金額の合計額又はその算定方法
　ロ 当該金銭等が組織変更後持分会社の社債以外の財産であるときは，当該財産の内容及び数若しくは額又はこれらの算定方法
⑥ 組織変更をする株式会社の株主に対する金銭等の割当てに関する事項
⑦ 組織変更をする株式会社が新株予約権を発行しているときは，組織変更後持分会社が組織変更に際して当該新株予約権の新株予約権者に対して交付する当該新株予約権に代わる金銭の額又はその算定方法
⑧ 組織変更をする株式会社の新株予約権の新株予約権者に対する同号の金銭の割当てに関する事項
⑨ 組織変更がその効力を生ずる日

なお，組織変更後持分会社が合名会社であるときは，その社員の全部を無限責任社員とする旨を，組織変更後持分会社が合資会社であるときは，その社員の一部を無限責任社員とし，その他の社員を有限責任社員とする旨を，組織変更後持分会社が合同会社であるときは，その社員の全部を有限責任社員とする旨を定めなければならない（会744条2項〜4項）。

（2）組織変更計画に関する書面等の備置き及び閲覧等　組織変更をする株式会社は，組織変更計画備置開始日から組織変更がその効力を生ずる日

までの間，組織変更計画の内容その他法務省令で定める事項を記載し，又は記録した書面又は電磁的記録をその本店に備え置かなければならない（会775条）。

（3）総株主による組織変更計画の承認等　組織変更をする株式会社は，効力発生日の前日までに，組織変更計画について当該株式会社の総株主の同意を得なければならない（会776条）。

（4）新株予約権買取請求　組織変更をしようとする会社は，効力発生日の20日前までに，その新株予約権の新株予約権者に対し，組織変更をする旨を通知する必要がある（会777条3項）。

他方，組織変更をする会社の新株予約権の新株予約権者は，会社に対し，自己の有する新株予約権を公正な価格で買い取ることを請求することができる（会777条1項）。また新株予約権付社債に付された新株予約権の新株予約権者は，併せて新株予約権付社債についての社債を買い取ることを請求することとなる（会777条1項）。

なお，新株予約権の価格の決定について，新株予約権者と組織変更をする会社との間に協議が調ったときは，会社は，効力発生日から60日以内にその支払をしなければならないが，協議が調わないときは，新株予約権者又は組織変更後持分会社は，裁判所に対し，価格の決定の申立てをすることができる（会778条）。

（5）債権者保護手続　組織変更をする株式会社は，組織変更する旨，一定期間内に異議申し立てをすることができる旨等を公告し，かつ，知れている債権者に催告しなければならない。

債権者が第一定期間内に異議を述べなかったときは，債権者は組織変更について承認をしたものとみなされる。債権者が異議を述べたときは，会社は，債権者に対し，弁済し，若しくは相当の担保を提供し，又は当該債権者に弁済を受けさせることを目的として信託会社等に相当の財産を信託する必要がある（会779条）。

3　持分会社の株式会社への組織変更の手続き

（1）組織変更計画の作成　持分会社が組織変更をする場合には，組織変更計画を作成し，次の事項を定める必要がある（会746条）。

① 組織変更後の株式会社（以下組織変更後株式会社という）の目的，商号，本店の所在地及び発行可能株式総数
② 組織変更後株式会社の定款で定める事項
③ 組織変更後株式会社の取締役の氏名
④ 次のイからハまでに掲げる場合の区分に応じ，イからハまでに定める事項
　イ　組織変更後株式会社が会計参与設置会社である場合
　　　組織変更後株式会社の会計参与の氏名又は名称
　ロ　組織変更後株式会社が監査役設置会社（監査役の監査の範囲を会計に関するものに限定する旨の定款の定めがある株式会社を含む）である場合
　　　組織変更後株式会社の監査役の氏名
　ハ　組織変更後株式会社が会計監査人設置会社である場合
　　　組織変更後株式会社の会計監査人の氏名又は名称
⑤ 組織変更をする持分会社の社員が組織変更に際して取得する組織変更後株式会社の株式の数又はその数の算定方法
⑥ 組織変更をする持分会社の社員に対する株式の割当てに関する事項
⑦ 組織変更後株式会社が組織変更に際して組織変更をする持分会社の社員に対してその持分に代わる金銭等を交付するときは，当該金銭等についての次に掲げる事項
　イ　当該金銭等が組織変更後株式会社の社債であるときは，当該社債の種類及び種類ごとの各社債の金額の合計額又はその算定方法
　ロ　当該金銭等が組織変更後株式会社の新株予約権であるときは，当該新株予約権の内容及び数又はその算定方法
　ハ　当該金銭等が組織変更後株式会社の新株予約権付社債であるときは，当該新株予約権付社債についてのイに規定する事項及び当該新株予約権付社債に付された新株予約権についてのロに規定する事項
　ニ　当該金銭等が組織変更後株式会社の社債等以外の財産であるときは，当該財産の内容及び数若しくは額又はこれらの算定方法
⑧ 組織変更をする持分会社の社員に対する同号の金銭等の割当てに関する事項

⑨ 効力発生日

（2）総社員による組織変更計画の承認　組織変更をする持分会社は，効力発生日の前日までに，組織変更計画について当該持分会社の総社員の同意を得る必要がある（会781条）。

4　持分会社間の組織変更

持分会社間の組織変更は定款変更の問題と位置付けられる（会638条・639条）。持分会社間での会社の種類の変更は，「組織変更」とは区別され，定款変更として行われる（会638条）。定款変更には定款に別段の定めのない限り総社員の同意を必要とする（会627条）。合資会社の場合，退社によって無限責任社員のみ（合名会社となる。）あるいは有限責任社員のみ（合同会社となる。）となった場合のみなし定款変更の規定がある（会639条）。また，合同会社となる場合には，出資の履行が必要とされる（会640条）。これは，持分会社としての性格が変わらないからである。

第3節　合　併

1　合併とは

現代の企業は，生産や販売などの業務提携や，株式の相互保有などの資本提携という形で他の企業と関わりを持つ場合が少なくない。その関わりには緩やかなものから堅固なものまで様々なものが見られるが，その中で会社合併は最も強い結合形態といえる。ここに会社の合併とは，2つ以上の会社が契約により合体して1つの会社となることをいう。

会社法の認める合併には，吸収合併と新設合併とがある。吸収合併は，当事会社の一方が他の当事会社を吸収しその財産を承継して，吸収された会社は消滅する。この場合，残る会社を「存続会社」，消滅する会社を「消滅会社」という（会749条）。これに対し新設合併は，2つ以上の会社が合併して，新たに別会社を設立する合併をいう。この場合，新たに設立される会社を「新設合併設立会社」といい，ともに消滅してしまう会社を「新設合併消滅会社」という（会753条）。

会社合併それ自体には，会社法には特に規制はなく，自由に行うことが

できる（会748条）。株式会社は，持分会社とも合併できる。この場合，持分会社として存続することもできる（会751条）。もちろん各種会社は，それぞれ同種会社どうしで合併することができる。

なお，独占禁止法は，合併によって一定の取引分野における競争を実質的に制限する場合や，合併が不公正な取引方法によるものである場合を禁止しており（独禁15条1項），そのため一定の場合には，合併は公正取引委員会への届出事項としている（独禁15条2項）。また銀行等な国の許認可に服する会社の場合には，主務大臣の許可がなければ，合併の効力は生じない（銀行30条，信託業36条ほか）。

2　吸収合併

（1）吸収合併とはなにか　会社が他の会社とする合併であって，合併により消滅する会社の権利義務の全部を合併後存続する会社に承継させるものを吸収合併という（会2条27号）。吸収合併には，株式会社が存続する吸収合併と持分会社が存続する吸収合併がある。

（2）吸収合併の手続（存続会社が株式会社の場合）

・吸収合併契約

　　吸収合併存続会社が株式会社であるときは，吸収合併契約において，次の事項を定める必要がある。

① 　存続株式会社および消滅会社の商号および住所
② 　存続株式会社が吸収合併に際して消滅株式会社の株主または消滅持分会社の社員に対してその株式または持分に代わる金銭等を交付するときは，当該金銭等に関する事項
③ 　消滅株式会社の株主または消滅持分会社の社員に対する同号の金銭等の割当てに関する事項
④ 　消滅株式会社が新株予約権を発行しているときは，存続株式会社が吸収合併に際して当該新株予約権の新株予約権者に対して交付する新株予約権に代わる存続株式会社の新株予約権または金銭に関する事項
⑤ 　④の場合の消滅株式会社の新株予約権者に対する存続株式会社の新株予約権または金銭の割当てに関する事項
⑥ 　吸収合併の効力発生日

（3）吸収合併の効力の発生等　吸収合併存続株式会社は，効力発生日に，吸収合併消滅株式会社の権利義務を承継する（会750条1項）。消滅会社の吸収合併による解散は，吸収合併の登記の後でなければ，善意の第三者に対抗できない（会750条2項）。

消滅株式会社の株主または消滅持分会社の社員は，効力発生日に，存続株式会社の株主・社債権者・新株予約権者・新株予約権付社債権者，のいずれかになるか金銭等を得て離脱する。

吸収合併消滅株式会社の新株予約権は，効力発生日に消滅する（会750条4項）。

吸収合併消滅株式会社の新株予約権の新株予約権者は効力発生日に，会社法749条5項に掲げる事項についての定めに従い，会社法749条1項4号イの吸収合併存続株式会社の新株予約権の新株予約権者になるか金銭等を得て離脱する（会750条5項）。

3　新設合併

（1）新設合併の意義　2つ以上の会社がする合併であって，合併により消滅する会社の権利義務の全部を合併により新たに設立する会社に承継させるものを新設合併という（会2条28号）。

（2）新設合併の手続

・株式会社を設立する新設合併契約

　新設合併契約において，以下に掲げる事項を定める必要がある。

① 　消滅会社の商号および住所
② 　新設合併設立株式会社の目的・商号・本店の所在地および発行可能株式総数
③ 　新設合併設立株式会社の定款で定める事項
④ 　新設合併設立株式会社の設立時取締役の氏名
⑤ 　新設合併設立株式会社が，
　　（イ）会計参与設置会社である場合，設立時会計参与の氏名または名称
　　（ロ）監査役設置会社（監査の範囲を会計に関するものに限定する場合を含む）である場合，設立時監査役の氏名
　　（ハ）会計監査人設置会社である場合，設立時会計監査人の氏名または名

称
⑥ 新設合併に際して新設合併消滅株式会社の株主または新設合併消滅持分会社の社員に交付するその株式または持分に代わる当該新設合併設立株式会社の株式の数（種類株式発行会社にあっては，株式の種類および種類ごとの数）またはその算定方法ならびに新設合併設立株式会社の資本金および準備金の額に関する事項
⑦ 新設合併設立株式会社の株主（新設合併消滅株式会社を除く）または新設合併消滅持分会社の社員に対する前号の株式の割当てに関する事項
⑧ 新設合併に際して新設合併消滅株式会社の株主または新設合併消滅持分会社の社員に対してその株式または持分に代わる当該新設合併設立株式会社の社債券を交付するときは，当該社債等についての事項
⑨ ⑧の場合に，新設合併消滅株式会社の株主（新設合併消滅株式会社を除く）または新設合併消滅持分会社の社員に対する同号の社債等の割当てに関する事項
⑩ 消滅株式会社が新株予約権を発行しているときは，新設合併設立株式会社が新設合併に際して当該新株予約権の新株予約権者に対して交付する新株予約権に代わる新設合併設立株式会社の新株予約権または金銭についての事項
⑪ ⑩の場合の，消滅株式会社の新株予約権者に対する新設合併設立株式会社の新株予約権または金銭の割当てに関する事項

（3）新設合併の効力の発生等　新設合併設立株式会社は，その成立の日に，消滅会社の権利義務を承継する（会754条1項）。

会社法753条1項に規定する場合には，新設合併消滅株式会社の株主または新設合併消滅持分会社の社員は，新設合併設立株式会社の成立の日に，会社法753条1項7号の定めに従い，同項6号の株式の株主となる（会753条2項）。または，新設合併消滅株式会社の株主または新設合併消滅持分会社の社員は，新設合併設立株式会社の成立の日に，会社法753条1項9号の定めに従い，新設合併設立株式会社の社債権者・新株予約権者・新株予約権付社債権者のいずれかになるか金銭等を得て離脱する。

新設合併消滅株式会社の新株予約権は，新設合併設立株式会社の成立の日に消滅する（会754条4項）。新設合併消滅株式会社の新株予約権の新株

予約権者に対して新設合併設立株式会社の新株予約権を交付するときは，新設合併消滅株式会社の新株予約権者は，新設合併設立株式会社の成立の日に，会社法754条1項11号に掲げる事項についての定めに従い，同項10号イの新設合併設立株式会社の新株予約権の新株予約権者になる（会754条5項）。

第4節　会社分割

1　会社分割

　企業が環境の変化に対応し競争力を維持・強化していくためには，企業組織を柔軟に，かつ迅速に再編成できるようにする必要がある※。その一つの方法として企業が事業の一部を切り離し，新会社として独立させたり，他の企業に承継させたりする会社分割制度がある。これには，吸収分割と新設分割がある。吸収分割は，分割をする会社が既存の他の会社に営業の一部を承継させる形態をいい（会2条29号），新設分割は，分割をする会社が新しく設立する会社に営業の一部を承継させる形態をいう（会2条30号）。新設分割において，営業を承継する会社が分割をする会社に株式を割当てた場合には，両社は完全親子会社関係になる。

　　＊　会社分割には次の利点があるといわれる。①持株会社の下にある子会社の分割による企業の再編成を促進する。②事業部門の会社化による経営の効率性を向上させ，経営の監督の実効性を確保する。③独占禁止法の市場集中排除規制をクリアするための分割を可能とする。④コングロマリット・ディスカウントの排除による株価の上昇が期待できる。⑤中小企業の株主間の紛争を会社の分割により解決することを可能とする。⑥不採算部門の整理をしやすくする。

2　吸収分割

　（1）吸収分割とはなにか　　株式会社または合同会社は，その事業に関して有する権利義務の全部または一部を，分割後の他の会社に承継させることができる（会2条29号）。これを吸収分割という。また事業に関して有する権利義務の全部または一部を承継する会社を吸収分割承継会社といい，分割する会社を吸収分割会社という。

（2）吸収分割の手続

① 吸収分割契約

吸収分割をするためには、分割会社は承継会社との間で、吸収分割契約を締結しなければならないが（会757条）、吸収分割契約では次の事項を定められる（会758条）。

1. 分割会社および承継会社の商号および住所
2. 承継する資産・債務・雇用契約その他の権利義務
3. 株式を承継させるときの株式に関する事項
4. 事業に関する権利義務の全部または一部に代わって交付する金銭等に関する事項
5. 分割会社の新株予約権者に対して交付する承継会社の新株予約権に関する事項（会758条6項）
6. 吸収分割の効力発生日

② 分割計画書等の備置き等

取締役は、株主総会会日の2週間前から分割の日の後6月を経過する日まで、分割計画書などを本店に備え置くことを要する（会794条2項）。株主及び会社の債権者は、営業時間内いつでもこれらの書類の閲覧を求めたり、その謄本若しくは抄本の交付を求めることができる（会794条3項）。

③ 株主の株式買取請求権―反対株主の保護

会社分割に反対する株主は、株主総会に先立ち会社に対して書面をもって分割に反対の意思を通知し、かつ総会において分割計画書の承認に反対した場合は、会社に対して、自己の有する株式を承認の決議がなければその有すべき公正な価格で買い取るべき旨を請求することができる（会797条）。

④ 債権者の異議

会社債権者は吸収分割に異議をねべることができるが（会799条1項）、会社は、その債権者に対し、分割に異議があれば一定の期間内にこれを述べるべき旨を官報で公告し、かつ判明している債権者には、各別にこれを催告することを要する（会799条2項）。

⑤ 会社分割の登記

会社の分割があったときは、本店の所在地においては2週間内に、分割

をした会社については変更の登記を，分割によって設立した会社については会社設立登記をすることを要する（会923条）。

会社の分割は，設立した会社がその本店の所在地において設立登記をすることによって効力を生じることとなる（会764条1項）。

⑥　会社分割に関する事項を記載した書面の備置き等

吸収分割承継会社は，効力発生日後遅滞なく，吸収分割合同会社と共同して，吸収分割により吸収分割承継株式会社が承継した吸収分割合同会社の権利義務その他の吸収分割に関する事項として法務省令で定める事項を記載し，又は記録した書面又は電磁的記録を作成し（会801条2項），分割の日から6月間本店に備え置くことを要する（会801条3項）。株主，会社の債権者は，営業時間内いつでもこれらの書類等の閲覧を求めたり，その謄本若しくは抄本の交付を求めることができる（会801条4項）。

（3）吸収分割の効力の発生等　承継会社は，効力発生日に，吸収分割契約の定めに従って分割会社の権利義務を承継する（会759条1項）。また，分割会社は，承継会社の株主・社債権者・新株予約権者・新株予約権付社債権者のいずれかになる。

会社法758条5号に規定する場合には，効力発生日に，吸収分割契約新株予約権は消滅し，当該吸収分割契約新株予約権の新株予約権者は，同条6号に掲げる事項について定めに従い，同条5号ロの吸収分割承継株式会社の新株予約権の新株予約権者となる（会759条5項）。

3　新設分割

（1）新設分割とはなにか　1または2以上の株式会社または合同会社がその事業に関して有する権利義務の全部または一部を分割により設立する会社に承継させることを新設分割という（会2条30号）。

（2）新設分割の手続　新設分割をする場合，新設分割計画を作成しなければならない（会762条1項）。2以上の会社が共同して新設分割をする場合は，共同して新設分割計画を作成しなければならない（会762条2項）。

① 新設分割計画

1または2以上の株式会社または合同会社が新設分割をする場合，新設会社が株式会社であるときは，新設分割計画において，以下に定める事項

を定めなければならない。

1. 新設会社の目的，商号，本店の所在地および発行可能株式総数
2. 新設会社の定款で定める事項
3. 新設会社の設立時取締役の氏名
4. 新設会社が会計参与設置会社である場合は設立時会計参与の氏名または名称，監査役設置会社である場合は設立時監査役の氏名，会計監査人設置会社である場合は設立時会計監査人の氏名または名称
5. 新設会社が分割会社から承継する資産・債務・雇用契約などに関する事項
6. 新設会社が分割会社に対して交付するその事業に関する権利義務の全部または一部に代わる当該新設分割設立株式会社の株式の数（種類株式発行会社にあっては，株式の種類および種類ごとの数）またはその数の算定方法ならびに当該新設分割設立株式会社の資本金および準備金の額に関する事項
7. 2以上の株式会社または合同会社が共同して新設分割するときは，新設分割設立株式会社に対する前号の株式の割当てに関する事項
8. 新設分割設立株式会社が新設分割に際して新設分割会社に対しその事業に関する権利義務の全部または一部に代わる当該新設分割設立株式会社の社債等を交付するときは，当該社債等について次に掲げる事項
   - イ　新設分割設立株式会社の社債（新株予約権付社債を除く）であるときは，当該社債の種類および種類ごとの各社債の金額の合計額またはその算定方法
   - ロ　新設分割設立株式会社の新株予約権（新株予約権付社債に付されたものを除く）であるときは，当該新株予約権の内容および数またはその算定方法
   - ハ　新設分割設立株式会社の新株予約権付社債であるときは，当該新株予約権付社債についてのイに規定する事項および当該新株予約権付社債に付された新株予約権についてのロに規定する事項
9. 前号に規定する場合において，2以上の株式会社または合同会社が

共同して新設分割をするときは，新設分割会社に対する同号の社債等の割当てに関する事項
10. 新設分割設立株式会社が新設分割に際して，新設分割株式会社の新株予約権の新株予約権者に対して，当該新株予約権に代わる当該新設分割設立株式会社の新株予約権を交付するときは，当該新株予約権について以下に掲げる事項
 イ 当該新設分割設立株式会社の新株予約権の交付を受ける新設分割株式会社の新株予約権者の有する新株予約権（新設分割契約新株予約権）の内容
 ロ 新設分割契約新株予約権の新株予約権者に対して交付する新設分割設立株式会社の新株予約権の内容および数またはその算定方法
 ハ 新設分割契約新株予約権が新株予約権付社債に付された新株予約権であるときは，新設分割設立株式会社が当該新株予約権付社債についての社債に係る債務を承継する旨ならびにその承継に係る社債の種類および種類ごとの各社債の金額の合計額またはその数の算定方法
11. 前号に規定する場合には，新設分割契約新株予約権の新株予約権者に対する新設分割設立株式会社の新株予約権の割当てに関する事項
12. 新設分割設立株式会社が新設分割設立株式会社の成立の日に以下に掲げる行為をするときは，その旨
 イ 全部取得条項付種類株式の取得（取得対価が新設分割設立株式会社の株式のみであるものに限る）
 ロ 剰余金の配当（配当財産が新設分割設立株式会社の株式のみであるものに限る）
  なお，新設分割設立株式会社の株式には，新設分割設立株式会社の株式に準ずるものとして法務省令（会社則179条）で定めるものを含む。

（3）株式会社を設立する新設分割の効力の発生等　新設分割設立株式会社は，その成立の日に，新設分割計画の定めに従い，新設分割会社の権利義務を承継する（会764条1項）。新設分割会社は，新設分割設立株式会社の

成立の日に，新設分割計画の定めに従い，同条6号の株式の株主となる。

第3章　完全親会社の創設——株式交換および株式移転

　会社を取り巻く経営環境や急激な経済情勢の変化に柔軟かつ迅速に対応するために子会社を必要とする場合がある。そのための方法として他の既存会社を完全子会社にすることが考えられるが，そのためには，その会社の発行済み株式のすべてを取得する必要がある。この場合，巨額の費用と時間がかかることが予想される。次に既存会社が発起人となって一人会社を設立し，その会社に既存会社の営業の全部を現物出資する方法も考えられるが，裁判所選任による検査役の選任，営業用財産移転の対抗要件の具備など手続が非常に煩雑になるなどの難点がある。そこで，完全親子会社関係を円滑に創設するために設けられた手続が株式交換及び株式移転の制度である。

第1節　株式交換

1　株式交換
　株式会社がその発行済株式の全部を他の株式会社または合同会社に取得させることを株式交換という（会2条31号）。
　この場合においては，株式交換完全親会社（当該株式会社の発行済株式の全部を取得する会社）との間で，株式交換契約を締結しなければならない。なお，株式交換完全親会社は，株式会社または合同会社に限られる（会767条）。

2　株式会社に発行済株式を取得させる株式交換
　株式会社が株式交換をする場合において，株式交換完全親会社が株式会社であるときは，株式交換契約において，以下に掲げる事項を定めなければならない。
① 　株式交換完全子会社（株式交換をする株式会社）および株式交換完全親株式会社の商号および住所
② 　株式交換完全親株式会社が株式交換に際して株式交換完全子会社の株主に対してその株式に代わる金銭等を交付するときは，当該金銭等に関

する事項
③ ②の場合の，株式交換完全子会社の株主（株式交換完全親会社を除く）に対する同号の金銭の割当てに関する事項
④ 株式交換完全親株式会社が株式交換に際して，株式交換完全子会社の新株予約権者に対して，当該新株予約権に代わる当該株式交換完全親株式会社の新株予約権を交付するときは，当該新株予約権に関する事項
⑤ ④の場合の，株式交換契約新株予約権の新株予約権者に対する同号の株式交換完全親株式会社の新株予約権の割当てに関する事項（会768条1項5号）
⑥ 効力発生日

3 株式会社に発行済株式を取得させる株式交換の効力の発生等

株式交換完全親株式会社は，効力発生日に，株式交換完全子会社の発行済株式（株式交換完全親株式会社の保有分を除く）の全部を取得する（会769条1項）。

この場合には，株式交換完全親株式会社が株式交換完全子会社の株式（譲渡制限株式に限り，当該株式交換完全親株式会社が効力発生日前から有するものを除く）を取得したことについて，当該株式交換完全子会社が譲渡承認したものとみなされる（会769条2項）。

株式交換完全子会社の株主は，効力発生日に，会社法768条1項3号に掲げる事項についての定めに従い，株式交換完全親株式会社の株主・社債権者・新株予約権者・新株予約権付社債権者，のいずれかになるか金銭等を得て離脱する（会769条3項）。

会社法768条1項4号に規定する場合には，効力発生日に，株式交換契約新株予約権は消滅し，当該株式交換契約新株予約権の新株予約権者は，同条5号に掲げる事項についての定めに従い，同項4号ロの株式交換完全親株式会社の新株予約権の新株予約権者となる（会769条4項）。また，会社法768条1項4号ハに規定する場合には，株式交換完全親株式会社は，効力発生日に，同号ハの新株予約権付社債に係る債務を承継する（会769条5項）。

第2節　株式移転

1　株式移転

　1または2以上の株式会社がその発行済株式の全部を新たに設立する株式会社に取得させることを株式移転という（会2条32号）。

　1または2以上の株式会社は，株式移転をすることができる。この場合においては，株式移転計画を作成しなければならない（会772条1項）。2以上の株式会社が共同して株式移転をする場合には，当該2以上の株式会社は，共同して株式移転計画を作成しなければならない（会772条2項）。

2　株式移転計画

　1または2以上の株式会社が株式移転をする場合には，株式移転計画において，以下に掲げ事項を定めなければならない（会773条）。

① 　株式移転設立完全親会社（株式移転により設立する株式会社）の目的，商号，本店の所在地，発行可能株式総数
② 　その他，株式移転設立完全親会社の定款で定める事項
③ 　株式移転設立完全親会社の設立時取締役の氏名
④ 　株式移転設立完全親会社が，
　　イ　会計参与設置会社である場合，設立時会計参与の氏名または名称
　　ロ　監査役設置会社（監査の範囲を会計に関するものに限定する場合を含む）である場合，設立時監査役の氏名
　　ハ　会計監査人設置会社である場合，設立時会計監査人の氏名または名称
⑤ 　株式移転設立完全親会社が株式移転に際して株式移転完全子会社（株式移転をする株式会社）の株主に対して交付する株式移転設立完全親会社の株式の数（種類株式発行会社にあっては，株式の種類および種類ごとの数）またはその数の算定方法ならびに当該株式移転設立完全親会社の資本金および準備金の額に関する事項
⑥ 　株式移転完全子会社の株主に対する前号の株式の割当てに関する事項
⑦ 　株式移転設立完全親会社が株式移転に際して株式移転完全子会社の株主に対してその株式に代わる当該株式移転設立完全親会社の社債等を交

付するときは，当該社債等に関する事項
⑧　⑦の場合の株式移転完全子会社の株主に対する同号の社債の割当てに関する事項
⑨　株式移転設立完全親会社が株式移転に際して株式移転完全子会社の新株予約権の新株予約権者に対して，当該新株予約権に代わる当該株式移転設立完全親会社の新株予約権を交付するときは，当該新株予約権に関する事項
⑩　⑨の場合は，株式移転完全子会社の株主に対する同号の社債等の割当てに関する事項
⑪　株式移転設立完全親会社が株式移転に際して株式移転完全子会社の新株予約権の新株予約権者に対して当該新株予約権に代わる当該株式移転設立完全親会社の新株予約権を交付するときは，当該新株予約権に関する事項
⑫　⑪の場合は，株式移転計画新株予約権の新株予約権者に対する同号の株式移転設立完全親会社の新株予約権の割当てに関する事項
　　新設分割設立株式会社の成立の日以下に掲げる行為をするときは，その旨
　　　イ　全部取得条項付種類株式の取得（取得対価が新設分割設立株式会社の株式のみであるものに限る）
　　　ロ　剰余金の配当（配当財産が新設分割設立株式会社の株式のみであるものに限る）
　なお，新設分割設立株式会社の株式には，新設分割設立株式会社の株式に準ずるものとして法務省令（会社則179条）で定めるものを含む。

3　株式移転の効力の発生等

　株式移転設立完全親会社は，その成立の日に，株式移転完全子会社の発行済株式の全部を取得する（会774条1項）。株式移転完全子会社の株主は，株式移転設立完全親会社の成立の日に，会社法773条1項6号に掲げる事項についての定めに従い，同項5号の株式の株主となる（会774条2項）。
　次の各号に掲げる場合には，株式移転完全子会社の株主は，株式移転設立完全親会社の成立の日に，会社法773条1項8号に掲げる事項について

の定めに従い，当該各号に定める者となる。
① 会社法 773 条 1 項 7 号イに掲げる事項についての定めがある場合には，同号イの社債の社債権者
② 会社法 773 条 1 項 7 号イに掲げる事項についての定めがある場合には，同号ロの新株予約権の新株予約権者
③ 会社法 773 条 1 項 7 号イに掲げる事項についての定めがある場合には，同号ニの新株予約権付社債の新株予約権付社債権者

会社法 773 条 1 項 9 号に規定する場合には，株式移転設立完全親会社は，その成立の日に，株式移転計画新株予約権は消滅し，当該株式移転計画新株予約権の新株予約権者は，同条 10 号に掲げる事項についての定めに従い，同項 9 号ロの株式移転設立完全親会社の新株予約権の新株予約権者となる（会 774 条 4 項）。また，会社法 774 条 1 項 9 号ハに規定する場合には，株式移転設立完全親会社は，その成立の日に，同号ハの新株予約権付社債に係る債務を承継する（会 774 条 5 項）。

第4章　持分会社

　会社法は，合名会社・合資会社・合同会社を持分会社と総称し（会575条括弧書），株式会社とは別に規制する。これは，持分会社が，株式会社と異なり，次の点に共通性がみられることによる。すなわち，改正前商法以来株式会社以外の会社における出資者の権利を持分といってきたこと，会社の機関設計や出資者の権利など会社の内部関係については定款自治に委ねたり，持分譲渡については出資者全員の同意を要することなど組合的規律に従う点で共通するからである。

1　合名会社

　（1）合名会社とは　　合名会社は，無限責任社員だけで構成されている会社である（会576条2項）。すなわち，合名会社は，会社の財産をもってその債務を完済することができない場合，会社の財産に対する強制執行がその効を奏しなかった場合に，会社の残債務全額について，その個人財産で弁済する責任を負う社員だけで構成されることになる（会580条1項）。会社債権者から見た場合，引当財産は会社財産と社員の個人財産の総額ということになり，したがって会社財産について厳格な規制をしても意味がないといえる。そこで会社法は，資本制度を設けず，社員の出資も，金銭出資だけではなく，労務や信用の出資も認める（商89条）。

　（2）設立　　合名会社を設立するには，その社員になろうとする者が定款を作成し，その全員がこれに署名し，又は記名押印する（会575条1項）。定款を電磁的記録によって作成することもできる（会575条2項）。社員には，自然人だけでなく，法人がなることもできる（会598条参照）。

　合名会社の定款には，目的，商号，本店の所在地，社員の氏名又は名称及び住所，社員の全部が無限責任社員とする旨，社員の出資の目的及びその価額又は評価の標準を記載し，又は記録する（会576条1項，2項）。

　社員となろうとする者が定款作成後，登記をする時までに出資を終え（会578条），本店の所在地において設立の登記をすることにより会社は成立する（会579条）。

(3) **管理**　合名会社の社員は，会社債務について責任を負うことから，経営全般にわたって参画する権利が認められる。すなわち，社員全員が業務執行権（経営権）を有し，社員各自が会社を代表する（会590条, 599条）。ここでいう代表とは，その者の行為が会社の行為とされ，その結果，法律効果は会社に帰属し，社員全員を拘束するという効果をもたらす地位をいう。ただし，会社の定款や互選で特定の社員を代表とする旨を定めておくのが通例である（会599条3項）。

　合名会社では，社員ごとに1個の持分を有し（持分単一主義），したがって会社の意思決定は，出資額の多寡に拘らず社員の頭数主義（会590条2項）による。会社債務に関する責任負担からすると，出資額の多少は意味がないからである。ただし，定款で出資額に応じた議決権を認めても差し支えない。

(4) **財産関係**　すべての社員は，出資義務を負う。出資は，金銭に限らず，労務でも差支えない（会576条1項6号）。

　合名会社では，債権者保護のための会社財産確保の要請が働かないために，社員の利益配当の請求方法などについては定款自治に委ねている（会621条）。損益分配の割合については，定款の定めがないときは，各社員の出資の価額に応じて定めるとされている（会622条1項）。定款で，利益又は損失の一方についてのみ分配の割合についての定めを定款で定めたときは，その割合は，利益及び損失の分配に共通であるものと推定される（会622条2項）。

(5) **退社**　以上のような性質を持つ会社であることから，社員相互の人的信頼関係は会社存続の不可欠の要素といえる。したがって，社員が会社からの離脱を希望する場合には退社を認め（会606条），持分の払戻制度もある（会624条）。ただし，持分を他人に譲渡する場合には，他の社員全員の同意が必要とされる（会585条）。

2　合資会社

(1) **合資会社とは**　合資会社とは，無限責任社員と有限責任社員によって構成される会社である（会576条1項6号, 3項）。ここにいう有限責任とは，その出資の価額を限度として持分会社の債務を弁済する責任を負うことを

いう(会580条2項)。この場合，既に持分会社に対し履行した出資の価額は除かれる。つまり出資額の未履行分がある場合に，その部分についてのみ債権者に直接責任を負うことになる。

（2）設立　合資会社においては，会社債務の弁済は最終的には無限責任社員の個人財産によって担保されているので，合名会社と同様に資本制度はなく，社員の数も無限責任社員および有限責任社員の各1人以上いれば足りる。

出資は，無限責任社員の場合には，金銭のほかに労務や信用の出資が認められ，有限責任社員の場合には，金銭その他の財産に限定される(会576条1項6号)。また出資の目的及びその価額並びに既に履行した出資の価額は設立の登記事項とされる(会913条7号)。これは，責任が出資額に限定されるために，その分，出資の確実な履行が要求されるとともに，取引先にも明らかにしておく必要性があるからである。

（3）管理　社員は，定款に別段の定めがある場合を除き，会社の業務を執行する(会590条1項)。社員が2人以上ある場合には，会社の業務は，定款に別段の定めがある場合を除き，社員の過半数をもって決定する(会590条2項)。会社の常務に属する事項については，各社員が単独で行うことができる(会590条3項)。

会社の代表についても，各自がなることができるが，定款あるいは社員の互選によって，業務を執行する社員の中から会社を代表する社員を定めることができる(会599条3項)。

これに対し，業務執行をする権利を有しない社員は，その業務及び財産の状況を調査することができる(会592条)。

（4）財産関係

① 出　資

すべての社員は，出資義務を負う。無限責任社員は，金銭に限らず，労務出資でも差支えない(会576条1項6号)。これに対し，有限責任社員は，金銭その他の財産に限定される(会576条1項6号)。責任が出資額に限定されるために，その分，出資の確実な履行が要求されているといえる。

② 利益の配分

社員の利益配当の請求方法などについては定款自治に委ねている(会621

条2項)。損益分配の割合については，定款の定めがないときは，各社員の出資の価額に応じて定めるとされている（会622条1項）。定款で，利益又は損失の一方についてのみ分配の割合についての定めを定款で定めたときは，その割合は，利益及び損失の分配に共通であるものと推定される（会622条2項）。

③　有限責任社員の責任

有限責任社員は，その出資の価額を限度として持分会社の債務を弁済する責任を負う（会580条2項）。この場合，既に持分会社に対し履行した出資の価額は除かれる。

有限責任社員が出資の価額を減少した場合であっても，その有限責任社員は，その旨の登記をする前に生じた持分会社の債務については，従前の責任の範囲内でこれを弁済する責任を負う（会583条2項）。

なお，有限責任社員に利益額を超過する配当額が交付された場合には，その額を限度として持分会社の債務を弁済する責任を負うことになる（会623条2項）。つまり超過額分だけ責任が増加することになる。

（5）退社　　合資会社も，合名会社と同様にその存立の基礎は基本的に無限責任社員の信用に依存するものであり，社員相互間の信頼関係が不可欠の要素といえる。したがって，社員の会社からの離脱を認めるし，持分の払戻も認める。ただし，持分の譲渡については，まず無限責任社員の地位の譲渡については社員全員の同意（会585条1項）にかからしめ，業務を執行しない有限責任社員の地位の譲渡については業務執行社員の同意にかからしめている（会585条2項）。

3　合同会社

（1）概要　　合同会社は LLC (Limited Liability Company) を範にし，会社法によって新しく創設された会社形態である。合同会社の特徴は次の点にみられる。第1に，合同会社は，株式会社と同様に有限責任社員のみによって構成されてる。したがって，出資者は，合名会社や合資会社の無限責任社員と異なり，追加出資の責任を負うことはない。第2に，合同会社は，会社の運営については，合名会社や合資会社と同様に組合的規律によってなされ，大幅に定款自治が認められている。その意味では柔軟性に富ん

だものといえる。

(2) 設　立

① 定款の作成

合同会社を設立するには，社員になろうとする者は定款を作成する。定款には，商号，本店の所在地，社員の氏名又は名称及び住所，社員の全部が有限責任社員とする旨，社員の出資の目的及びその価額又は評価の標準を記載し，又は記録する（会576条1項，4項）。株式会社の場合と異なり，公証人の認証は要しない。

② 出資の履行

定款の作成後，社員となろうとする者は，合同会社の設立の登記をする時までに，その出資に係る金銭の全額を払い込み，又はその出資に係る金銭以外の財産の全部を給付しなければならない（会578条本文）。ただし，合同会社の社員になろうとする者全員の同意があるときは，登記，登録その他権利の設定又は移転を第三者に対抗するために必要な行為は，合同会社の成立後にすることが認められる（会578条ただし書）。

出資の目的は金銭および金銭以外の財産に限られ，合名会社や合資会社の無限責任社員のように労務や信用の出資は認められない。現物出資については株式会社の場合に必要とされる検査役検査や，事後設立規制はない。

社員が金銭出資において，その出資をすることを怠ったときは，その社員は，利息を支払うほか，損害の賠償をしなければならない（会582条1項）。また債権を出資の目的とした場合に，当該債権の債務者が弁済期に弁済をしなかったときは，その社員は弁済をする責任を負う（会582条2項）。

③ 設立登記

出資の履行後，本店の所在地において設立の登記をすることにより会社は成立する（会579条）。合同会社設立の登記すべき事項は次のとおりである。すなわち，ア）目的，イ）商号，ウ）本店及び支店の所在場所，エ）合同会社の存続期間又は解散の事由についての定款の定めがあるときは，その定め，オ）資本金の額，カ）合同会社の業務を執行する社員の氏名又は名称，キ）合同会社を代表する社員の氏名又は名称及び住所，ク）合同会社を代表する社員が法人であるときは，当該社員の職務を行うべき者の氏名及び住所，ケ）公告方法に関する事項（電子公告とする場合には，それに関

する事項）である（会914条）。

（3）管　理

① 業務執行と意思決定

合同会社における業務執行は原則として全社員によって行われる（会590条1項）。社員が2人以上ある場合には，定款に別段の定めがある場合を除き，社員の過半数をもって業務執行に関する意思決定をする（会590条2項）。

業務執行社員には法人も選任されることができるが，その場合には，その職務を行う者を選任する（会598条）。2人以上の業務執行社員を定めているときは，業務執行社員の過半数で決定するが（会591条1項），支配人の選任・解任は全社員の過半数で決定しなければならないとされている（会591条2項）。

なお，次の事項は社員全員の承諾が必要とされている。すなわち，持分の譲渡（会585条），業務執行社員の解任（会591条5項），業務執行社員の競業の承認（会594条1項），社員の退社（会607条1項2号），定款の変更（会637条），会社の解散（会641条3号）については社員全員の承諾が必要とされている。

② 代表社員

業務を執行する社員は，会社を代表するが（会599条1項），定款又は定款の定めに基づく社員の互選によって，業務を執行する社員の中から会社を代表する社員を定めることができる（会599条3項）。

代表社員は，会社の業務に関する一切の裁判上又は裁判外の行為をする権限を有し（会599条4項），この権限に加えた制限をもって，会社は善意の第三者に対抗することができない（会599条5項）。

③ 業務執行の監督と業務執行社員の責任

業務執行社員は，会社に対して善管注意義務を負う（会593条1項）。また法令及び定款を遵守し，持分会社のため忠実にその職務を行う，いわゆる忠実義務を負う（593条2項）。さらに社員の全員の承認を受けなければ，競業行為をしてはならず（会594条），また会社との取引や社員の債務を保証するときは過半数の社員の承認を得なければならない（会595条）。加えて業務執行社員は，会社又は他の社員の請求があるときは，いつでもその職務の執行の状況を報告し，その職務が終了した後は，遅滞なくその経過及

び結果を報告すべき義務を負う（会593条3項）。

　他方，各社員は，会社の業務及び財産の状況を調査することができ（会592条），正当な理由がある場合には社員全員の一致によって業務執行社員を解任することができる（会591条5項）。また業務執行社員が任務を怠り，会社に損害を及ぼしたときは，これによって生じた損害を賠償する責任を負う（会596条）。またその職務を行うについて悪意又は重大な過失があったときは，これによって第三者に生じた損害を賠償する責任を負わなければならない（会597条）。

　なお，会社債権者は，会社の営業時間内は，いつでも，その計算書類（作成した日から五年以内のものに限る）について計算書類等の閲覧・謄写を請求することができる（会618条）。

（4）財産関係
① 出　資

　各社員は出資義務を負い，設立時には設立登記をするまでに全額払い込みをする必要がある（会578条）。財産出資しか認められないので，信用や労務の出資はできない。

② 利益配当

　社員は，会社に対し，利益の配当を請求することができるが（会621条1項），利益の配当により社員に対して交付する金銭等の帳簿価額が当該利益の配当をする日における利益額を超える場合には，会社は利益の配当をすることができない（会628条）。この場合には，会社は，社員からの利益配当請求があっても拒むことができる（会628条後段）。会社がこれに違反して利益の配当をした場合には，利益配当に関わった業務執行社員は，会社に対し，利益配当を受けた社員と連帯して，配当額に相当する金銭を支払う義務を負うことになる（会629条1項）。これは，合同会社においては，会社債権者の引当となる財産は会社財産のみであり，会社債権者保護のためにこうした規制を設けたものといえる。

③ 出資の払戻し

　合同会社の社員は，原則として出資の払戻しを請求することはできない（会632条1項）。しかし，定款を変更してその出資の価額を減少する場合に限り，認められる（会632条1項，626条）。この場合であっても，出資の払戻

しにより社員に対して交付する金銭等の帳簿価額（出資払戻額）が，出資の払戻し請求をした日における剰余金額又は出資価額を減少した額のいずれか少ない額を超える場合には，当該出資の払戻しをすることができない（会632条2項）。

なお，会社が資本金の額を減少する場合には，会社の債権者は，会社に対し資本金の額の減少について異議を述べることが認められる（会627条）。

（5）**退社**　会社の存続期間を定款で定めなかった場合又はある社員の終身の間会社が存続することを定款で定めた場合には，社員は六箇月前までに会社に退社の予告をし，事業年度の終了の時において退社をすることができる（会606条1項）。また，やむを得ない事由があるときは，社員はいつでも退社することができる（会606条3項）。このほか，会社法の定める退社事由がある場合には，退社することになる（会607条1項）。

退社に際しての払戻しについても，出資の払戻しと同様に規制されている（会632条）。持分の払戻しにより社員に対して交付する金銭等の帳簿価額（持分払戻額）が持分の払戻しをする日における剰余金額を超える場合には，会社の債権者は，会社に対し持分の払戻しについて異議を述べることが認められる（会635条）。

事 項 索 引

あ

預証券……………………………119
　　──と買入証券の一体性……119
安全配慮義務……………………126

い

委員会設置会社…………………246
違法配当…………………………303

う

受戻証券性………………………117
裏書………………………………145
　　──の効力………………………147
　　──の方式………………………145
　　──の連続………………………148
裏書禁止裏書……………………149
売主
　　──の義務（商品の受渡し）……63
　　──の供託権および自助売却権……64
運送義務…………………………95
運送状交付請求権………………100
運送賃請求権……………………100
運送取扱人………………………88
運送取引…………………………93
運送品
　　──の供託権・競売権…………101
　　──の保証渡……………………105
　　──の留置権……………………101
運送品処分義務…………………95
運送品引渡義務…………………96
運送品引渡請求権………………100

え

営業………………………………35
　　──の譲渡………………………35
営業的商行為……………………12

か

外観主義…………………………44
会計監査人………………………243
会計参与…………………………235
会計帳簿…………………………291
会社
　　──の営利性……………………169
　　──の解散………………………307
　　──の権利能力…………………170
　　──の社団性……………………169
　　──の清算………………………308
　　──の法人性……………………168
会社設立…………………………173
会社分割…………………………321
介入権……………………………87, 92
買主
　　──の義務（商品の受領）………66
　　──の目的物検査および通知の義務……66
　　──の目的物保管・供託の義務……68
隔地者間の申込みの効力………46
確定期売買………………………65
隠れたる取立委任裏書…………150
仮装払込…………………………180
合併………………………………317
株券………………………………205
株式………………………………186
　　──と社債の違い………………187
　　──の種類………………………190
　　──の消却………………………206
　　──の譲渡………………………196
　　──の譲渡制限…………………197
　　──の単位………………………195
　　──の担保………………………200
　　──の分割………………………206
　　──の併合………………………206
株式移転…………………………329
株式移転計画……………………329
株式会社…………………………170

事項索引 341

──の機関	207
株式交換	327
株主	187
株主総会	212
株主代表訴訟	252
株主名簿	204
株主有限責任の原則	171
貨物引換証	103
──の債権的効力	104
──の物権的効力	105
貨物引換証交付義務	95
空渡	105
為替手形	158
監査役	238
監査役会	241

き

企業維持の原則	3
企業の社会的責任	6
期限後裏書	149
擬制商人	15
寄託物	
──に関する責任	124,125
──の点検・見本摘出の要求に応ずる義務	113
──の返還義務	113
吸収合併	318
吸収分割	321
競業避止義務	36,71
供託および競売の権利	86
供託権および競売権	116

く

倉荷証券	123

け

計算規定	290
計算書類等	292
契約自由の原則	42
決議取消の訴え	219
決議の瑕疵	219
決議不存在	220
決議無効	220
決済システム	131

結約書交付義務	73
検査役	245
現物出資	179

こ

高価品	91,99
──に関する責任	125
交互計算	160
──の対象となる債権債務	161
交互計算期間中の効力	162,163
交互計算不可分の原則	164
合資会社	333
公示制度	44
合同会社	335
合名会社	332
小切手	159
固有の商人	11

さ

指値遵守義務	83
財産引受	179
債務の履行	55
債務の履行場所	54
指図証券性	118

し

事業譲渡	311
自己株式取得規制	202
資産評価の基準	30
質入裏書	151
質入証券	119
──の質入れ	119
支配人	32
支払	155
支払決済	127
資本金の額の減少	297
資本の三原則	172
氏名または商号の黙秘義務	75
社債	277
──の譲渡・担保	281
社債管理者	282
社債権者集会	284
社債原簿	280
受寄物保管義務	112

種類株式·····193
種類株主総会·····217
準問屋·····88
場屋取引·····123
商業使用人·····31
商業帳簿·····27
商業登記·····22
　――の一般的効力·····24
　――の特殊な効力·····25
商号·····19
　――の選定·····19
　――の登記·····20
商号権·····20
商事債権の消滅·····60
商事質権·····59
商事代理·····49
商事売買·····62
小商人·····16
商事留置権·····59
少数株主権·····189
商人資格·····16
商法
　形式的意義の――·····2
　実質的意義の――·····2
　――の法源·····9
剰余金の分配規制·····300
剰余金配当·····300
白地手形·····141
白地式裏書·····146
白地の不当補充·····142
新株予約権·····265
　――の行使·····273
　――の譲渡·····269
　――の譲渡の制限·····270
新株予約権証券·····276
新株予約権付社債·····287
新株予約権付社債券·····277
新株予約権無償割当て·····272
新設合併·····319
新設分割·····323
人的抗弁·····153
　――の切断·····154

せ

制限行為能力者·····17
絶対的商行為·····11
善意取得制度·····152
善管注意義務·····82, 90, 225

そ

倉庫証券·····117
　――の交付義務·····113
倉庫証券控帳の備付および記入の義務·····114
倉庫取引·····110
相次運送·····101
相次運送取扱·····93
送付物品保管義務·····48
遡求·····157
組織変更·····313
損害賠償責任·····114

た

代表取締役·····231
　――の権限·····233
　――の選任, 終任, 辞任·····231
代理商·····70
　――の義務·····70
代理人による手形行為·····143
諾否通知義務·····47
多数債務者の連帯·····56
単独株主権·····189
担保付社債·····289

ち

忠実義務·····225

つ

通知義務·····83

て

定額賠償·····98
定款·····174
定款変更·····305
締約代理商·····71
手形行為·····135
　――の成立要件·····136

―─の特性………………………………135
手形抗弁……………………………………153
手形の授受と既存債権……………………138
手形保証……………………………………157
手形要件……………………………………139
手形理論……………………………………137

と

問屋…………………………………………78
　――と仲立人・代理商との相違………79
取締役………………………………………221
　――の報酬………………………………227
取締役会……………………………………228
　――の決議………………………………230
　――の招集………………………………229
取締役会設置会社…………………………228
取立委任裏書………………………………150

な

名板貸………………………………………21
仲立人………………………………………72
　――の介入義務…………………………75

に

荷為替手形…………………………………158
日記帳の作成義務…………………………74

は

媒介代理商…………………………………71

ひ

費用償還請求権……………………………92
表見支配人…………………………………34
表見代理……………………………………144

ふ

不実登記……………………………………26
普通取引約款………………………………43
物的抗弁……………………………………153
物品運送人…………………………………94
振出…………………………………………139

へ

変造…………………………………………144

ほ

報酬請求権……………………52,71,77,92
保管料・立替金その他の費用の請求権……115
募集株式の発行……………………………256
募集株式の割当て…………………………261
募集事項の決定……………………………258
募集社債……………………………………277
保証人の連帯………………………………57
発起人設立…………………………………177

み

見本保管義務………………………………73

む

無権代理と偽造……………………………143
無担保裏書…………………………………149

め

名義書換……………………………………204

も

申込みの効力………………………………46
　対話者間の――…………………………46
申込みの誘引………………………………45
持分会社……………………………………332
戻り裏書……………………………………152

や

約束手形……………………………………133
　――の利用目的…………………………134

よ

要式証券性…………………………………117
予約…………………………………………45

り

利益供与禁止規制…………………………220
履行担保の義務……………………………84
利息請求権…………………………………52
留置権…………………………………71,85,92
　――および先取特権……………………116

──の特性	135
手形抗弁	153
手形の授受と既存債権	138
手形保証	157
手形要件	139
手形理論	137

と

問屋	78
──と仲立人・代理商との相違	79
取締役	221
──の報酬	227
取締役会	228
──の決議	230
──の招集	229
取締役会設置会社	228
取立委任裏書	150

な

名板貸	21
仲立人	72
──の介入義務	75

に

荷為替手形	158
日記帳の作成義務	74

は

媒介代理商	71

ひ

費用償還請求権	92
表見支配人	34
表見代理	144

ふ

不実登記	26
普通取引約款	43
物的抗弁	153
物品運送人	94
振出	139

へ

変造	144

ほ

報酬請求権	52, 71, 77, 92
保管料・立替金その他の費用の請求権	115
募集株式の発行	256
募集株式の割当て	261
募集事項の決定	258
募集社債	277
保証人の連帯	57
発起人設立	177

み

見本保管義務	73

む

無権代理と偽造	143
無担保裏書	149

め

名義書換	204

も

申込みの効力	46
対話者間の──	46
申込みの誘引	45
持分会社	332
戻り裏書	152

や

約束手形	133
──の利用目的	134

よ

要式証券性	117
予約	45

り

利益供与禁止規制	220
履行担保の義務	84
利息請求権	52
留置権	71, 85, 92
──および先取特権	116

著者紹介

根田　正樹（こんだ　まさき）

1947年　山形県に生まれる。
1972年　日本大学大学院法学研究科修士課程修了。
　　　　日本大学講師、助教授を経て、
現　在　日本大学教授
主　著　『企業提携の法律実務』（新日本法規出版）、『専門家責任の理論と実際』（新日本法規出版）、『会社法講義』（中央経済社）、『税理士のための民法・商法』（中央経済社）、『インターネット・電子商取引の法務と税務』（ぎょうせい）、『電子申告』（ぎょうせい）、『Ｑ＆Ａ貸金３法ハンドブック』（弘文堂）、『Ｑ＆Ａインターネット商取引ハンドブック』（弘文堂）〔いずれも共著〕など

アプローチ商法

2014（平成26）年2月28日　初版1刷発行

著　者　根田正樹
発行者　鯉渕友南
発行所　株式会社　弘文堂　　101-0062　東京都千代田区神田駿河台1の7
　　　　　　　　　　　　　　TEL 03(3294)4801　振替 00120-6-53909
　　　　　　　　　　　　　　http://www.koubundou.co.jp
装　幀　水木喜美男
印　刷　三美印刷
製　本　井上製本所

© 2014 Printed in Japan

〈社〉出版者著作権管理機構　委託出版物〉
本書の無断複写は著作権法上での例外を除き禁じられています。複写される場合は、そのつど事前に、（社）出版者著作権管理機構（電話 03-3513-6969、FAX 03-3513-6979、e-mail : info@jcopy.or.jp）の許諾を得てください。
また、本書を代行業者等の第三者に依頼してスキャンやデジタル化することは、たとえ個人や家庭内での利用であっても一切認められておりません。

ISBN 978-4-335-35582-0

| 弘文堂プレップ法学 | これから法律学にチャレンジする人のために、覚えておかなければならない知識、法律学独特の議論の仕方や学び方のコツなどを盛り込んだ、新しいタイプの"入門の入門"書。|

プレップ	法学を学ぶ前に	道垣内弘人
プレップ	法 と 法 学	倉沢康一郎
プレップ	憲　　　法	戸松秀典
プレップ	憲 法 訴 訟	戸松秀典
プレップ	民　　　法	米倉　明
*プレップ	家 族 法	前田陽一
プレップ	刑　　　法	町野　朔
プレップ	行 政 法	高木　光
プレップ	環 境 法	北村喜宣
プレップ	租 税 法	佐藤英明
プレップ	商　　　法	木内宜彦
プレップ	会 社 法	奥島孝康
プレップ	手 形 法	木内宜彦
プレップ	新民事訴訟法	小島武司
プレップ	破 産 法	徳田和幸
*プレップ	刑事訴訟法	酒巻　匡
プレップ	労 働 法	森戸英幸
*プレップ	知的財産法	小泉直樹

＊印未刊